MARLENE DIETRICH

Chronik eines Lebens
in Bildern und Dokumenten
von Renate Seydel
gestaltet von Bernd Meier

nymphenburger

Lizenzausgabe für die
nymphenburger in der F. A. Herbig
Verlagsbuchhandlung GmbH. 1989
© Henschelverlag Kunst und Gesellschaft
DDR-Berlin 1984
Umschlaggestaltung: Josef Fink, München
Printed in the German Democratic Republic
Druck und buchbinderische Verarbeitung:
Grafische Werke Zwickau
ISBN 3-485-01894-5

Inhaltsverzeichnis

8 **Berlin 1901–1918**
Geburt und Kindheit von Marie Magdalene Dietrich – Die Eltern – Die Familie – Schöneberg 1901 – Das Geburtshaus – Das Kind Marlene – Erziehung und Bildung – Die Verwandten – Der Juwelierladen der Großeltern Felsing – Der Stiefvater Eduard von Losch – Besuch der Schule – Geigenunterricht

18 **Weimar 1918–1921**
Im Internat – Wohnung im Haus der Frau von Stein – Unterricht – Leben in Weimar – Mit zwanzig Jahren

22 **Berlin 1922**
Reklame für Modeartikel – Als Girl im Kabarett bei Guido Thielscher – An der Schauspielschule des Deutschen Theaters – Erste Bühnenauftritte im Deutschen Theater, in den Kammerspielen, im Großen Schauspielhaus: »Die Büchse der Pandora« – »Der Widerspenstigen Zähmung«

30 **Berlin 1923**
»Timotheus in flagranti« – »Penthesilea« – »Der Kreis« – Hochzeit mit Rudolf Sieber – Erste Filme: Der Mensch am Wege – Tragödie der Liebe – So sind die Männer

38 **Berlin 1924–1925**
Der Sprung ins Leben – »Sommernachtstraum« – Geburt der Tochter Maria – Ferien in Westerland

42 **Berlin 1926**
»Duell am Lido« – »Von Mund zu Mund« – Kleine Rollen in Filmen: Manon Lescaut – Madame wünscht keine Kinder

47 **Berlin 1927**
Eine Dubarry von heute – Kopf hoch, Charly – Der Juxbaron – Sein größter Bluff

50 **Wien 1927**
»Broadway« – »Die Schule von Uznach« – Café Electric

54 **Berlin 1928**
»Broadway« – »Es liegt in der Luft« – Prinzessin Olala – »Eltern und Kinder« – Ich küsse Ihre Hand, Madame

70 **Berlin 1929–1930**
Die Frau, nach der man sich sehnt – Das Schiff der verlorenen Menschen – »Zwei Krawatten« – Gefahren der Brautzeit

82 **Freunde und Kollegen der Berliner Jahre**
Géza von Cziffra – Hubert von Meyerinck – Käte Haack – Karl Hartl – Wilhelm Dieterle – Kurt Bernhardt – Elisabeth Lennartz – Victor Barnowsky – Lili Darvas – Fritz Maurischat – Grete Mosheim – Mia May – Fritzi Massary

86 **Marlene und ihre Tochter Maria 1927–1930**

92 **Berlin 1930**
Der blaue Engel – Abschluß der Verträge – Produktionsgeschichte – Das Engagement als Lola Lola – Heinrich Mann: Der blaue Engel wird mir vorgeführt – Friedrich Hollaender: Die Musik im Tonfilm – Gala-Premiere – Die Kritik – Ein Film geht um die Welt . . .

110 **Die Überfahrt**
An Bord des Passagierschiffes »Bremen«

114 **Hollywood 1930**
Filmmetropole Hollywood – Die Paramount-Studios – Der erste Film: Morocco – Erste Starfotos – Zusammenarbeit mit Josef von Sternberg – Übersee-Telefonat mit der Tochter Maria nach Berlin

132 **Hollywood 1931**
Dishonored – Besuch in Berlin – Tochter Maria in Hollywood – Die Weltmetropole des Films

142 **Hollywood 1932**
Shanghai-Express – Blonde Venus – Der berühmte Schminkkoffer – Das Haus in Beverly Hills – Der Garten

160 **Hollywood 1933**
Song of Songs – Mode: Männerkleidung – In Paris

168 **Hollywood 1934**
The Scarlet Empress

172 **Hollywood 1935**
The Devil is a Woman – Partys in Hollywood

176 **Hollywood 1936**
Desire – The Garden of Allah – Dreharbeiten in der Wüste

186 **London 1937**
Knight without Armour

190 **Hollywood 1936–1937**
Kollegen und Freunde: John Gilbert – Gary Cooper – Mae West – Jean Harlow – Clark Gable – Fritz Lang – Ernst Lubitsch – Angel – Freundschaft mit Douglas Fairbanks jr.

198 **Salzburg 1937**
Ferien – Zum letzten Mal in einem deutschsprachigen Land

200 **Deutschland unter dem Faschismus 1934–1938**

202 **Frankreich 1939**
Sommer in Paris und Antibes – Die Freunde: Erich Maria Remarque und Jean Gabin

205 **Hollywood 1939**
Unterzeichnung der Einbürgerungsurkunde als amerikanische Staatsbürgerin – Destry Rides Again

210 **Hollywood 1940**
Seven Sinners

212 **Hollywood 1941**
The Flame of New Orleans – Manpower

216 **Hollywood 1942**
The Lady is Willing – The Spoilers – Pittsburgh

219 **Hollywood 1944**
Follow the Boys – Kismet – Die Familie

Inhaltsverzeichnis

222 **Auf dem europäischen Kriegsschauplatz 1944–1945**
Italien – Frankreich – Deutschland

228 **Berlin 1945**
Die zerstörte Stadt – Das Wiedersehen mit der Mutter

232 **Paris 1946**
Martin Roumagnac – Die Freundschaft mit Jean Gabin

236 **Hollywood 1947**
Golden Earrings

237 **Hollywood 1948**
A Foreign Affair

239 **Hollywood 1949**
Jigsaw

240 **New York 1947–1949**
Die Freundschaft mit Ernest Hemingway

242 **England 1950**
Stage Fright

244 **England 1951**
No Highway in the Sky

246 **Hollywood 1952**
Rancho Notorious

248 **Hollywood, New York 1950–1954**
Die Judy Garland Show – Tochter Maria und Schwiegersohn William Riva

250 **Las Vegas 1953**
Die One Woman Show im Nachtclub des Hotels Sahara – Louis Armstrong – Harry Belafonte

252 **London, Monte Carlo, Paris, New York 1954–1956**
Noel Coward – Jean Marais – Maria Callas – Maurice Chevalier

254 **Hollywood 1956**
Around the World in 80 Days

255 **Italien 1956–1957**
The Monte Carlo Story

256 **Hollywood 1958**
Witness for the Prosecution – Touch of Evil

260 **Paris 1959**
Gala-Abend im Lido – Théâtre de l'Etoile – Unter den Gästen: Jean Cocteau – Sophia Loren – Noel Coward – Raf Vallone – Lena Horne – Freundschaft mit Edith Piaf

262 **Argentinien 1959**
Ohnmachtsanfall in Buenos Aires

263 **Italien 1960**
Mit Raf Vallone in Rom

264 **Freunde und Kollegen der Jahre in Hollywood**
Jean Cocteau – Billy Wilder – Edward G. Robinson – Jean Marais – Maximilian Schell – Stanley Kramer – Maurice Chevalier – David Niven

266 **Berlin (West) und Bundesrepublik Deutschland 1960**
Ankunft in Tegel – Wiedersehen mit alten Bekannten – Pressekonferenz – Tumult vor dem Titania-Palast – Der Gala-Abend – Die Tournee

272 **Kopenhagen, Paris 1960**
Begegnung mit Sascha Distel – Danielle Darrieux – Maria Schell

274 **Hollywood 1961**
Judgment at Nuremberg

277 **Hollywood 1962**
Black Fox

277 **Hollywood 1964**
Paris When It Sizzles

278 **Paris, London, Stockholm 1961–1963**
Der Tod Gary Coopers – Begräbnis von Edith Piaf – Mit den Beatles in London – Im Berns von Stockholm

280 **Berlin-Schönefeld, Warschau, Moskau 1964**
Zwischenstation – Am Denkmal des Warschauer Ghettos – Kniefall vor Konstantin Paustowski

284 **London 1964–1965**
Auf dem Flughafen und in der Stadt

286 **New York 1967**
Auftritt im Lunt Fontanne Theatre am Broadway

288 **London, Paris 1963–1970**
Unterwegs mit Burt Bacharach – Zusammentreffen mit Margot Fonteyn – Rudolf Nurejew – Richard Burton – Liz Taylor – Danny Kaye

290 **Bücher und Schallplatten**

292 **Paris 1978**
Schöner Gigolo – Armer Gigolo – Der Komponist Günther Fischer

295 **London, Paris 1973–1978**

296 **Paris 1973–1989**
Avenue Montaigne Nr. 12

299 **Verzeichnis der Filme und Theateraufführungen**

304 **Zu dieser Chronik**

305 **Filmplakate**

310 **Letzter Auftritt**

DEUTSCHE DEMOKRATISCHE REPUBLIK

Geburtsurkunde

Standesamt Berlin-Schöneberg 1   Nr. 7/1902

Marie Magdalene Dietrich, weiblichen Ge-
schlechts,---

ist am 27. Dezember 1901---

in Schöneberg--- geboren.

Eltern: Louis Erich Otto Dietrich und Wilhelmine Elisabeth Josephine Dietrich geb.
Felsing.---

Vermerke: keine.

Berlin, den 03. März 1983

I.V.

Personenkennzahl: ☐☐☐☐☐☐-☐-☐☐☐☐-☐

1 Beglaubigte Abschrift der Geburtsurkunde von Marie Magdalene Dietrich, genannt Marlene Dietrich
Sie wurde am 27. Dezember 1901 in Schöneberg, Sedanstraße 53, geboren.
Das Geburtenregister befindet sich beim Standesamt des Magistrats von Berlin, DDR, Rückerstraße 9

»Mein Name ist Marlene Dietrich – das ist kein Bühnenname.«

2 Standesamtliche Eintragung in das Geburtenregister
Am 2. Januar 1902 meldet der Vater die Geburt seiner Tochter Marie Magdalene Dietrich beim Standesamt Schöneberg im Rathaus an. Es ist die siebente Eintragung einer Geburt im Jahre 1902. Das Kind, ein Mädchen, wurde um neun ein viertel Uhr Nachmittags am 27. Dezember 1901 geboren

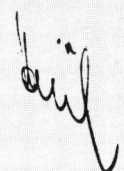

3 Hochzeitsbild der Eltern
Der Vater Louis Erich Otto Dietrich ist Königlicher Polizeileutnant. Er versah seinen Dienst auf dem 4. Polizeirevier in Schöneberg. Die Mutter Wilhelmine Elisabeth Josephine Dietrich, geb. Felsing (1883–1945), entstammt einer reichen Berliner Juweliersfamilie, die seit 1820 ein Königliches Hofuhrmachergeschäft Unter den Linden 20 besitzt

»Meine Mutter hatte eine behütete Jugend. Ihre frühe Heirat hatte die gute Gesellschaft der Stadt schokkiert; sie wurde Mutter, als sie siebzehn Jahre alt war. Sie war das Beispiel des Familienadels, dem sie entstammte. Ihr Verstand, ihr Herz waren nobel. Ihr Aussehen war so vollkommen wie ihre Eigenschaften. Sie war ganz besonders schön.«

4 Marlene Dietrich, 1904

»Ich war sehr dünn und blaß als Kind, mein Haar war rötlichblond. Dieses rötlichblonde Haar gab mir eine weiße Gesichtsfarbe, eine durchsichtige Haut, die den Rotblonden eigen ist. Ich sah ziemlich krank aus. Meine Familie hatte Geld; ich bekam die beste Erziehung. Gouvernanten und Privatlehrer lehrten mich, ›Hochdeutsch‹ zu sprechen, die Sprache in ihrer reinsten, edelsten Form, nicht vom Dialekt gefärbt. Und Französisch und Englisch lernte ich schon in meiner Kindheit – dank meiner Mutter.«

5 Familie Dietrich, 1906

»Das Leben war gut – dank meiner Mutter. Wie leicht es war, sie zu lieben. Keine Versicherung, kein Beweis war nötig, was ihre Liebe für mich betraf. Ich kann mich nicht erinnern, seit wann ich wußte, daß sie mich liebte. Es muß vor meiner Geburt gewesen sein. Ich war ihr Kind – und das war alles. Sie küßte mich nicht und drückte mich nicht an sich, wie sie es tat, als ich noch kleiner war. Je älter ich wurde, um so weniger umarmte und küßte sie mich. Sie küßte mich auf die Stirn oder auf die Backe, aber immer flüchtig, manchmal auch tadelnd für irgendeine kleine Sünde. Ihre Gefühle für mich mögen den meinen gleich gewesen sein. Das einzige, was sie sichtbar interessierte, war, daß ich mich sicher bei ihr fühlte. Jeden Tag mußte ich ein dutzendmal wiederholen: Wenn ich mit meiner Mutter bin, dann kann mir nichts passieren. Sie war eine hundertprozentig zuverlässige Einheit. Sie schwankte nicht zwischen Schwäche und Stärke. Sie war zuverlässig. Sie war da – stark, mutig, mitfühlend. Sie war nie krank, nie unerreichbar ...

Als sie mir das Lesen beibrachte, benutzte sie keine Schiefertafel, sondern erklärte Buchstaben, Silben, Interpunktionen mit Hilfe eines Gedichts von Freiligrath, das in einem Glasrahmen, in wunderschönen Farben geschrieben, in unserem Wohnzimmer hing:

O lieb, solang du lieben kannst!
O lieb, solang du lieben magst!
Die Stunde kommt, die Stunde kommt,
Wo du an Gräbern stehst und klagst!

Und sorge, daß dein Herze glüht
Und Liebe hegt und Liebe trägt,
Solang ihm noch ein ander Herz
In Liebe warm entgegenschlägt!

Und wer dir seine Brust erschließt,
O tu ihm, was du kannst, zulieb;
Und mach ihm jede Stunde froh
Und mach ihm keine Stunde trüb!

Und hüte deine Zunge wohl,
Bald ist ein böses Wort gesagt!
O Gott, es war nicht bös gemeint, –
Der andre aber geht und klagt.«

6 Das Geburtshaus in Schöneberg, Sedanstraße 53 (Tel. Schöneberg 175), heute Leberstraße 65, Berlin (West)

1904 zieht die Familie in die Colonnenstraße 48/49 hpt. in Schöneberg (Tel. IX 5963), nicht weit entfernt von der Sedanstraße.
1907 ist die Anschrift der Familie: Dietrich, Ludwig, Pol. Leutn., W 35, Potsdamer Straße 45 II. (Tel. VI 5963).
1908 ist die Anschrift der Mutter: Dietrich, Josephine, geb. Felsing, Frau Pol. Leutn., Charlottenburg, Akazienallee 48 (Tel. Ch. 4525).
1909: Dietrich, Josephine, Ww., W 50, Tauentzienstraße 13 II. (Tel. Ch. 4525).
Adreßbuch für Berlin und seine Vororte von 1901, 1904, 1907, 1908, 1909. Druck und Verlag von August Scherl Berlin S. W.
Daraus ist zu schließen, daß der Vater 1907 starb, da die Mutter seit 1908 als Witwe eingetragen ist. Marlene war 1907 sechs Jahre alt

7 Marlene Dietrich, 1906

»Ich hatte tiefen Respekt vor meiner Mutter. Und er blieb mir von meiner frühesten Kindheit bis zum Ende. Es war leicht, Respekt zu haben, leicht, den strengen Tagesregeln zu folgen. Diese Regeln waren klar und bestimmt. Sie waren unabhängig von Stimmungen und Launen, sie waren eisern, unabänderlich, unerschütterlich, aber nicht feindlich, sondern mein Beschützer. Wer diese Regeln erfunden hatte, mußte ein Mensch gewesen sein, der die Gefühle einer Kinderseele voll begriffen hatte. Keine Eitelkeit über die Leistungen, kein anerkennendes Auf-die-Schulter-Klopfen; selbstverständliche Pflichtausübung war das Ziel. Erste und wichtigste Pflicht: die Anforderungen eines jeden Tages. Und: Liebe zur Pflicht. Die Liebe zur Arbeit, während man sie verrichtet. Liebe für die unveränderlichen Verantwortungen. Liebe für die alltägliche Arbeit. Ich mußte sehr früh lernen, die Zügel zu halten.

Meine Mutter half mir beim Üben des Chopin-Walzers, den ich als Belohnung für Bach und Händel spielen durfte. Manchmal wechselten wir die Plätze, und sie spielte. Ihre schönen Nägel machten einen sanften klirrenden Ton auf den Tasten. Ich kannte diesen Ton seit meiner frühesten Kindheit. Er gehörte zu einem Haus voller Blumen, zum Parfüm meiner Mutter, zu ihrem Abendkleid, ihrem hochgesteckten Haar.

Er gehörte zum Zigarettenrauch meines Vaters, wenn er durch die offene Tür der Bibliothek kam, wo ich ihn auf dem dicken Teppich hin und her gehen sehen konnte, den Kopf geneigt zu den Tönen des Klaviers. Selbstdisziplin war schwer zu lernen, aber jeder half, jeder lehrte, jeder ermutigte uns. Die Erwachsenen waren ruhig und meisterhaft in ihrer Überlegenheit, sie waren glänzende Vorbilder. Was man lernte, wurde als selbstverständlich betrachtet: es gab keine Befehle, aber auch keinen Beifall für Erfolge, die man erzielt hatte. Da war noch ein anderer Satz, mit dem meine Mutter jede Diskussion beendete, wenn sie sie nicht weiterführen wollte: du wirst mir später dafür danken.«

**8 Schöneberg, 1901
(Stadtkreis Schöneberg)**
1901 hatte Schöneberg 89143 Einwohner (einschl. Militär), 5 Kaiserliche Post- und Telegraphenämter, eine Königliche Polizei-Direktion, 4 Polizei-Reviere. Das vierte Polizeirevier befand sich Sedanstr. 53. Ludwig Dietrich war dort Polizeileutnant. Einen Kreis-Physikus, 4 Rechtsanwälte, eine Gemeindeverwaltung, 2 Bürgermeister, eine Stadtverordnetenversammlung mit 54 Mitgliedern, deren Berufe waren: Rentier, Brauerei Direct., Schmiedemstr., Schlächtermstr., Fabrikbes., Eisenb. Secret., Klempner, Geh. Kanzl. Rath, Apothekenbesitzer, Gymnas. Oberlehrer, Maurermstr., Steinmetzmstr., Rechn. Rath, Gärtnereibes., Malermstr., Kaufm., sowie 20 Bürger Deputierte. Das Standesamt befand sich im Rathaus I, Zimmer 15–17, geöffnet von 8 bis 21 Uhr. Es gab 22 Armenvorsteher und Armenbezirke, eine Berufsfeuerwehr, 14 Feuermeldestellen, auch wurden Feuermeldungen auf den Königlichen Polizeirevieren entgegengenommen, z. B. Sedanstr. 53. Es gab 3 Wochenmärkte, Freitag einen für Heu, Stroh und Holz; 2 Kirchen, 3 Prediger, einen Superintendenten, 2 Pastoren, einen Pfarrer, einen Küster, 2 Kirchhöfe, 7 Schulen, 3 Armenärzte, 44 Practic. approb. Aerzte, eine Privatirrenanstalt für Damen, das Pestalozzi-Fröbel-Haus, 11 Vereine, 6 Zeitungen, u. a. das »Schöneberger Tageblatt«, täglich erscheinendes, alleiniges, amtliches Publicationsorgan der Königl. Polizeidirektion. Zu den Sehenswürdigkeiten gehörte das Denkmal Wilhelms I. vor dem Rathaus. Verkehrsverbindungen nach Berlin waren die Ringbahn (Südring), die Wannseebahn, Straßenbahnen und Omnibuslinien.
Adreßbuch für Berlin und seine Vororte von 1901

9–13 Schöneberg um 1900
Hauptstraße mit Kaiser-Wilhelm-Platz
Ecke Martin-Luther-Straße und Hohenstaufenstraße
Die St. Elisabeth Kirche in der Colonnenstraße 38/39
Alte Dorfkirche
Eisenacher Straße, Ecke Belziger Straße

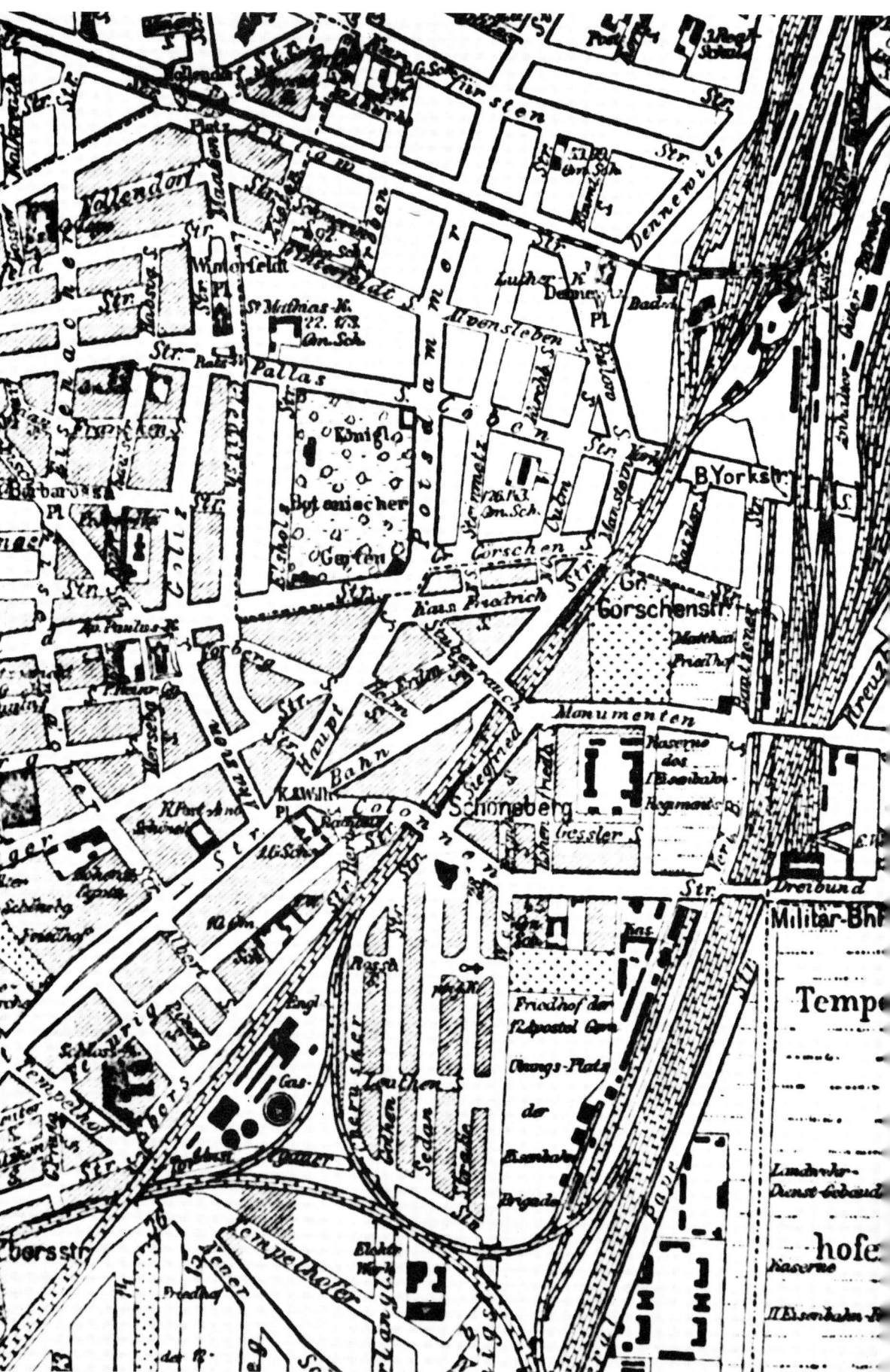

1901–1918

Schöneberg — Hauptstrasse mit Kaiser Wilhelm-Platz

Schöneberg. Martin-Luther-Strasse. Hohenstaufenstr.

Gruss aus Schöneberg — Alte Dorfkirche

Gruss aus Schöneberg — Eisenacherstrasse. Ecke Belzigerstr.

14 Marlene und ihre Schwester Elisabeth
Elisabeth wurde am 5. Februar 1900 geboren, sie starb 1977. Sie wurde Lehrerin, lebte zurückgezogen und hatte einen Sohn

15 Kinderbild von Marlene

16 Der Vater, er starb 1907

»Kinder, die ihrem Vater ähneln, sind Glückskinder. Mein Vater – eine große imposante Figur, Ledergeruch, glänzende Stiefel, Reitgerte, Pferde – meine Erinnerung war unklar, verwischt.«

17 Die Verwandten.
Onkel Hermann, Tante Ida und Max Dietrich

18 Firma Conrad Felsing, Unter den Linden 20
Die Häuser Unter den Linden 19 und 20 gehören den Felsingschen Erben, den Großeltern mütterlicherseits von Marlene Dietrich. Marlene wird 1947 dieses Geschäft erben

19 Elegant gekleidete Puppen
Katalog des Warenhauses A. Wertheim von 1904

20 Stiefvater Oberleutnant Eduard von Losch
Hier in einer alten preußischen Uniform. Er fiel 1916 als Hauptmann im ersten Weltkrieg

»Mein Vater war im Manöver, als der Krieg ausbrach, und ging direkt an die Front. Meine Mutter reiste mit Erlaubnis des Oberkommandos an die russische Front, um ihrem Mann ›Trost zu spenden‹. Er war schwer verwundet und nicht transportfähig. Als meine Mutter zurückkam, war er seinen Wunden erlegen. Jetzt waren die meisten Männer unserer Familie gefallen. Ich hörte sie nicht den üblichen Satz sagen: ›Eine Soldatentochter weint nicht.‹ Die beraubten Frauen und Witwen versammelten sich in unserem Haus: meine Mutter stärkte ihnen Leib und Seele mit Kraft und Zärtlichkeit.«

21 Klassenbild aus der Zeit des Besuchs der Auguste-Victoria-Schule, mit angegliederten Realgymnasialklassen, Charlottenburg, Nürnbergerstraße 63
Marlene in der unteren Reihe sitzend, die zweite von rechts

22 Bei einer Schüleraufführung
Marlene spielt mit 16 Jahren im Schulorchester die erste Geige

»Die Schule nahm jeden voll in Anspruch, verlangte alle Zeit und Aufmerksamkeit. Ich wurde blasser und müder. Ich mußte nach dem Essen schlafen. Ich schlief gern, wenn ich einmal im Bett war, aber es brachte meine Pflichten durcheinander, die sinnvoll auf den Nachmittag verteilt waren. Der Nachmittag war zu kurz; er begann um 1 Uhr und endete um 7 Uhr – Zeit zum Schlafengehen. Und das blieb so, bis ich die Schule verließ. Schlaf vor Mitternacht – das Wundermittel. Meine Mutter war davon überzeugt. Es war jedoch erlaubt, früh aufzustehen, um unvollendete Hausaufgaben zu beenden. Während vieler langer Monate machte ich meine Schularbeiten vor der Morgendämmerung. Zitternd vor Kälte und Müdigkeit, beim Licht der Petroleumlampe.
Der Krieg ging zu Ende. Ich wußte damals nichts von Politik. Wir gingen weiter zur Schule zum Unterricht, zu Konzerten, zu Literaturseminaren – nichts durfte die Erziehung unterbrechen. Ich sah alle klassischen Stücke, sah Shakespeare, griechische Tragödien, alles, was als geeignet für unsere jungen Gehirne angesehen wurde; manchmal auch Opern.
Ich schaffte es, mich meiner Jugendzeit zu erfreuen. Meine Mutter war wie immer die Festung, an der alle Stürme gegen sie und ihre Prinzipien abprallten; immer allein, widerstand sie allen Schwierigkeiten.
Ich hatte eine wunderschöne Kindheit. Auch wenn ich keinen Vater hatte, auch wenn meine Jugend vom Krieg überschattet war. Meine Jugend war schön! Ich lernte und wurde erzogen, ohne durch die ›guten Dinge‹ verwöhnt zu sein, und so war ich, wie man heute sagt, ›gut vorbereitet‹.«

23 Geigenunterricht
Marlene hatte während ihrer Schulzeit Geigenunterricht bei Bertha Glass, vw. Rechnungsrat, Wilmersdorf, Uhlandstraße 74 III

24 Ballettübung auf dem Dachboden

»Sie hieß Bertha und sah auch so aus. Obwohl sie mir jahrelang Geigenunterricht gab (erst nach dem Krieg hatte ich Lehrer), wußte ich nie, ob sie wie die anderen auch Brüder und Freunde verloren hatte. Sie sprach nie von sich. Im Winter, wenn sie zu uns kam, wärmte sie sich erst die Hände, rieb sie, hauchte darauf und legte sie um die Tasse Tee, die ich schon vor ihrer Ankunft ins Musikzimmer gebracht hatte. Sie war die erste, die meiner Mutter die Idee gab, ich solle Geigerin werden.«

Marlenes Geigenlehrer:
Prof. Dessau, von ihm hatte ihre Mutter für sie eine Geige für 2 500 RM noch vor dem Kriege gekauft, danach Prof. Julius Levin, Berlin W 30, Heilbronner Straße 22, mit ihm war Marlene sehr befreundet; in Weimar ab 1918 war es Prof. Robert Reitz, später in Berlin Prof. Carl Flesch von der Musikakademie

»Ich spielte gerne Geige, ich liebte den klagenden Klang der Saiten, aber die monotonen Übungen mochte ich nicht. Je süßer die Melodien waren, desto mehr liebte ich sie. Ich studierte sie allein, und da ich sie nie von jemand anderem gehört hatte, gab ich ihnen meine eigene Version, voll Melancholie. Bei meinem Geigenlehrer waren süße Melodien unbeliebt, aber man sagte mir, ich hätte ein besonderes Geigentalent. Das war die größte Freude meiner Mutter, und sie lobte mich für den kleinsten Fortschritt auf diesem Gebiet. Beim Geigenspiel war man in ständiger Angst, ob der Ton rein war, ob der Lehrer zustimmend nicken würde.«

25 Weimar um 1900

26 Das Nationaltheater in Weimar

Weimar, 1918 bis 1921
»Internat, die nebelhafte Drohung wurde Wirklichkeit. Ich wurde nach Weimar geschickt, der Stadt Goethes, meines Ideals. Während aller Schuljahre betete ich Goethe an. Es ist kein Wunder, daß seine Philosophie mich durch mein ganzes Leben begleitet hat. Als man mir sagte, daß ich nach Weimar geschickt würde, war ich glücklich, obwohl der Gedanke, mein Zuhause verlassen zu müssen, mich krank und verzweifelt machte. Aber ich gehorchte wie immer. Die Schule war kalt, die Straßen waren mir fremd, der Geruch war so anders als der, den ich in der großen Stadt gewohnt war. Keine Mutter war da, niemand, den ich kannte, kein Zufluchtsort, wo man seine Tränen verbergen konnte, nirgendwo Wärme.
Wir schliefen zu sechst in einem Zimmer. Mir fiel das schwerer als den anderen Schülerinnen. Ich war an mein eigenes Zimmer, meine private Sphäre gewöhnt. Man leidet nur, man liegt schlaflos, ist unglücklich, möchte nach seiner Mutter rufen. Man möchte nach Hause.
Aber endlich gibt man auf, bezwingt seine Sehnsucht und fängt an, sich auf sich selbst zu verlassen. Man lernt, seine Pflicht zu tun, ohne Rücksicht auf Gefühle, Abneigung oder Ärger. Man macht alles nach Vorschrift. Man geht paarweise durch die Straßen, geht vorbei an freien Menschen, die vom Einkaufen kommen oder schwatzend an den Straßenecken stehen – und wieder ist man verzweifelt, fühlt sich verlassen.
Wir lasen Goethes ›Die Leiden des jungen Werthers‹. Wir weinten und hätten am liebsten, wie es heute viele tun, vor Freude geschrien, vor Freude darüber, daß jemand, der so berühmt war, über unsere jungen Seelen Bescheid wußte!
Alle jungen Menschen glauben, daß niemand sie versteht. Das ist so seit Jahrhunderten. Ein normales Entwicklungsstadium. Nichts Neues also auch, was mich betrifft. Doch während man diese ›Wachs-

27 Blick vom Park auf das Haus der Frau von Stein, Ackerwand 27, in dem Marlene wohnte

28 Goethes Gartenhaus

29 Marlene mit siebzehn Jahren

»tumsschmerzen‹ durchmacht, hilft es, eine Führung im Poetischen und auch im Sentimentalen zu haben. Aber weil ich in Weimar sein durfte, wo mein Idol gelebt hatte, fühlte ich immer wieder mein ganzes junges Dasein mit überschwenglicher Begeisterung und Verzückung erfüllt. Goethes Weisheit leitete mich – damals wie heute. Nichts konnte mich beirren oder mir Leid antun. Seine Stadt war mein Hafen, seine Häuser wurden meine Häuser. Auf die Frauen, die er geliebt hatte, war ich eifersüchtig. Meine leidenschaftliche Bewunderung für Goethe war die Basis all meiner Gefühle.

In Weimar lebte fast jeder mehr oder weniger im Zauber Goethes. Sein Haus am Frauenplan, sein Gartenhaus, das Haus der Frau von Stein waren für uns so etwas wie Lourdes für manche Katholiken: wir gingen täglich dorthin, gleichsam, um unsere Seelen zu läutern. Goethe machte uns auch gefeit gegen alle Versuchungen, die Herz, Körper und Seele eines jungen Mädchens gefährden können. Meine Erziehung und der Einfluß Goethes gaben mir moralische Grundsätze, denen ich mein ganzes Leben hindurch treu geblieben bin.

Wer von uns allen Musik studierte, hatte Erlaubnis, dreimal in der Woche in die Oper zu gehen. So erlebten wir all die Freuden dieser Zauberwelt, ihren Lichterglanz, ihre Magie, die betörenden Stimmen und den süßen Ton der Geigen: alles, was zu Theater gehört, und die Musik dazu, kurz: die Erfüllung aller Träume.

Diese Zeit meiner Jugend war vollkommen; alles, was Jugend schön machen kann, wurde an uns verschwendet; wir konnten nicht ahnen, daß uns ein solches Übermaß an Freude nie wieder beschert sein würde. Und trotzdem empfand ich es als meine Pflicht, jede Minute davon zu genießen.

Trotz meines Heimwehs war ich sehr glücklich, dank der Musik. Die anderen Stunden waren eintönig und für mich sehr langweilig. Ich war schlecht in Mathematik. Gut war ich in Geschichte und Sprachen. Dann kam der verhängnisvolle Tag: das Ende der Höheren Schule und die Entscheidung; sollte ich bleiben und weiter studieren oder das Internat verlassen? Meine Mutter kam, und weil mein Geigen- und Klavierlehrer sich dafür verbürgte, wurde ich in ein ›Pensionat‹ in Weimar versetzt, in dem ich wohnen und mein Musikstudium fortsetzen konnte. Jetzt wurde mein Leben sogar noch schöner. Ich konnte so lange üben, wie ich Lust hatte oder üben mußte, und ich verfügte frei über meine Zeit. Ich allein stellte mein Tagesprogramm zusammen. Ich gönnte mir natürlich Konzerte, Opern und Theater, benutzte die Bibliotheken und machte ausgedehnte Spaziergänge. Ich schrieb meiner Mutter regelmäßig, und sie tat das gleiche. Aber es dauerte nicht lange, bis mir der Wind aus den Segeln genommen wurde.«

30/31 Brief vom August 1921 an Dr. Julius Levin, ihren Berliner Geigenlehrer, Berlin-Schöneberg W 30, Heilbronner Straße 22, Gh. III Trp.

32 Karte vom Juni 1921 an Dr. Levin

33–35 Marlene Dietrich, 1921, mit zwanzig Jahren

»Meine Mutter kam unerwartet nach Weimar, um mich zurück nach Berlin zu holen. Sie muß Angst um mich gehabt haben; wenigstens sah sie so aus. Sie antwortete kaum auf meine bangen Fragen. Vielleicht machte sie sich Gedanken über mein Wohlbefinden, für das sie nicht mehr hatte sorgen können; vielleicht fürchtete sie auch um mein moralisches Wohlbefinden – so allein in der fremden Stadt.
Sie ließ mir Zeit, mich von meinen Freundinnen, meinen Lehrern und den Klassenkameraden von einst zu verabschieden – dann ging ich traurig ein letztes Mal zu Goethes Gartenhaus. Da ich gewohnt war zu gehorchen, erhob ich keine Einwände. Schweigend fuhr ich nach Hause.«

36 Berlin, Potsdamer Platz

37 Café Kranzler, Unter den Linden

38 Das Romanische Café an der Gedächtniskirche

39–41 Berlin, 1922
Marlene muß aufgrund einer Sehnenentzündung den Beruf einer Violinistin aufgeben. Sie macht Mode-, Schmuck- und Schuh-Reklame

»Jetzt war ich zum ersten Mal in meinem jungen Leben untätig. Ich traf die Entscheidung. Meine Mutter tat es nicht, sie schien auch nicht mit meiner Entscheidung zufrieden zu sein. Ich entschloß mich, es beim Theater zu versuchen. Ich gab das Geigespielen endgültig auf.«

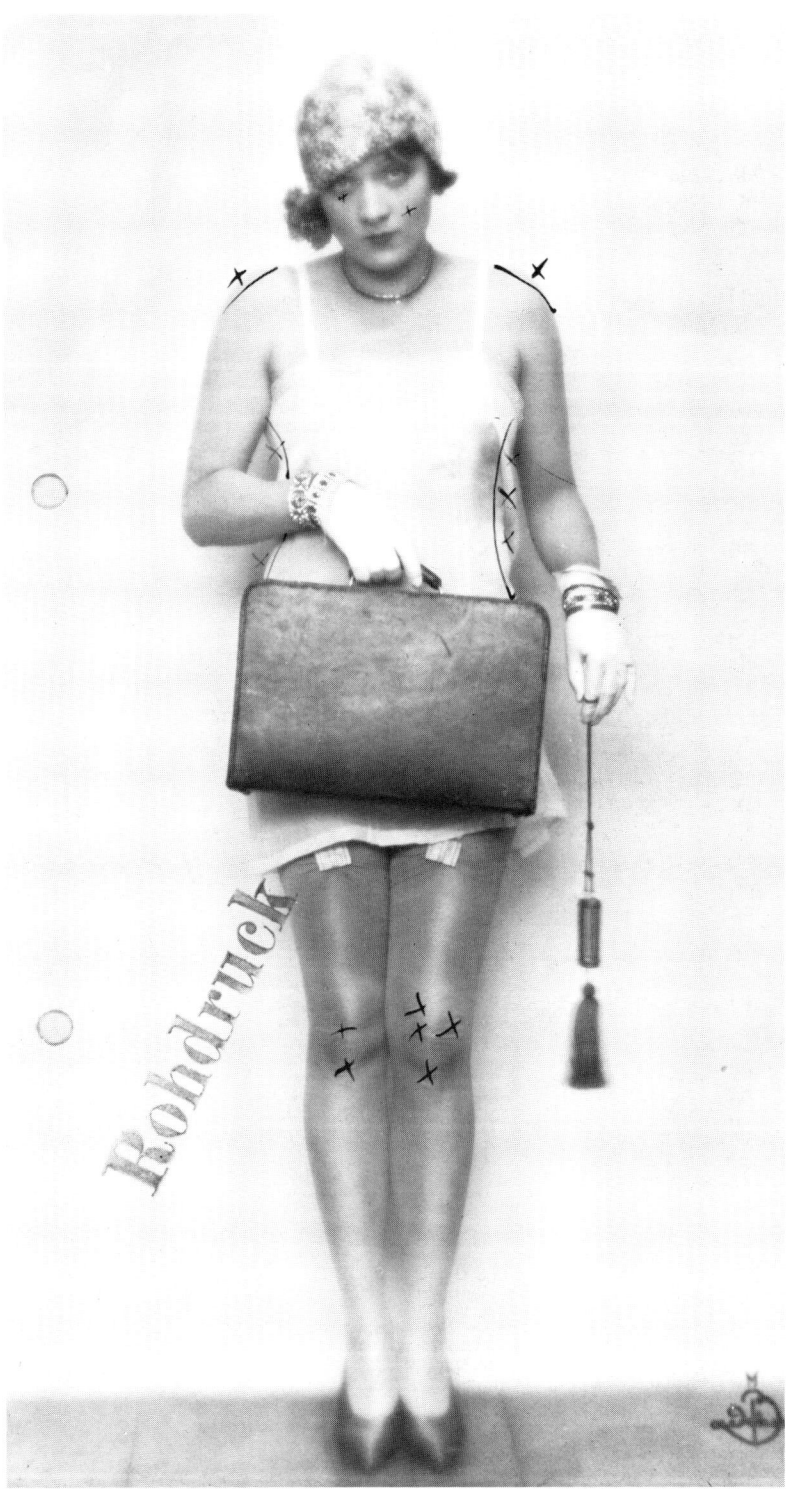

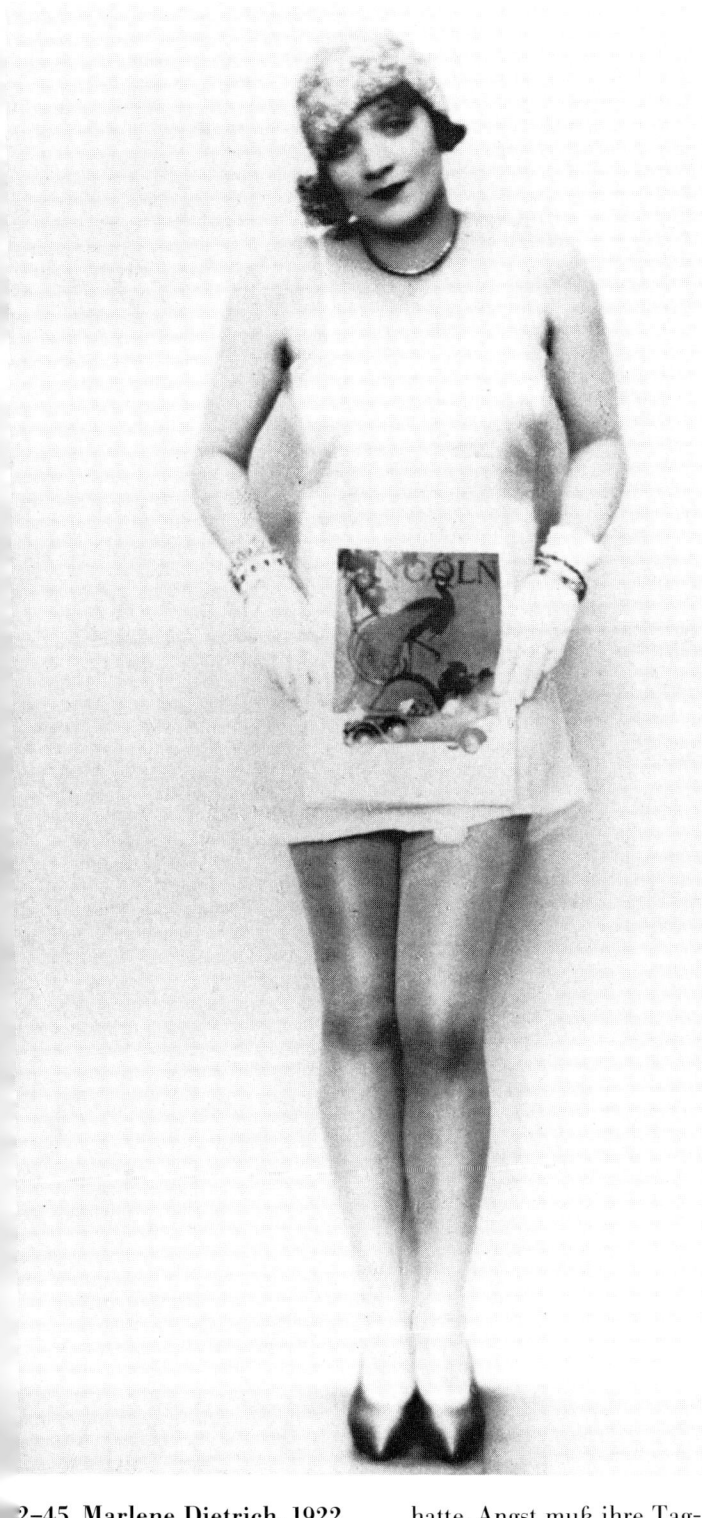

2–45 Marlene Dietrich, 1922
Reklame für Platten, Modeartikel, Werbeprospekte

»Zu Hause konnte ich über all das nicht reden. Meine Mutter war ziemlich verschlossen, machte keine kritischen Bemerkungen, diskutierte nie über mein Abenteuer in der ›Filmwelt‹, ein Wort, das in ihren Ohren einen häßlichen Klang hatte. Angst muß ihre Tag- und Nachtträume beherrscht haben. Angst, daß ich zu einem Leben der Sünde verführt würde ... Sie wußte damals noch nicht, daß ich gepanzert gegen alle diese Versuchungen war.«

46 Schauspieler und Kabarettdirektor Guido Thielscher

47 Als Thielscher am 27. März 1928 im Lustspielhaus sein 50-jähriges Bühnenjubiläum feiert, ist Marlene nach dem Jubiläumsauftritt im Nachtkabarett dabei Von links nach rechts: Alice Hechy, Molly Wessely, Hella Kürty, Trude Hesterberg, Guido Thielscher, Charlotte Ander, Lea Seidl, Renate Müller, Ulli Hoffmann, Marlene Dietrich

48 Bereits 1922 trat Marlene in der Girltruppe von Guido Thielscher auf (links)

Wer unser Guido ist, braucht man keinem zu erzählen. Seit 50 Jahren ist unser Guido Thielscher ein Stück Berlin. »Unser Guido« war eine der Attraktionen, die den Gästen bei dem Nachtkabarett nach der Thielscherfeier im Lustspielhaus vorgesetzt wurden ... Aber den Vogel schossen doch wohl die Thielscher-Girls ab, auch wieder die größten Kanonen, ebenfalls alphabetisch geordnet, zwölf Schönheiten von Charlotte Ander bis Molly Wessely. Unser Guido war begeistert, als die Girls mit dem Chor schlossen: »Und zum Schluß und zum Schluß gib uns jeder einen Kuß!« Das ließ sich Thielscher nicht zweimal sagen. Raus aus der Loge, rauf auf die Bühne, und da die ganze Reihe durchgeküßt!
Morgenpost vom 29. 3. 1928

9 Marlene Dietrich, 1922

50/51 Marlene Dietrich, 1922, vor den Kammerspielen

An der Schauspielschule des Deutschen Theaters in Berlin
»Es gab eine berühmte Schauspielschule in Berlin, die ›Reinhardt-Schule‹. Dorthin ging ich, um ›vorzusprechen‹. Ich hatte die Rolle des Mädchens in dem Stück ›Der Tor und der Tod‹ von Hugo von Hofmannsthal gewählt. Mehrere ältere Herren saßen in tiefen Sesseln und prüften uns mit strengen Blicken. Es schien uns eine Ewigkeit. Zum Vorsprechen wurde das Gretchen-Gebet aus dem ›Faust‹ gewählt. Für den nächsten Morgen wurde ich wieder in die Reinhardt-Schule bestellt. Es waren so viele Mädchen dort, daß es schien, als seien wir in der Schule.... Die Tatsache, daß man uns in der Reinhardt-Schule aufgenommen hatte, war schon ein Schritt vorwärts. Die Arbeit wurde uns nie zuviel. Wir bemühten uns, auch den schwierigsten Anweisungen der Lehrer gerecht zu werden und uns ihre Kenntnisse anzueignen. Wir studierten.
Die Schule lag in der obersten Etage eines der Theater, die Professor Reinhardt gehörten. Den Professor sahen wir nie, aber wir hatten große Ehrfurcht vor ihm. Er selbst unterrichtete nicht; er wählte nur die Lehrer aus. Wir arbeiteten fleißig und spielten die Rollen, die man uns gab. Ich war nichts Besonderes, und ich wußte es, jeder wußte es von sich. Viele fremde Theater und viele fremde Stichwörter, aber nie viele Worte. Die Rollen waren nicht der Rede wert, aber nichtsdestoweniger mußte jemand dasein. Ich tat das, was von mir erwartet wurde, egal, was es war. Ich ›befolgte die Regeln‹ – wie ich es dann auch weiterhin getan habe, in meiner Arbeit und in meinem Leben.
In vielen Stücken hatte ich nur stumm herumzustehen, allerdings immer sorgfältig den Rollen entsprechend zurechtgemacht. Meistens dauerte das Schminken viel länger als der Bühnenauftritt. Die Stars des Stückes sprachen niemals mit uns, wir aber waren voller Bewunderung für sie. Ich nahm weiter Sprechunterricht, ging zur Theaterschule und lernte alle nur denkbaren Rollen.«

Kammerspiele
Schumannstraße 14
Direktion: Felix Hollaender

Anfang 7½ Uhr — Donnerstag, den 7. Sept. 1922 — Ende nach 10 Uhr

Die Büchse der Pandora

Tragödie in drei Aufzügen von Frank Wedekind

Regie: Carl Heine

Lulu	Friedel Harms
Alwa Schön, Schriftsteller	Ludwig Körner
Rodrigo Quast, Athlet	Max Nemetz
Schigolch	Paul Günther
Alfred Hugenberg, Zögling einer Korrektionsanstalt	Hans Schweikart
Die Gräfin von Geschwitz	Helene Körner
Marquis Casti-Piani	Fritz Rasp
Bankier Puntschu	Herwarth Retslag
Journalist Heilmann	Werner Pledath
Magdelone	Margarethe Kupfer
Kadéga di Santa Croce, ihre Tochter	Grete Mosheim
Bianetta Gazil	Ilse Baerwald
Ludmilla Steinherz	Marlene Dietrich
Bob, Groom	Gertrud Borck
Herr Hunidey	Georg Hilbert
Kungu Poti, Kaiserlicher Prinz von Uahuba	Rudolf Amendt
Dr. Hilti, Privatdozent	Marcel Mermino
Jack	Max Nemetz

Der erste Akt spielt in Deutschland, der zweite in Paris, der dritte in London

Dekorationen nach Entwürfen von Ernst Stern

Pausen nach dem ersten und zweiten Akt

Freitag, den 8. Sept., 7½ Uhr: Die Jungfern vom Bischofsberg
Sonnabend, den 9. Sept., 7½ Uhr: Die Jungfern vom Bischofsberg
Sonntag, den 10. Sept., 7½ Uhr: Die Jungfern vom Bischofsberg

Mittwoch, den 13. Sept., 7 Uhr — Zum ersten Male:
Der Schattenfischer
Schauspiel in fünf Akten von Jean Sarment
(Eysoldt, Hambach, Brausewetter, Günther, Mederow) — Regie: Bernhard Reich

---

Großes Schauspielhaus
Kartstraße — Am Zirkus — Schiffbauerdamm
Direktion: Felix Hollaender

Anfang 7½ Uhr — Freitag, den 6. Okt. 1922 — Ende nach 10 Uhr

Der Widerspenstigen Zähmung

Lustspiel in fünf Akten und einem Vorspiel von William Shakespeare

Regie: (unter Zugrundelegung der Inszenierung Max Reinhardts) Iwan Schmith
Dekorationen und Kostüme: L. C. Placz

Personen des Vorspiels:

Ein Lord	Ludwig Körner
Christoph Schlau, ein betrunkener Kesselflicker	Wilhelm Diegelmann
Wirtin	Margarethe Albrecht

Personen der Komödie:

Baptista, ein Edelmann aus Padua	Robert Garrison
Vincentio, ein alter Edelmann aus Pisa	Fritz Daghofer
Lucentio, Vincentios Sohn, Liebhaber der Bianca	Hans Brockmann
Petruchio, ein Edelmann aus Verona, Katharinens Freier	Eugen Klöpfer
Gremio } Biancas Freier	Sigmund Nunberg
Hortensio }	Ludwig Jubelsky
Tranio } Lucentios Diener	Ernst Brödl
Biondello }	Fritz Rasp
Grumio } Petruchios Diener	Paul Graetz
Curtis }	Herwarth Retslag
Ein Magister	Karl Zander
Katharina, die Widerspenstige } Baptistas Töchter	Elisabeth Bergner
Bianca, ihre Schwester }	Erika von Thellmann
Eine Witwe	Marlene Dietrich
Erster Jäger	Gerhard Bienert
Ein Page	Willy Bernhard
Schneider	Hans Deppe
Putzhändler	Gerd Elmen
	Werner Pledath
	Gerhard Bienert
Diener	Erich Fiedler
	Günther Urbanz
	Maximilian Groß

Die Handlung ist abwechselnd in Padua und im Landhaus des Petruchio.
Die zur Handlung gehörige Musik ist von Klaus Pringsheim komponiert.

Technische Einrichtung: Franz Dworsky — Beleuchtung: Paul Hoffmann

Pause nach dem dritten Akt.

Täglich 7½ Uhr: Der Widerspenstigen Zähmung
Sonntag, den 8. Okt., nachm. 2½ Uhr: Danton

---

2 »Die Büchse der Pandora« von Wedekind in den Kammerspielen
Premiere am 20. 12. 1918 im Kleinen Schauspielhaus, 1919 Übernahme in die Kammerspiele
Marlene Dietrich in der Rolle der Ludmilla Steinherz
Sie spielte in diesem Stück 9mal, vom 7. 9. 1922 bis 4. 3. 1923

»Das war ein Stück, in dem ich eine von den ›stummen Herumsteherinnen‹ war. So unglaublich es klingen mag, ich hatte keine Ahnung, worum es sich in dem Stück handelte. Ich war nur im dritten Akt auf der Bühne und saß auf einem Sofa.«

53 »Der Widerspenstigen Zähmung« von Shakespeare im Großen Schauspielhaus
Premiere am 2. 10. 1922
Marlene Dietrich in der Rolle einer Witwe
Sie spielte in diesem Stück 42mal, vom 2. 10. 1922 bis 22. 4. 1923

»Als ich in das Große Schauspielhaus bestellt wurde, wo Reinhardt ›Der Widerspenstigen Zähmung‹ produzierte, staunte ich ein riesiges Theater, das früher ein Zirkus war, an. Ich mußte für die Rolle der Witwe im 5. Akt vorsprechen. Die drei Sätze waren mehr, als ich jemals vorher zu sagen hatte.«

54/55 Die Kammerspiele des Deutschen Theaters und das Große Schauspielhaus

56 Deutsches Bühnenjahrbuch

57 »Timotheus in flagranti« von Hennequin/Veber in den Kammerspielen
Premiere am 27. 10. 1922
Marlene Dietrich in der Rolle der Suzanne oder der Anne-Marie, die sie alternierend mit Renée Strobrawa spielte
Sie spielte diese Rolle 9mal, vom 11. 1. 1923 bis 23. 1. 1923

58 »Penthesilea« von Kleist im Deutschen Theater
Premiere am 6. 2. 1923
Marlene Dietrich als Hauptmännin der Amazonen
Sie spielte diese Rolle 9mal, vom 6. 2. 1923 bis 19. 3. 1923

59 »Der Kreis« von Maugham in den Kammerspielen
Premiere am 24. 1. 1923
Marlene Dietrich als Frau Shenstone
Sie spielte diese Rolle 23mal, vom 24. 1. 1923 bis 5. 3. 1923

IXa. „Die Komödie."

W 15, Kurfürstendamm 206/207. (Fernspr.: Bismarck 2414, 7516, außerdem f. Deutsches Th.)

(Das Th. wurde im Jahre 1924 nach Plänen des Baumeisters Oskar Kaufmann erbaut und im November 1924 unter Leitung Max Reinhardts eröffnet. Das Th. faßt 520 Personen. Spielzeit: Ganzjährig).

Direktionsvertreter. Dr. Karl Heine, W 15, Pariser Str. 38 (T Oliva 610).

Leitung, Künstler und sonstiges Personal (s. Deutsches Th.).

IXb. Großes Schauspielhaus.

NW 6, Am Zirkus 1. (Fernspr.: Norden 2951—2953.)
(Das Th. wurde eröffnet am 28. Nov. 1919 und faßt 3300 Personen. Spielzeit: Ganzjährig)

Betriebsspannung: 220 Volt.
Bezirks-Verband d. D. B. V.: I Berlin.
Bezirks-Verband d. G. D. B. A.: I Berlin.
Zuständiges Bezirks-Schiedsgericht: I Berlin.

Eigentümer. Nationaltheater A.-G.
Direktion. Karl Rosen (M. d. D. B. V.).
Künstlerische Leitung. Erik Charell.

Doppelvorstellungen finden statt. Abstecher finden nicht statt. Alle Kostüme werden geliefert.

Schauspiel- und Musik-Vorstände. Richard Gerner, Dir.-Stellv. u. Oberspiell., Wilmersd., Eislebener Str. 18. Fritz Plischke, Spiell., Halensee, Katharinenstr. 20 (T Pfalzb. 3098). Erich Schilling, Inspekt.-Regiss., Wilmersd., Sächsische Str. 1 (T Oliva 5025). Prof. Ernst Stern, Ausstatt.-Chef. Bernard Etté, I. Kpllm. Dr. Hans Kainz, Wilmersd., Uhlandstr. 133, u. Alfred Strasser, II. Kpllm. Louis Douglas, Ballettm., Charl., Kurfürstendamm 207.

Bureau, Inspektion und Kasse. Clara Schlücker, Bureauch. Hugo Bruhns u. Walter Bockisch, Rend. Ilselotte Klagemann u. Annemarie Sachs, Sekr. Kurt Kühnauer, Charl., Bismarckstr. 25, Heinz Höselbarth, N, Fehrbelliner Straße 27, u. Emil Ottenwalter, Charl., Niebuhrstr. 71, Inspiz. Hermann Franke, Souffl., N 3, Choriner Str. 83. Franz u. Marie Tacheci, Kass. Emil Bukowsky, Oberinspekt. Fritz Schülke, Kastel. Franz Höbold, Thdien.

Rechtskonsulent: Arthur Wolff.

Theaterärzte: Prof. H. Rosin, W 50, Rankestr. 33 (T Steinpl. 7700). Privatdozent Dr. A. Hübner, Charité. San.-Rat Dr. Max Cohn, W, Meineckestr. 23 (T Bismarck 1610). Dr. K. Friedmann, Charl., Joachimsthaler Str. 2.

Darstellende Mitglieder.

Schauspiel. Herren: Wilhelm Bendow, W, Lützowufer 33 (T Lützow 8861). Bert Bloem, Wilmersd., Meineckestr. 16/17. Kurt Bois (T Pfalzb. 8927). Harry Collen, W 50, Augsburger Str. 4. Louis Douglas. Karl Elzer, Charl., Knesebeckstr. 11 (T Steinpl. 2847). Bohns v. Goth. Wilhelm Hiller, i. Th. z. erfr. Fritz Kaempfert. Paul Lange, Charl., Uhlandstr. 197. Erich Nürnberger. Wassili Wassilieff. Hans Waßmann, Wilmersd., Kurfürstendamm 96.

Damen: Alma Barnes, Wilmersd., Günzelstr. 13. Marlene Dietrich, Wilmersd., Kaiserallee 54. Mimi Dirmann. Margarete Geppert. Beatrice Gorga. Eva Held, Charl., Schloßstr. 47. Hilde Lange. Susi Marschall. Rita Mitschiner. Marion Palfi. Alera von Porembski. Kiraly Rocza. Rosl Seegers. Claire Waldoff, Schöneb., Regensburger Str. 33.

Ballett. Solotänz.: Valentina Belowa. Marion Cook. Ell Düra. Gaby Naisz. Alexander Sergejeff. Antonia Serjewa. Jackley-Roston. R. u. W. Reinsch. 2 Stellos. Luft-Ballett Grigolatis.
50 Herren u. 150 Damen.

Orchester. Bernard Ettés Jazz-Symphoniker 45 Mitglieder.

Technisches Personal. Franz Dworsky, techn. Dir. Karl Rosenbaum, Maschm. Rich. Piehl, Thmstr. Curt Röder, Bel.-Inspekt. m. 14 Geh. Alfons Rothärmel, Anna Balzer u. Klara Keller, Obergard. m. je 10 Geh. Anton Zimmermann, Requis. m. 1 Geh. Emil Schimke, Tischler. Heinz Malchow, Tapez.

Friseur. Waldemar Zabs, Th.-Fris. m. 8 Geh.

Neuheiten. Von Mund zu Mund.

Genossenschafts-Mitteilungen. Ortsausschuß: Herm. Franke, Obm. Kurt Kühnauer, Obm.-Stellv. u. Kass. Erich Schilling, Schriftf.
28 Mitglieder der Genossenschaft, 15 der Kranzspende.

Kammerspiele

Schumannstraße 14
Direktion: Felix Hollaender

Anfang **8** Uhr Donnerstag, den 11. Jan. 1923 Ende vor **10** Uhr

Timotheus in flagranti

Schwank in drei Akten von Hennequin und Weber
Deutsch von Bruno Frank   Regie: Iwan Schmith

Timotheus Ploumanach	Max Gülstorff
André Courvalin	Erich Pabst
Lambrusque	Otto Treptow
Aurélie	Johanna Terwin
Auguste	Paul Bienfeldt
Suzanne	Anni Mewes
Baronin Lepinois	Hermine Sterler
Anne-Marie	Marlene Dietrich
Martha	Dorothea Thies
Francine	Grete Mosheim
Miß Simpson	Friedel Harms
Ein Kommissar	Kurt Lucas
Ein Schreiber	Kurt Noak
Erster Schutzmann	Konrad Lehmann
Zweiter Schutzmann	Arthur Laubert
Ein Bote	Walter Bluhm

Pause nach dem zweiten Akt

Die Kostüme der Damen Terwin, Mewes, Sterler und Brunova sind aus dem Wiener Modellhaus Max Becker, Elsässer Straße 53
Die Hüte von Agnes Gallewski, W. 50, Kurfürstendamm 182

Freitag, den 12. Jan., 8 Uhr: **Das Glas Wasser**
Sonnabend, den 13. Jan., 8 Uhr: **Timotheus in flagranti**
Sonntag, den 14. Jan., nachm. 2½ Uhr: **Kabale und Liebe**
Sonntag, den 14. Jan., 8 Uhr: **Das Glas Wasser**
Montag, den 15. Jan., 8 Uhr: **Timotheus in flagranti**

Der Vorverkauf findet für sämtliche angekündigten Vorstellungen an der Theaterkasse von 10–2 Uhr mittags statt.
Sonntags sind die Billettvorverkaufsstellen von A. Wertheim geschlossen.
Die Abendkasse wird eine Stunde vor Beginn der Vorstellung geöffnet.

Deutsches Theater

Schumannstraße 13–13a
Direktion: Felix Hollaender

Anfang **7½** Uhr Montag, den 12. März 1923 Ende gegen **10** Uhr

Penthesilea

Ein Trauerspiel von Heinrich von Kleist

Regie: Richard Révy   Dekorationen: Edward Suhr

Penthesilea, Königin der Amazonen	Agnes Straub
Prothoe ⎫	Lotte Fließ
Meroe ⎬ Fürstinnen der Amazonen	Renée Stobrawa
Asteria ⎭	Margarethe Rohn
Die Oberpriesterin der Diana	Leonie Duval
Achilles	Paul Hartmann
Odysseus ⎫	Ferdinand Hart
Diomedes ⎬ Könige des Griechenvolks	Kurt Lucas
Antilochus ⎭	Aribert Wäscher
Hauptmann	Max Nemetz
Myrmidonier	Ferdinand Faber
Aetolier	Hans Rodenberg
Doloper	Karl Hannemann
Die Oberste ⎫ der Amazonen	Friedel Harms
Die Hauptmännin ⎭	Marlene Dietrich
Amazonen ⎧	Helene Körner
⎨	Margarethe Placzek
⎩	Grete Mosheim
Rosenmädchen ⎧	Grete Scheer
⎩	Vera John
Ein gefangener Grieche	Gerhard Bienert
Ein Herold	Erich Fiedler

Szene: Schlachtfeld bei Troja
Es findet keine Pause statt.
Die zur Handlung gehörige Musik von Klaus Pringsheim

Technische Einrichtung: Franz Dworsky   Beleuchtung: Paul Hoffmann

Dienstag, den 13. März, 7½ Uhr: **Alt-Heidelberg**
Mittwoch, den 14. März, 7½ Uhr: **Alt-Heidelberg**
Donnerstag, den 15. März, 7½ Uhr: **Improvisationen im Juni**

Zum ersten Male:

Der Kreis

Eine Komödie in drei Akten von W. S. Maugham
Uebertragen von Mimi Zoff
Regie: Bernhard Reich   Bühnenbild: T. C. Pilartz

PERSONEN:

Clive Champion-Cheney	Erich Pabst
Arnold Champion-Cheney, Parlamentsmitglied	Ferdinand von Alten
Lord Porteous	Max Gülstorff
Edward Luton	Hans Brausewetter
Lady Katarina Champion-Cheney	Johanna Terwin
Elisabeth	Elisabeth Bergner
Frau Shenstone	Marlene Dietrich
Georges	Rudolf Amendt

60 Rudolf Sieber (20. 2. 1897–
Juni 1976)

»Ich liebte ihn, weil er schön war, blond, groß, klug. Er besaß alles, was ein junges Mädchen sich wünschen konnte.
Er war gütig. Er war höflich und gut und gab mir das Gefühl, daß ich mich auf ihn verlassen, daß ich ihm vertrauen konnte. Dieses Gefühl blieb unverändert all die Zeit, all die Jahre unserer Ehe hindurch. Wir hatten Vertrauen zueinander.
Damals, als wir beide jung waren, war ein solches Gefühl sehr selten, sehr kostbar. Er war in meinen Augen ideal: jung und intelligent und vertrauenswürdig.«

61/62 Eheurkunde
Die Schauspielerin Marie Magdalene Dietrich heiratet am 17. Mai 1923 den Schauspieler und Spielleiter Rudolf Emilian Sieber, geboren am 20. Februar 1897, auf dem Standesamt Berlin-Friedenau. Der gemeinsame Familienname ist »Sieber«. Die Trauzeugen sind die Witwe Josefine von Losch, die Mutter, jetzt 41 Jahre, und der Kaufmann Richard Neuhauser, 45 Jahre alt.
Marlene ist am Tage der Hochzeit 21 Jahre, ihr Gatte 26 Jahre alt

Als Zeugen waren zugezogen und erschienen:

3. die Witwe Josephine von Losch, ohne Beruf
der Persönlichkeit nach durch polizeilichen Personalausweis anerkannt, 41 Jahre alt, wohnhaft in Berlin-Friedenau, Kaiserallee 135;

4. der Kaufmann Richard Neuhauser,
der Persönlichkeit nach durch Reisepaß anerkannt, 45 Jahre alt, wohnhaft in Berlin-Wilmersdorf, Hohenzollerndamm 13

Der Standesbeamte richtete an die Verlobten einzeln und nacheinander die Frage:
ob sie die Ehe miteinander eingehen wollen.
Die Verlobten bejahten diese Frage und der Standesbeamte sprach hierauf aus,
daß sie kraft des Bürgerlichen Gesetzbuchs nunmehr rechtmäßig verbundene Eheleute seien.

Vorstehend 4 Druckworte und 1 Drucksilbe gestrichen, sowie 1 Zeile am Rande geschrieben

Vorgelesen, genehmigt und unterschrieben
Rudolf Emilian Sieber
Marie Magdalene Sieber
geborene Dietrich
Josephine von Losch · Richard Neuhauser

Der Standesbeamte.

»Zu jener Zeit war Rudolf Sieber Regieassistent in dem Joe-May-Film ›Tragödie der Liebe‹. Er hatte den Einfall, mit der Gewohnheit zu brechen, für die Komparserie die ›professionellen‹ Statisten zu engagieren. Er wollte sie lieber durch unbekannte Gesichter ersetzen. So wandte er sich an die Reinhardt-Schule und erbat sich angehende Schauspielerinnen, denen es nichts ausmachte, nur ein ›Gesicht in der Masse‹ zu sein. Er wurde wie ein König empfangen. So kam es, daß meine Freundin Grete Mosheim und ich, zusammen mit anderen Schülerinnen, eines Tages zum Studio gingen, um uns bei ihm vorzustellen. Er sagte uns, er suche ›demi-mondaines‹ (Damen der Halbwelt), ein damals geläufiger Ausdruck. Er fand, daß Grete Mosheim zu unschuldig aussah. Aber ich sollte am nächsten Tag ins Studio kommen, und daraus läßt sich schließen, wie ich auf ihn gewirkt haben muß. Ich war stolz darauf, daß er mich gewählt hatte, und stolz darauf, daß ich nicht zu jung und unschuldig aussah – obwohl ich es in Wirklichkeit war.
Jeden Tag meldete ich mich zur Arbeit bei jenem Regieassistenten, in den ich mich auf den zweiten Blick Hals über Kopf verliebt hatte und den ich nicht aufhörte zu lieben, all die Jahre hindurch, die folgten.
Wir verlobten uns, und nach einem Jahr heirateten wir. Meine Mutter arrangierte unsere Hochzeit. Sie flocht eigenhändig den Myrtenkranz für mein Haar. Die Kirche war voller Familienmitglieder, in Uniform und in Zivil. Ich, voller Sehnsucht nach Gefühl und Poesie, weinte, während ich meinen Mann ansah und seine Ruhe bewunderte. Er liebte mich mit seinem ganzen Sein, wie man nur einen Menschen lieben kann. Er war nicht sentimental ergeben wie ich; er schätzte keine überschwenglichen Gefühlsaufwallungen; er liebte Gefühl an sich. Und es gelang ihm, so wie ihm alles gelang, was er sich vornahm. Es war kein leichtes Leben für ihn, sobald wir verheiratet waren. Da ich bald schwanger wurde, so wie ich es mir gewünscht hatte, wurde mein Mann mehr und mehr in unseren Familienkreis aufgenommen.«

DEUTSCHE DEMOKRATISCHE REPUBLIK

Eheurkunde

Standesamt Berlin-Friedenau   Nr. 267/1923

Rudolf Emilian Sieber

geboren am 20. Februar 1897 in Aussig

und Marie Magdalene Dietrich

geboren am 27. Dezember 1901 in Schöneberg

haben am 17. Mai 1923 die Ehe geschlossen.

Der gemeinsame Familienname ist "Sieber".

Vermerke: keine.

Berlin, den 11. Mai 1983

I.V.

Geburtsstandesamt und Nr.
Ehemann: Pfarramt Aussig 97/1897
Ehefrau: Berlin-Schöneberg 1 7/1902

63 Beglaubigte Abschrift der Eheurkunde von Marlene Dietrich und Rudolf Sieber

64–66 Marlene Dietrich mit ihrem Gatten und ihrer Mutter

67 Marlene Dietrich, 1923

Die ersten Filme

68 »Der Mensch am Wege«, mit Wilhelm Dieterle; Marlene Dietrich als Krämerstochter

69 »Tragödie der Liebe«

70 »So sind die Männer«

DER MENSCH AM WEGE
Deutschland 1923
Produktion: Osmania-Film GmbH
Buch und Regie: Wilhelm Dieterle
Kamera: Willy Hameister
Darsteller:
Alexander Granach: Schuster
Wilhelm Dieterle: Michael
Heinrich George: Gutsherr
Sophie Pagay: Krämersfrau
Marlene Dietrich: Krämerstochter
Wilhelm Diegelmann: Wirt
Fritz Rasp: Knecht
Drehzeit: Ende April bis Mitte Mai 1923 in Schleswig (Außenaufnahmen) und im Mutoscop-Atelier Lankwitz
Vorführung: 12. 6. 1923 Alhambra

TRAGÖDIE DER LIEBE
Deutschland 1923
Produktion: May-Film
Regie: Joe May
Buch: Leo Birinski, Adolf Lantz
Kamera: Sophus Wangoe
Aufnahmeleitung: Rudolf Sieber
Darsteller:
Mia May: Manon Moreau
Emil Jannings: Ombrade
Erika Gläßner: Musette
Kurt Götz: Staatsanwalt
Marlene Dietrich: seine Freundin Lucie
Gedreht im May-Film Atelier, Berlin-Weißensee
Uraufführung:
Teil I und II 8. 10. 1923
Teil III und IV 7. 11. 1923
Ufa-Palast am Zoo

SO SIND DIE MÄNNER
Deutschland 1922
Produktion: Europäische Film-Allianz (Efa), Berlin
Regie: Georg Jacoby
Buch: Robert Liebmann
Kamera: Max Schneider
Bauten: Martin Jacoby-Boy
Darsteller:
Egon von Hagen: Napoleon Bonaparte
Harry Liedtke: Georg von Melsungen
Jacob Tiedtke: Jeremias von Katzenellenbogen
Antonia Dietrich, Loni Nest: seine Nichten Charlotte und Lieselotte
Marlene Dietrich: Kathrin, Charlottes Zofe
Drehzeit: Juni bis November 1922 auf Schloß Wilhelmshöhe bei Kassel und in den Efa-Ateliers Berlin
Uraufführung: 29. 11. 1923
Marmorhaus

71–73 »Der Sprung ins Leben«
Unten: Marlene Dietrich und Hans Brausewetter (rechts im Bild)

DER SPRUNG INS LEBEN
Deutschland 1923
Produktion: Messter-Film der Ufa
Regie: Dr. Johannes Guter
Buch: Franz Schulz
Kamera: Fritz Arno Wagner
Darsteller:
Xenia Desni: Idea
Walter Rilla: Frank
Paul Heidemann: Dr. Rudolf Borris
Käte Haack: Dr. Borris' Sekretärin
Hans Brausewetter: Borris' Freund
Marlene Dietrich: Mädchen am Strand
Hans Heinrich von Twardowski: Geiger am Strand
Drehzeit: Juli/August 1923
u. a. im Jofa-Atelier
Uraufführung: 4. 2. 1924
Tauentzienpalast

I.

Elfen müßten so sein — wie jemand ist, der noch nicht sprechen kann.

Puck so ... wenn sie schon schalkhaft sprechen; und sehr, sehr wild sind.

Ja, so müßten die Elfen sein.

Aber das geht nicht. Bis etwan eines Tages allerhand Elizabeth-Duncan-Kindlein schleierig-nackt herumschwirren; und ein vollendet phonographiertes, radiophones, porographisches Vogelgepiep, Doldengeflöt, Knospengeraun, Kelchgeflüster, Tauquarr: diesen wimmelfliegenden Schleierpüppchen, Schleierferlchen (denk' ich mir) in Irid-Tönen angetäuscht wird, von hinter den Kulissen.

Das wird mal, paßt auf, gehn. Es wird versucht werden.

II.

Denn der Sommernachtstraum ist ein ewiges Geniewerk, haltbarer als die haltbarsten Stücke jenes dunklen William aus dem Typhus- und Mistloch Stratford ... auf den ein unaufgeklärter Strahl floß von Lyrik, Kraft, Beobachtung, Nachdenksamkeit und auch Menschengroll. (Die amtlichen Bewunderer des Burschen haben keinen Dunst, wer er war.)

III.

Immer wird aufs neue die Elfenwelt versucht; wie ist sie hier?

Ihr König sei, wie er hier war. Binder-Sybille heißt er von gestern ab. Mit einer halbtiefen, sacht-füllenden Stimme, — darin etwas von jener scheinbaren Atemlosigkeit liegt, welche die Spannung d. s Horchers zart wachhält.

Und genau solche Glieder in einem Spinnwebmantel wird er haben ... Der Fall Oberon ist erledigt.

IV.

Bleibt der Fall Puck. Puck. Puck. Hier ein Meerkater; ein Fledermäuserich; ein fliegender Hund, ein Miaugeschöpf; ein Quarrwirbel; ein halbstruppig kullerndes Affengeistle ... Von Tiefen und Höhen, hinab und hinauf, mit hallend-verhallendem, gackerndem irrelockendem, neckendem Brustgemauz in Purzelbäumen. (So dieser kleine Sachse Hans Herrmann.)

V.

Bleibt die Kreisler-Bühne ... Mit unstofflichen Wandlungen. Das Licht ist hier Stoff. Aenderungen auf einen Ruck ohne Drehgebums. (Jetzt noch Radio-Stimmen dazu — ha! das soll ein Leben werden, Herr Senfsame, Herr Bohnenblüte, Herr Spinnweb! ... „Jetzt genung, fort im Sprung, trefft mich in der Dämmerung.")

Selbst wenn von der Seite was ohne Kreisler-Licht hergeschoben wird (wie sonst im Venusberg Damen von hohem Lebendgewicht) — geht es hier auf Filzrollen; wie wennsie schwebst.

Hinten hoch der Wald, voll Tau-Ahnung, vorn Stoffbänder (lies: Hängebirkengezweig). Und jetzt, wenn die Rüpel mehr Humor hätten!! Reinhard Bruck, Spielwalter, hat nie welchen gehabt; dankbar bleibe man, daß er aufs Harmonium verzichtet.

VI.

Die Rüpel, mit einem silbenschluckenden Holländer voneweg (mein Sprachgefühl wettet: der Mann ist aus Holland) ... die Rüpel, Herr Zettel eingeschlossen, sind weder mit Waßmann noch gar mit Georg Engels (bitte auf das adelnde „s" am Schlusse zu achten!) irgendwie vergleichbar. Nur Picha ...

Der macht hier die Thisbe. Keusch, mit dem Gesicht einer Vierundachtzigjährigen, die zwischendurch hopst — und sich, Verzeihung, die Busenteile hochschubst. Etwas Grauenhaft-Lächerbares ..... (Nur zu kurz.)

VII.

Trotz der Kreislerbühne ist hernach ein Baumgerank — sozusagen als Scheerenschnitt — bisl zu starr; bisl zu gleichbleibend; bisl ernüchternd.

Aber wenn am Schluß (nachdem, ohne Hochzeitsschwarm übrigens, nur die drei Paare sinnig in ihre Kemenaten geschlüpft sind) ... wenn am Schluß hier die Kreisler-Wand sich lautlos öffnet, und einmal noch die Elfenwelt in den Schloßsaal guckt; wenn der Lümmel von Oberon hier sanft Segnungsworte spricht: das ist sehr, aber sehr lieblich, unbestritten.

(So daß man selbst der Edelinge vergißt, nebst ihren Fräuleins. Mit Ausnahme der Meingast etwa, die braun-sprunghaft ins Bewußtsein drang; — und der Hypolita, um ihres Fleisches willen.)

74 Kritik von Alfred Kerr
im Berliner Tageblatt
vom 10. 2. 1924

75 Shakespeares »Sommernachtstraum« im Theater in der Königgrätzer Straße
Vorn liegend:
Maly Delschaft (Helena),
Erika Meingast (Hermia),
hinten sitzend von links:
Heinz Stieda (Demetrius),
Marlene Dietrich (Hippolyta),
Curd Lucas (Theseus),
Werner Schott (Lysander)

76 Theater in der Königgrätzer Straße

77 Mitteilung auf einer Karte an Dr. Julius Levin vom 10. 1. 1925
Die Tochter Maria wurde am 12. Dezember 1924 geboren

78 Marlene Dietrich mit ihrer Tochter vor ihrem Haus Kaiserallee 54 in Berlin-Friedenau, im April 1925
Diese Foto-Postkarte wurde von Rudi Sieber zu Ostern an Freunde gesandt

»Wir fanden einen Namen für das Kind, einen Namen, der der Name für all meinen Glauben und all meine Träume werden sollte: Maria. Sie war unser ganzes Glück.«

9 Am Strand von Westerland, Sommer 1925
Marlene mit ihrer kleinen Tochter Maria im Strandkorb

10 Ein Jahr später

»Ein Haus ohne Kind ist weder ein Haus noch ein Heim. Ich wußte das, bevor ich ein Kind hatte. Das ist das geheimnisvolle Wissen, das eine junge Seele hat, ohne jede Erfahrung, ohne eine besondere Erkenntnisquelle. Plötzlich ist das ganze Weltall wie verwandelt, und alles stellt sich auf einen einzigen Punkt ein: auf das Kind im Kinderbett.
Alles dreht sich um dieses Bett. Nichts bleibt so, wie es vorher war. Alles konzentriert sich auf dieses Wunder, das da in dem kleinen weißen, sorgfältig gewaschenen Laken liegt und leise atmet. Ein Geschenk vom Himmel.
Ich kann nur von mir sprechen und von all den Freuden einer Mutter erzählen, die noch jung und unerfahren, aber doch Mutter ist. Mit Instinkt und Begeisterung macht man fast alles richtig, wobei ich unter ›richtig‹ vielleicht etwas anderes als manche ›Professoren‹ verstehe. Ich hielt sie, ich wiegte sie, ich küßte sie von Kopf bis Fuß. Ich fütterte sie mit meiner eigenen Lebenskraft.«

81–83 »Duell am Lido«
von Hans J. Rehfisch im Staatlichen Schauspielhaus
Uraufführung am 20. 2. 1926
Von links:
Rudolf Forster (Cederstroem),
Marlene Dietrich (Lou Carrère),
am Tisch Fritz Kortner (Limal),
rechts außen sitzend
Lucie Mannheim (Ellen)

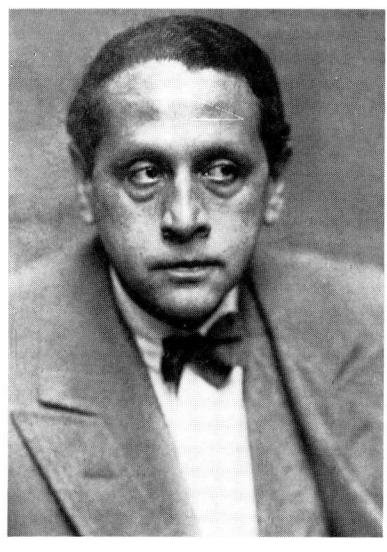

84 Der Autor Hans J. Rehfisch
(10. 4. 1891 – 9. 6. 1960)
Rehfischs zeitkritische Komödien und szenische Reportagen wurden vor 1933 viel gespielt

85 Regisseur und Intendant
Leopold Jessner
(3. 3. 1878 – 30. 10. 1945)
Er setzte das Stück in Szene

86 »Duell am Lido«

»Ein Monokel – das war zu der damaligen Zeit der Gipfel des ›Makabren‹. Trotzdem gab mir Mutter dieses Augenglas: das Monokel meines Vaters, das sie während vieler Jahre aufbewahrt hatte. Ich war blind wie eine Fledermaus, aber das Monokel blieb an seinem Platz.«

Ein Grandhotel am Lido. Pöbel in Gala; Genießer, die nicht mehr zu genießen wissen; Geschäftsmänner, die, umglänzt von der Adria, aufgeregte Dispositionen treffen; garçonnes, die sich auf der Terrasse mit Schiffsmaschinisten von den Herren im Smoking mehr als nur tändelnd erholen; Schriftstellerfrauen, die am Tage die Egerio des prahlsüchtigen Gatten sind und des Nachts den Jüngling suchen. Eine durch ihre Parfüms hindurchstinkende Welt, eine Untergangswelt. Welt aus Deutschland, Frankreich, von überall her, internationale Verbrüderung durch Verlüderung. Unsere Gemeinde, angstspeichelnde, darum lustvolle, geldwütige Welt, die um alles, auch um ihr eigenes Schicksal wettet. Wir. Der Regisseur Jessner läßt sich diesmal vom Autor leiten, statt ihn in sein eigenes Tempo, in das Jessner-Tempo, hineinzuzwingen und die Gespräche zu beflügeln. Aber er begreift auch das phantastisch Wirre unserer hier dargestellten Zeit, ihre todesbange Lebensgier, ihre Wollust, ihre maskierte Dummheit und ihr Gehetze. Die garçonne müßte von Marlene Dietrich nicht dämonisch-ekstatisch, sondern eisig gespielt werden.
Fritz Engel im Berliner Tageblatt vom 22. 2. 1926

Marlene Dietrich, das von Moralbegriffen unbeschwerte moderne Mädchen.
Germania Berlin vom 22. 2. 1926

Paula Knüpffer und Marlene Dietrich vertraten die angenehme Weiblichkeit.
Die Welt am Montag vom 22. 2. 1926

Ich merkte mir noch Marlene Dietrich in pikanter und zungensicherer Impertinenz.
Das blaue Heft 1925/26, Nr. 6

87 »Von Mund zu Mund«
im Großen Schauspielhaus
Premiere am 22. 10. 1926
Marlene Dietrich spielte die Commère für die erkrankte Erika Gläßner in der Revue in 18 Bildern von Eric Charell
Kostüme und Dekorationen nach Entwürfen von Ernst Stern und Walter Trier
Es wirkten mit: Claire Waldoff, Wilhelm Bendow, Curt Bois und Hans Waßmann

88 Zuschauerraum mit Kuppel im Großen Schauspielhaus Berlin, um 1920
Architekt Hans Poelzig

89 Titelseite des Programmheftes zur Revue
»Von Mund zu Mund«

90 Eric Charell (1894–1974)
Tänzer und bekannter Regisseur von Berliner Operetten und Revuen

Berlin darf sich, auf seine Revuekunst stolz, getrost in den Kreis der Weltstädte stellen. Deshalb singt auch ein neues Lied: Berliner sein verpflichtet!
Monty Jacobs

91–94 Vier Filme; nur mit Nebenrollen für Marlene

MANON LESCAUT
Deutschland 1926
Produktion: Ufa
Buch und Regie: Arthur Robison
Kamera: Theodor Sparkuhl
Darsteller:
Lya de Putti: Manon Lescaut
Wladimir Gaidarow: Des Grieux
Hubert von Meyerinck: Der junge de Bli
Trude Hesterberg: Claire
Marlene Dietrich: Mädchen
Drehzeit: Juni/Sept. 1925 in den Ufa-Ateliers Berlin-Tempelhof; Sept./Okt. in Neubabelsberg
Uraufführung: 15. 2. 1926
Ufa-Palast am Zoo

MADAME WÜNSCHT KEINE KINDER
Deutschland 1926
Produktion: Deutsche Vereins-Film AG
Regie: Alexander Korda
Buch: Béla Balázs
Kamera: Theodor Sparkuhl, Robert Baberske
Aufnahmeleiter: Rudolf Sieber
Darsteller:
Maria Corda: Elyane
Harry Liedtke: Paul
Maria Paudler: Louise
Trude Hesterberg: Elyanes Mutter
Marlene Dietrich: Unter den Tanzenden
Drehzeit: Oktober/November 1926 in den Ufa-Ateliers Berlin-Tempelhof
Uraufführung: 14. 12. 1926
Capitol

EINE DUBARRY VON HEUTE
Deutschland 1926
Produktion: Fellner & Somlo
für die Ufa
Regie: Alexander Korda
Buch: Robert Liebmann
Kamera: Fritz Arno Wagner
Darsteller:
Maria Corda: Toinette
Alfred Abel: Sillon
Friedrich Kayßler:
Cornelus Corbett
Hans Albers: Darius Kerbelian
Marlene Dietrich: Kokotte
Drehzeit: April bis August 1926
in den Ufa-Ateliers Berlin-
Tempelhof und Neubabelsberg;
Außenaufnahmen in Spanien und
an der französischen Riviera
Uraufführung: 24. 1. 1927
Ufa-Palast am Zoo

KOPF HOCH, CHARLY
Deutschland 1926
Produktion: Ellen-Richter-Film-
Produktion GmbH
Regie: Dr. Willi Wolff
Buch: Robert Liebmann
Kamera: Axel Graatkjaer,
Georg Krause
Darsteller:
Anton Pointner: Frank Ditmar
Ellen Richter: Charly Ditmar
Michael Bohnen: John Jacob Bunjes
Marlene Dietrich: Edmée Marchand
Drehzeit: 1926 in den Efa-Ateliers,
Außenaufnahmen in Paris,
Hamburg und New York
Uraufführung: 18. 3. 1927
Ufa-Theater Kurfürstendamm

95–97 »Der Juxbaron«
Marlene Dietrich am Flügel mit
Reinhold Schünzel, im Hintergrund zweite von links Trude
Hesterberg, Henry Bender und
Teddy Bill

98/99 »Sein größter Bluff«
Marlene Dietrich und Harry Piel

DER JUXBARON
Deutschland 1926
Produktion: Ellen-Richter-Film-
Produktion GmbH
Regie: Dr. Willi Wolff
Buch: Robert Liebmann
Kamera: Axel Graatkjaer
Bauten: Ernst Stern
Darsteller:
Reinhold Schünzel: Blaukehlchen,
der Juxbaron
Henry Bender: Hugo Windisch
Julie Serda: Zerline Windisch
Marlene Dietrich: Sophie,
ihre Tochter
Trude Hesterberg: Fränze
Drehzeit: Okt./Nov. 1926 in den
Ufa-Ateliers Berlin-Tempelhof
Uraufführung: 4. 3. 1927
Mozartsaal

SEIN GRÖSSTER BLUFF
Deutschland 1927
Produktion: Nero Film AG
Regie: Harry Piel
Buch: Henrik Galeen
Kamera: Georg Muschner
Darsteller:
Harry Piel: Henry und Harry
Devall, Zwillingsbrüder
Toni Tetzlaff: Madame Andersson
Lotte Lorring: Tilly, ihre Tochter
Marlene Dietrich: Yvette
Kurt Gerron: Rajah von Johore
Drehzeit: 24. 1. bis Ende Februar
1927 im Atelier Berlin-Grunewald
Uraufführung: 12. 5. 1927
Alhambra-Palast

100 »Broadway« von Dunning und Abbott in den Wiener Kammerspielen
Premiere am 20. 9. 1927
Marlene Dietrich als Girl Rubie
Der Regisseur Franz Wenzler (vorn), Friedel Haerlin und Harald Paulsen (Mitte), Marlene Dietrich (oben Mitte)

101 Die Girls der Aufführung

102 Probenpause

103/104 Programmzettel »Broadway« und »Die Schule von Uznach« von Sternheim im Theater in der Josefstadt
Premiere am 30. 11. 1927
Marlene Dietrich als Thylla Vandenbergh

Das von Philipp Abbott und George Dunning geschriebene Stück »Broadway« war 1926 am Broadhurst Theatre in New York und am Strand Theatre in London begeistert aufgenommen worden. Nach der Wiener Aufführung folgte 1928 in Berlin die nächste Inszenierung.

Amerikanisches Zeitbild
Nackte Girlbeine und Revolverschüsse – schmalzige Liebesgeschichte mit Sieg der Tugend und Detektivschmarren – Alkohol- und Schmugglerbande und Varietésentimentalität, Kitsch und außerdem noch raffiniertes Kulissengeschick – welches Auge soll da trocken bleiben? Die Herren George Dunning und Philipp Abbott verstehen ihr Handwerk. Selbstverständlich großer Beifall. In der flotten Aufführung ragte der liebenswürdige Harald Paulsen erquicklich hervor.
Morgenpost vom 10. 3. 1928

»Die Schule von Uznach oder Neue Sachlichkeit«
Man hält sich an die Munterkeit der vier tollen Mädchen, die nicht sehr viel anhatten, aber lange nicht so nackt waren wie ihre Reden. Die harte Kratzbürste Sternheimscher Dialoge hört mit ihrem energischen Tempo keine Sekunde auf, so daß einem Seele wie Vernunft unter dieser strammen Massage knallrot werden. Die bekehrte Thylla fordert ihren herbeitelegraphierten Bräutigam auf: »Mach mit mir Weltgeschichte!« Daß die einfachen Dinge der Natur immer einfach bleiben und nur in ihrer Einfachheit ethisch sind, will Sternheim hier zeigen. Will beweisen, wie nach dem Krieg, im Zusammenbruch so vieler alter Begriffe, in der Auflösung so vieler scheinbar ewiger Zustände die haltlos gewordene Jugend der Schlagwortnarkose anheimfiel, dem Rauschgift der neuen radikalen Phrasen erlag.
Es ist sein mildestes Lustspiel, seine sanfteste Komödie.
Von den Mädchen war Marlene Dietrich dem Äußern nach am ehrlichsten der Typ, der gezeigt werden soll: schöne, triebhafte Weibsjugend, die gedankenlos plappert.
Felix Salten in NFP vom 30. 11. 1927

105 Marlene Dietrich, 1927

106 Während der Dreharbeiten zum Film »Café Electric« mit dem Sänger Jan Kiepura und dem Schauspieler Igo Sym in einem Wiener Lokal

107 Marlene in »Café Electric«

108 Marlene Dietrich in der Drehpause mit Igo Sym (links) und Willi Forst (rechts)

109 Marlene Dietrich spielt auf der singenden Säge

110 Igo Sym (oben), einer der Schauspieler im »Café Electric«, war Meister im Spiel auf der singenden Säge

Er brachte Marlene bei, dieses eigenartige Instrument perfekt zu spielen. Es bestand aus einem Streifen Metall, der einem Fuchsschwanz ohne Zähne ähnelte, und wurde mit einem stark gewachsten Geigenbogen gespielt. Man stützte das Metallblatt auf ein Knie, und je stärker es gebogen wurde, desto höhere Töne konnte man ihm entlocken. Es gab eine Art wimmerndes Vibrato von sich; für Allegri und flotte Passagen war es nicht geeignet, ideal dagegen für langsame und getragene Weisen. Igo Sym faszinierte Marlene. Er war ein unwahrscheinlich gut aussehender Mann, der auch ausgezeichnet Klavier spielte und Chopin im österreichischen Stil variierte.

CAFE ELECTRIC
Österreich 1927
Produktion: Sascha-Film
Regie: Gustav Ucicky
Buch: Jacques Bachrach
Kamera: Hans Androschin
Darsteller:
Willi Forst: Ferdl
Marlene Dietrich: Erni Göttlinger
Igo Sym: Max Stöger
Drehzeit: Sommer 1927 in Wien
Uraufführung: 25. 11. 1927 in Wien, in Deutschland unter dem Titel »Wenn ein Weib den Weg verliert« am 22. 3. 1928 Emelka-Palast

111/112 »Broadway« im Komödienhaus Berlin Premiere am 9. 3. 1928
Harald Paulsen als Tanzmeister und seine sechs Revue-Girls: Marlene Dietrich, Elisabeth Lennartz, Margarete Kupfer, Charlotte Ander, Cara Guyl und Ruth Albu (Marlene im oberen Bild rechts)

Vor diesen zwölf wohlgebildeten Beinen, vor den aufregenden Schauern der Mordgeschichte muß das Publikum kapitulieren. Was auch geschah.
Morgenpost vom 11. 3. 1928

Nachtbars, Tanzgirls, Alkoholschmuggler, Detektive, erster Pistolenschuß, erste Leiche, Varieténummer, Jazzmusik, zweiter Pistolenschuß, zweite Leiche, Liebe, Rache, Gerechtigkeit und immer zwölf schöne Beine . . .
Morgenpost vom 10. 3. 1928

Am schönsten atmet es oft im Kitschkram . . .
Mit einem hohen Erinnern.
Alfred Kerr im Berliner Tageblatt vom 10. 3. 1928

3 Marlene Dietrich, 1928

»Es liegt in der Luft«
(Ein Spiel im Warenhaus)
Revue in 24 Bildern
Premiere am 15. 5. 1928

»Man empfahl mir, mich bei einem Herrn Forster Larrinaga in der ›Komödie‹, einem bezaubernden Theater am Kurfürstendamm, das zur Reinhardt-Gruppe gehörte, zu melden.
Dort fand das ›Vorsprechen‹ für eine neue Revue statt, die als ›literarische Revue‹ angezeigt war. Sie unterschied sich durchaus von anderen ›Revuen‹ und war für Berlin etwas völlig Neues. Sie hieß ›Es liegt in der Luft‹. Text von Marcellus Schiffer, Musik von Mischa Spoliansky. Wie ich später erfuhr, waren beide sehr berühmt. Man hatte mich gefragt, ob ich ein wenig singen könne. ›Ja, ein wenig‹, antwortete ich zögernd.
Als ich ankam, fand ich den Zuschauerraum erleuchtet. Dies war ungewöhnlich für ein ›Vorsprechen‹ oder für erste Proben, wo meistens nur eine einzige Birne die ängstlichen Gesichter der Applikanten beleuchtet. Ich kann nicht sagen, daß ich Angst hatte. Ich war nur wegen des ›Singens‹ besorgt. Man gab mir Noten und den Text des Liedes, das ich singen sollte. Mein musikalisches Studium half mir, ich konnte die Melodie schnell auswendig. Auch die Worte waren leicht zu lernen. Sie waren, nach meiner Meinung, sehr witzig. Nun war die Reihe an mir. Mein Lied war die erste Nummer der Revue, daraus kann man schließen, daß meine Rolle ziemlich unwichtig war. Ich erwartete auch gar nichts anderes.
Die Revue spielte in einem Warenhaus. Mein Lied handelte von einer Frau, voller Hoffnung, etwas ›Zurückgesetztes‹ zu finden, zu kaufen, ganz gleich, ob sie es brauchte oder nicht.
Ein dünner junger Mann saß am Klavier, umgeben von fünf anderen Musikern. Er schlug den Ton an, gab mir das Zeichen zum Beginnen. Die Tonlage war sehr hoch. Aus meiner Kehle kam ein armseliger kindlicher Laut, der mehr heiße Luft als Stimme war. Der Regisseur rief: ›Halt! Die nächste!‹ Herr Spoliansky stand auf und rief: ›Vielleicht sollten wir es noch einmal versuchen. Ich werde die Tonlage tiefer nehmen.‹ Die nächste Bewerberin zog sich in die Kulisse zurück, und ich stand da, verloren und verzweifelt, denn ich wollte den Komponisten nicht enttäuschen. Wir begannen das Lied noch einmal, diesmal einen Ton tiefer – mit dem gleichen Resultat. Aber Mischa Spoliansky änderte die Tonlagen immer wieder, bis ich endlich zum allgemeinen Erstaunen (meines inbegriffen) gute, volle Töne zuwege brachte.
Spoliansky legte den Ton fest, sprach mit seinen Musikern und auch mit dem Regisseur, der zustimmend nickte, die anderen Kandidatinnen wurden nach Hause geschickt – und ich hatte die Rolle. Ich ging zum Orchester, dankte dem Komponisten, wollte mich vom Regisseur verabschieden, wurde aber

KOMÖDIE

Anfang 8½ Uhr Anfang 8½ Uhr

Es liegt in der Luft
(Ein Spiel im Warenhaus)

Revue in 24 Bildern

Text von Marcellus Schiffer

Musik von Mischa Spoliansky / Regie: Forster Larrinaga

PERSONEN
ERSTER TEIL
1. Fahrstuhl . . . . Hans Carl Müller
2. Reste . . . Marlene Dietrich. Otto Wallburg. Ida Wüst. 8 Girls
3. Fundbüro . . . . Leni Sponholz, Renate Rosner
4. Abgegebene Hunde . . . . Margo Lion
5. Spielwaren . . . Hans Carl Müller. Renate Rosner. Oskar Karlweis, Käte Lenz
6. Scherzartikel . Otto Wallburg, Leni Sponholz, Willi Prager. Ida Wüst. Hans Carl Müller. Oskar Karlweis. Käte Lenz. Marlene Dietrich. 8 Girls
7. Parfumerielager . . . . Margo Lion
8. Kleptomanen . . Hans Carl Müller. Marlene Dietrich
9. Politische Abteilung . . . . Otto Wallburg
10. Konfirmationslager . . . . Käte Lenz. Oskar Karlweis
11. Weiße Woche Margo Lion. Leni Sponholz. Oskar Karlweis. Käte Lenz. Renate Rosner. Hans Carl Müller. 8 Girls

114 Margo Lion, Star der Revue

115 Marcellus Schiffer, der Autor der Revue

116 Robert Forster Larrinaga, der Regisseur der Revue

117 Mischa Spoliansky, der Komponist

118–121 Programmheft

unterbrochen, weil sich alle Köpfe dem Eingang zuwandten. Der Star der Revue, Margo Lion, kam in den Zuschauerraum, um den Regisseur zu begrüßen, begleitet von einem Herrn, der nicht nur ihr Mann, sondern auch der Autor der Revue war: Marcellus Schiffer. Es schien mir, als habe man von mir gesprochen, denn sie drehte sich um und sah mich an, sagte aber nichts. Sie besaß eine seltsame Art von Schönheit. Ein schmales Gesicht mit einer ›Nofretete-Nase‹. Ihr Körper war dünn und schlank wie ein Pfeil. Sie war Französin, sprach aber ein einwandfreies, gutes Deutsch. Ihr Gesangsstil war ›ultramodern‹. Nachdem wir eine Woche geprobt hatten, wurde ich in ihre Garderobe gerufen. Mit ihren hellen, blaßblauen Augen musterte sie mich kritisch von Kopf bis Fuß. Um sie herum standen der Autor, der Komponist, der Regisseur und noch einige Männer, die ich nicht kannte. Es wurde von einem neuen Lied gesprochen, einem Lied, das sie mit mir zusammen singen wollte.

```
P E R S O N E N
12. Die Drehtür . . . . . . . . . . . . . . Willi Prager
13. Es liegt in der Luft . . . Margo Lion, Oskar Karlweis
                              und Ganzes Ensemble
                     P a u s e
              ZWEITER TEIL
14. Nippes        Otto Wallburg, Marlene Dietrich, Hans
                  Carl Müller, Margo Lion, Käte Lenz
15. Irgendwie . . . . . . . . . . . . . . . . Willi Prager
16. Musikalien . . . Ida Wüst, Otto Wallburg, Käte Lenz,
                     Marlene Dietrich, Oskar Karlweis
    The four admirals      Jack Keyes, Norman Bartlett,
                           Henry Duvrett, Joe Leigh
17. Theaterkasse . . . . . . . Willi Prager, Renate Rosner
18. Hochzeitsnacht . . . Käte Lenz, Ida Wüst, Otto Wallburg
19. Sisters . Margo Lion, Marlene Dietrich, Oskar Karlweis
```

```
P E R S O N E N
20. Paßphoto . . . . . Margo Lion, Hans Carl Müller,
                       Oskar Karlweis, Leni Sponholz
21. Auskunft . . . . . . . . Otto Wallburg, Willi Prager
22. Sportabteilung . Margo Lion, Käte Lenz, Marlene Dietrich,
                     Otto Wallburg, Hans Carl Müller, Oskar Karlweis
23. Warenhausboy . . . . . . . . . . . . Louis Douglas
24. Umtauschkasse . . . . . . . . . . . . Ganzes Ensemble
      Die Bilder 4, 5, 13 und 14 sind entworfen von Walter Trier
      Alle übrigen Bilder sind entworfen von Emil Pirchan
   Figuren: Dodo Wolff / Am Steinway-Flügel: Mischa Spoliansky
          Solotänze einstudiert von Geza v. Erdelyi
          Die Tänze der Girls einstudiert von Phyllis Page
          Die Kostüme der Damen sind von Herrmann Gerson,
             Berlin W 56, Werderscher Markt 5—6
                      Ende 10¾ Uhr
      Jack Smith und Oskar Karlweis auf Electrola Musikplatten
         Der Apparat und die Platten auf der Bühne
           wurden von der Electrola G. m. b. H. gestellt
```

Ich dachte, ich höre nicht recht. Die große Margo Lion wollte ein Lied mit mir singen? Nachdem ich mich einigermaßen erholt hatte, erklärte man mir, daß es sich um eine Parodie auf die Dolly Sisters handelte. Der Name des Liedes: ›Wenn die beste Freundin mit der besten Freundin . . .‹

Wenn die beste Freundin
mit der besten Freundin,
um was einzukaufen,
um was einzukaufen,
durch die Straßen laufen,
durch die Straßen latschen,
um sich auszuquatschen,
sagt die beste Freundin
zu der besten Freundin:
Meine beste Freundin! . . .

Die Kleider für diese neue Nummer wurden in größter Eile hergestellt, und ich war sehr stolz, daß mein Vorschlag – wir sollten schwarze Kleider tragen – angenommen wurde. Natürlich waren große Hüte unvermeidlich.
Als ich die Kleider zum erstenmal sah, erschienen sie mir ziemlich traurig. Ich schlug vor, Veilchensträuße auf unsere Schultern zu stecken. Ich wußte damals nichts von der Bedeutung dieser Sträuße. Ich liebte Veilchen, das war alles. Aber seit das Theaterstück von Edouard Bourdet ›Die Gefangene‹ großen Erfolg in Berlin gehabt hatte, wurde den armen Veilchen die ›lesbische Bedeutung‹ angehängt. Ich ahnte davon nichts.
In der Kritik war dann die Rede von dem ›androgynen Lied, unterstrichen durch die Veilchen, die beide Darstellerinnen trugen, eine der Star, die andere eine mäßig begabte Neuerscheinung‹.
Das Lied wurde der große Erfolg der Revue. Am Ende des Liedes kam Oskar Karlweis zu uns und sang mit uns den letzten Refrain, was mich noch mehr verwirrte.
Es gab kein Bühnenbild. Wir spielten vor Vorhängen, die durch die Beleuchtung lebendig wurden und die Phantasie der Zuschauer anregten. Mit Hubert von Meyerinck sang ich ein Lied über ›Kleptomanen‹. Während der vielen Monate, die folgten, schloß ich keine Freundschaften im Theater. Ich bewunderte Margo Lion und hörte jeden Abend ihren Liedern zu, versteckt in den Kulissen.«

122–124 Marlene Dietrich und Margo Lion singen das Lied »Wenn die beste Freundin . . .« (oben mit Oskar Karlweis)

Eine Warenhausrevue von Marcellus Schiffer. Von der Komödie, vom Publikum dieses Theaters aus betrachtet: Ein reizendes Stück. Luftig, schaumig, Couplets aus dem Handgelenk. Das Warenhaus vom Fahrstuhl bis zur Umtauschkasse, gefällige Sächelchen, mondän, Kurfürstendamm, elegant.
Vom Schauspieler aus: Eine herrliche Vorstellung. Man hat jetzt in Berlin den Ton, die Haltung, die Leichtigkeit, die Eleganz für das Genre. Man hat die Künstler. Margo Lion als Braut auf der weißen Woche, im Parfümerielager, als abgegebener Hund, als Freundin: eine unnachahmliche Mischung von Mondänität und ordinärem Schmiß, von Darstellung und Parodie, von saloppem Nebenbei und böser Schärfe. Marlene Dietrich in dem hinreißenden, herrlich musizierten Duo und Trio von der »besten Freundin«, von delikater Haltung und müder Eleganz.
Von der Musik aus: Hier ist alles erfüllt. Was Mischa Spoliansky komponiert und instrumentiert hat – das geht im zündenden Reichtum der Einfälle, in der Eleganz, in der Verve, im Temperament über alles hinaus, was man als Revuemusik in Berlin hören konnte. Dies war Vollendung. Dies war Ereignis.
Herbert Jhering, Berliner Börsen-Courier vom 16. 5. 1928

PRINZESSIN OLALA
Deutschland 1928
Produktion: Super-Film GmbH
Regie: Robert Land
Buch: Franz Schulz
Kamera: Willi Goldberger
Darsteller:
Hermann Böttcher: Fürst
Walter Rilla: Prinz Boris, sein Sohn
Carmen Boni: Prinzessin Xenia
Marlene Dietrich: Chichotte de Gastoné
Hans Albers: René, Chichottes Freund
Aribert Wäscher: Polizeipräfekt
Drehzeit: 1928 im Ufa-Atelier Berlin-Tempelhof
Uraufführung: 5. 9. 1928 Ufa-Theater Kurfürstendamm

Was macht der Film aus dieser reizenden Katze! Was könnte er noch aus ihr machen. Die Dietrich hat hier vor der Kamera des fleißigen Herrn Willi Goldberger ein Kokottchen zu mimen. Im Film gewiß keine Massary-Rolle. Sie macht ein Garbo-Ereignis daraus. Viele Garbos leben auf der Welt – hier ist wieder eine. Es spricht für Robert Land, wie er dieser Neuentdeckung für den Film schon beim ersten Mal die Marotten fast abgewöhnt hat. Genug – hier tummelt sich ein Kopf vor der Kamera, an dem der Künstler unendliche Ausdeutmöglichkeiten findet. (Er darf die Eigenheiten nur nicht vergröbern.)
Und dann die Augen –! Olala.
Film-Kurier vom 6. 9. 1928

Marlene Dietrich ist die Kokotte, sparsam in den Bewegungen, verführerisch, charmant, verdorben. Marlene Dietrich hat mit dieser Rolle bewiesen, daß sie sich in ein Rollenfach einarbeiten könnte, das in Deutschland spärlich besetzt ist. Sehr gut Albers als Halbweltler.
Theatergeschäft: Guter Lustspielerfolg
Reichsfilmblatt Nr. 36, 1928

125 Marlene Dietrich und Hans Albers in »Prinzessin Olala«

126/128 Marlene Dietrich mit ihrem Filmpartner Hans Albers

127 In einer Szene mit Carmen Boni

Da finden sich einige köstliche Szenen, wie etwa der Anschauungsunterricht der Liebe, von Marlene Dietrich mit dem Augenaufschlag einer Garbo und mit überzeugender Körperlichkeit gespielt.
B.Z. am Mittag vom 6. 9. 1928

In einem sonst nicht sehr wesentlichen Operettenfilm hat Robert Land das Verdienst, endlich Marlene Dietrich zu ihrem ersten Filmerfolg zu verhelfen. Da sind Garbo-Augen, eine Swanson-Nase, Bewegungen von einer selbstverständlichen erotischen Spannung und Fülle, wie wir sie sonst resigniert an manchen Amerikanerinnen bewundern. Eine ganze Generation leerlaufender Verführungsdamen kann durch diese Schauspielerin entthront werden, wenn sie in die Hände kluger, unängstlicher Regisseure kommt. Neben ihr bleibt diesmal Carmen Boni ganz blaß.
Der Montag Morgen vom 10. 9. 1928

129 Im Kostüm der Chichotte de Gastoné, das sie im Film »Prinzessin Olala« trägt, vor dem eigenen Wagen

130/131 Die ersten Autos von Marlene Dietrich

»Eltern und Kinder« von Shaw
in der Komödie Berlin
Premiere am 12. 9. 1928
Marlene Dietrich als Tochter
Hypatia

Die Kritiker

Ein weithin ersichtliches Beinpaar
fand seine Zuständigkeit bei Marlene Dietrich, Tochter des Bürgerheims.
Es ging über die Mittelklasse hinaus.
Alfred Kerr

Bezaubernde Aufführung. Otto Wallburg: ein sanguinischer, satter Fettkloß, zum Platzen vollgepumpt mit den Weisheiten und Zitaten sämtlicher Klassiker. Ein saftiges Stück Komödiantenleistung. Else Heims: reichgewordene Proletarierfrau, keß, urwüchsig, mutterklug – rührend. Heinz Rühmann: zwerchfellerschütternde Sprechmaschine, zwerchfellerschütternder Klugscheißer. Last not least: Hörbigers prachtvoll sicher gezeichnete Kommunistenfigur. Zwei schöne Frauen: Frau Lili Darvas und Frau Marlene Dietrich. Hinreißendes, temperamentvolles Tempo des Regisseurs Heinz Hilpert. Ein aufgeräumtes, lachendes, fast angeschwipstes Publikum.
Willy Haas

Marlene Dietrich war die Tochter, die ihre eigenen Wege geht, von hinreichender Hundeschnäuzigkeit; die Beredsamkeit ihrer Beine vermochte die ihr mangelnde Kunst des Zuhörens nicht zu ersetzen.
Franz Leppmann

Marlene Dietrich, die Tochter, etwas heftig mit dem Mund vorweg, auch nicht englisch genug, hat eine Art zu sitzen, die man nicht gerade als sehr dezent bezeichnen kann. Wenn sie weniger zeigte, wär's auch noch genug.
Ludwig Sternaux

Da ist das Töchterchen, Marlene Dietrich, die mehr noch als durch ihre Reize (Beine! Beine!) durch ihr Geld den Herrn kapert, der die Ehe höchst praktisch als Geschäft ansieht (Odemar), und den hysterischen kleinen Trottel, den sie zuerst erwählt hatte (Rühmann), laufen läßt.
H.W. F.

132 Lili Darvas, Paul Otto, Marlene Dietrich, Otto Wallburg, Fritz Odemar und Else Heims (von links nach rechts) in »Eltern und Kinder«

133 Regisseur Heinz Hilpert, (1890–1967)

134 Pressezeichnung

135/136 Szenen mit Fritz Odemar und Otto Wallburg

ICH KÜSSE IHRE HAND,
MADAME
Deutschland 1928
Produktion: Super-Film GmbH
Buch und Regie: Robert Land
Kamera: Carl Drews, Gotthardt Wolf
Musik des Titelliedes: Ralph Erwin
Text: Fritz Rotter
Darsteller:
Harry Liedtke: Jacques, der Kellner
Marlene Dietrich: Laurence Gérard
Karl Huszar-Puffy: Talendier,
ihr Rechtsanwalt
Drehzeit: 1928 in den Efa-Ateliers
Berlin und in Paris
Uraufführung: 17. 1. 1929
Tauentzien-Palast
Die Titelmelodie wurde nachträglich mit der Stimme Richard Taubers aufgenommen

137 Marlene Dietrich und Harry Liedtke

138 Marlene Dietrich mit Harry Liedtke und Richard Tauber während einer Drehpause. Liedtke sang »Ich küsse Ihre Hand, Madame« mit der Stimme Taubers

139/140 Szenen mit Marlene Dietrich und Harry Liedtke

141 Presseannonce zu »Ich küsse Ihre Hand, Madame«

142 Refrain des Titelliedes

143 Filmpaar Marlene Dietrich und Harry Liedtke

Harry Liedtke küßt Madame die Hand. Harry spielt Kellner. Harry ist Großfürst. Harry spielt. Harry singt Tonfilm. Um Liedtke hat Robert Land ein Lustspiel arrangiert, in dem als wertvolle neue Erscheinung Marlene Dietrich als Begabung hoffen läßt, wenn sie, möglichst bald, von der Regie aus krampfhaften Garbo-Haltungen entlassen wird.
Berliner Tageblatt vom 20. 1. 1929

DIE FRAU, NACH DER MAN
SICH SEHNT
Deutschland 1929
Produktion: Terra
Regie: Kurt Bernhardt
Drehbuch: Ladislaus Vajda
Kamera: Kurt Courant
Darsteller:
Marlene Dietrich: Stascha
Fritz Kortner: Dr. Karoff
Drehzeit: 1929 im Terra-Glashaus
Uraufführung: 29. 4. 1929
Mozartsaal

Laßt Frauen sprechen! –
»Die ist ja süüß –« spitzen sich ihre
Lippen, wenn sie im Foyer vor
Marlene Dietrichs Bildnis stehen.
Und die Männer schließen sich
schweigend diesem zwar schlicht
und kunstlos, aber durchaus trefflich formulierten Urteil an. Sie
zehren mit Vergnügen an den Greta-Garbo-Fragmenten, wo diese
sich nur immer blicken lassen: in
der gleitenden, fast somnambulen
Art der Bewegung, in dem schweren, langsamen Aufgehen der Lider
und ihrem Halbgeschlossenbleiben,
in dem traumhaft müden Sichfallenlassen in die Gebärde und in
der lässigen, verspielten Trägheit,
die Unschuld und Laster andächtig
zu vereinen scheint. Kleine
Unschuld, kleines Laster allerdings
bei Marlene Dietrich.
*Deutsche Allgemeine Zeitung
vom 4. 5. 1929*

144–147 Marlene Dietrich und Fritz Kortner in dem Film »Die Frau, nach der man sich sehnt«

Was ihn interessanter macht als die übliche Durchschnittsware, zu der er nach seiner ganzen Art gehört, sind die schauspielerischen Leistungen. Marlene Dietrich ist hier zum ersten Mal (nach ihrem Film mit Harry Liedtke) in einer führenden Rolle herausgestellt; ihre Filmbegabung, zu der sich der Reiz ihrer Erscheinung gesellt, ist unmittelbar überzeugend, ihr Spiel noch ungleich; neben dichten Stellen gibt es viele leere Momente. Kortner spielt die vielleicht glücklichste und beste Filmrolle.
*Berliner Börsen-Courier
vom 5. 5. 1929*

DAS SCHIFF DER VERLORENEN MENSCHEN
Deutschland 1929
Produktion: Max-Glaß-Produktion
Buch und Regie: Maurice Tourneur
Kamera: Nikolaus Farkas
Darsteller:
Fritz Kortner: Kapitän Fernando Vela
Marlene Dietrich: Ethel Marley
Robin Irvine: T. W. Cheyne
Wladimir Sokoloff: Grischa, der Koch
Drehzeit: 1929 in Staaken und an der Ostsee
Uraufführung: 17. 9. 1929
Ufa-Pavillon am Nollendorfplatz

Darstellerisch ist vor allem Fritz Kortner zu nennen, der einen feigbrutalen Kapitän analysiert. Marlene Dietrichs Schönheit blieb leblos.
Berliner Börsen-Courier
vom 22. 9. 1929

Es ist ein Film des verlorenen Inhalts. Eigentlich sieht man nur lauter gutarrangierte Details, die mit viel Kunst abgebildet werden. Namen wie Fritz Kortner und Marlene Dietrich laufen auf diesem Schiff herum, ohne zum Spielen zu kommen.
Berliner Volks-Zeitung
vom 25. 9. 1929

148 Marlene Dietrich vor ihrem Auto mit Fritz Kortner

149/150 Szenen des Films »Das Schiff der verlorenen Menschen«

151 Marlene Dietrich und Robin Irvine

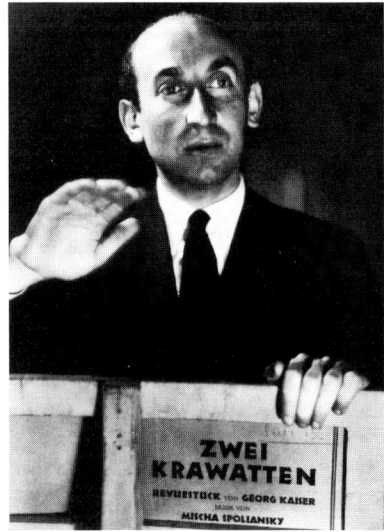

»Zwei Krawatten« von Georg Kaiser im Berliner Theater Premiere am 5. 9. 1929

152 Der Komponist Mischa Spoliansky

153 Marlene Dietrich und Rosa Valetti

154 Marlene Dietrich spielt die Rolle der Mabel, Rosa Valetti die Cornedbeeffabrikantin Frau Robinson, Hans Albers den Kellner Jean

155/156 Programmheft und Pressezeichnung

Kaisers szenische Illusionskraft hat aus der Idee schon viel gemacht, Schmissiges, kräftig Kontrastiertes, und das Theater läßt sich nicht lumpen. Alte Volksstücksitte, »mit Musik und Tanz«, wird allem Komfort der Neuzeit unterworfen. Da blühen die Frauen, da strahlen die Männlein, da hüpfen die Reigen, da funkeln die Farben, da wird gegirlt, da schnellt Artistik, da ist Revue, da wird Weltstadt proklamiert. Immer geschmackvoll, niemals protzig. Und die Spielsolisten? Hans Albers, muskelkundig, ist Jean, der Kellner. Marlene Dietrich ist Mabel, schön und was man mit Recht »apart« nennt.
Fritz Engel im Berliner Tageblatt vom 6. 9. 1929

BERLINER THEATER

Anfang 8¼ Uhr Ende gegen 10¾ Uhr

Zwei Krawatten

Revuestück in neun Bildern von
GEORG KAISER
Musik von
MISCHA SPOLIANSKY

Regie: Forster Larrinaga / Musikalische Leitung:
Hans Schindler / Bühnenbilder und Figurinen:
Erich E. Stern / Tänze: Sammy Lewis
Konzertmeister: Paul Godwin

Mit dieser Revue knüpft der neue Direktor des Berliner Theaters, Dr. Robert Klein, an die Tradition des Hauses an: an die erste Meinhard- und Bernauer-Zeit. Damals war das Berliner Theater eine Spezialität – ein »Berliner« Theater. Die Bühne in der Charlottenstraße ist heute viel schwerer zu führen. Berlin ist größer, vielfältiger, widerspruchsvoller, weltstädtischer geworden. Das eindeutig »Berlinische« tritt langsam zurück. Attraktionen und Sensationen sind nötig, damit die Leute in das Südende der Charlottenstraße kommen. So wurden sie jetzt gefaßt durch die Revue-Posse Berlin–Amerika, oder vielmehr »Zwei Krawatten« von Georg Kaiser. Nun hat Georg Kaiser sein erstes Revuestück geschrieben, aber mit dem Revue-, mit dem Tränenklischee. Georg Kaiser hat sich so blind und verliebt in die alte Revue gestürzt, daß seine Figuren sich sofort in die bekannten Fachgruppen einordnen. Eine Salondame und eine herzige Naive. Ein breiter Komiker und eine erste Charge. Ein Bonvivant mit Gemüt. Eine komische Alte. Diese Revue ist wirklich »Happy end« mit aller Hingabe an das Theater- und Filmgenre, in dem Lose und Erbschaften soziale und menschliche Dinge arrangieren. Georg Kaiser gibt gleich zweierlei: er läßt den Kellner vor der amerikanischen Millionenerbin fliehen, weil er sein armes deutsches Mädel liebt, und diese Liebe wird belohnt, weil Trude Schumann vierzig Millionen erbt und zehn Millionen mehr hat als die Amerikanerin. Höhere Gerechtigkeit. Die Publikumswirkungen sind fabelhaft. Das Berliner Theater hat seinen großen Erfolg. Unter der Regie von Forster Larrinaga wird auf Gefälligkeit und Schönheit, auf Tanz, Buntheit und Sentimentalität hingespielt. Hans Albers hatte als Kellner seine Spezialwirkungen. Volksjunge und Blauauge, Schnauze und Eleganz, Schnoddrigkeit und Gemüt. Neben Albers spielt Marlene Dietrich, reizend anzusehen in einer leider nicht sehr ergiebigen Rolle die Amerikanerin, gibt Rosa Valetti, ebenfalls nicht sehr dankbar bedacht, umwerfend die Cornedbeeffabrikantin.
Herbert Jhering im Berliner Börsen-Courier vom 6. 9. 1929

157/158 Marlene Dietrich als amerikanische Dollarprinzessin Mabel und Hans Albers als Kellner Jean

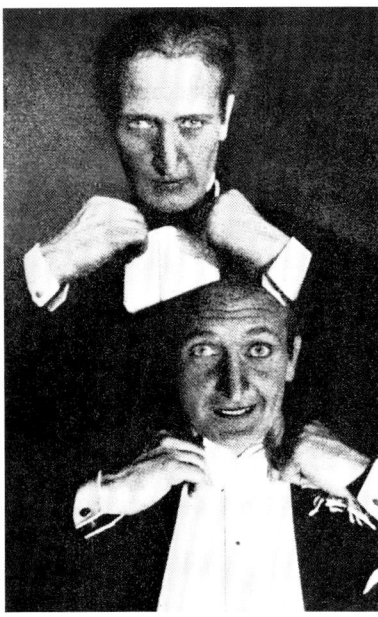

159 Der Kellner Jean (Hans Albers) tauscht seinen schwarzen Berufsschlips gegen die weiße Frackkrawatte ein – und wird ein Herr

160 Marlene Dietrich als Dollarmillionärin Mabel

161 Zeitungsinserat der Berliner Bühnen, 1929
(Zweite Spalte links oben Annonce von »Zwei Krawatten«)
Schon wenige Jahre später mußten viele der hier genannten Künstler Deutschland verlassen, um den Verfolgungen durch das nationalsozialistische Regime zu entgehen. Sie fanden Zuflucht in vielen Ländern Europas, vor allem aber in Amerika, das mit seiner mächtigen Filmindustrie Arbeitsmöglichkeiten bot.

Ein paar Namen: Forster Larrinaga inszeniert, gut. Bühnenbilder: der kleine Stern. Paul Godwin ist Konzertmeister, kniet sich mächtig hinein. Hans Albers, für solche aufsteigenden Proleten, mit Blauäuglein und Sehnsucht im Herzen, hat er den ungebrochenen Biceps und das Draufgängerische. Marlene Dietrich, mollig, agil, mit verschleierter Stimme und verhängten Augen. Margarete Köppke, Trude, mit weit geöffneten Lippen nach dem Glück schnappend. Hans Waßmann, ausgezeichnet als versoffener Kneipwirt und Prohibitions-Senator. Jakob Tiedtke, Armenanwalt aus SO, mit seiner Berliner Schnauze Amerika niederredend. Rosa Valetti, Madame vom Chikagoer Kurfürstendamm.
Erich Urban in B. Z. vom 6. 9. 1929

Marlene Dietrich hat die undankbare Rolle einer nüchternen temperamentlosen Amerikanerin. In ein paar Gesängen schlägt ihre reizvolle Persönlichkeit durch. Ansonsten bleibt ihr nicht viel mehr übrig, als durch ihre geschmeidige Figur, die Anmut ihrer Haltung und den Zauber ihrer halb geschlossenen, verschleierten Augen mit dem sex appeal des leading girl aufzuwarten. Das Publikum bedachte mit reichem Beifall alle revuemäßigen Nummern und den schlagkräftigen Schluß.
Film-Kurier vom 6. 9. 1929

Das Wesentlichste aber sind die ausgezeichneten solistischen Leistungen: Albers als Kellner, beide Seiten seiner reichen Begabung zeigend, das Exzentrische und das Seriöse, meisterlich im pointierten Vortrag der Chansons. Neben ihm die Mabel der Marlene Dietrich, bildschön und so kühl, wie man sich die Amerikanerin nun einmal vorstellt. Von hinreißender Drastik die Chikagoer Fleischkönigin der Rosa Valetti, deren bloße Erscheinung schon stürmischen Beifall weckt.
Berliner Börsen-Zeitung vom 6. 9. 1929

162 Rosa Valetti, Hans Albers und Marlene Dietrich

GEFAHREN DER BRAUTZEIT
Deutschland 1929
Produktion: Strauß-Film-Fabrikation und Verleih GmbH
Regie: Fred Sauer
Buch: Walter Wassermann
Kamera: Laszlo Schäffer
Darsteller:
Willi Forst: Baron von Geldern
Marlene Dietrich: Evelyne
Lotte Lorring: Yvette
Ernst Stahl-Nachbaur: McClure
Drehzeit: 1929 in Staaken
Uraufführung: 21. 2. 1930
Roxy-Palast

Die »Gefahren der Brautzeit«, die im Roxy-Palast uraufgeführt wurden, bestehen in einem Eisenbahnunfall, der einen Baron – unter dem tun wir's nicht – und ein ihm bis dato fremdes junges Mädchen zum gemeinsamen Übernachten zwingt. Am anderen Morgen sind sie zwar gar nicht mehr fremd, aber dafür ist das junge Mädchen auch auf und davon zu ihrer Verlobungsfeier. Mit wem? Ei potz, mit dem besten Freund jenes Barons aus der vorigen Nacht. Edel, hochprozentig edel benehmen sich nun a) der Baron, der auch an der Feier teilnehmen soll, b) die Braut, die mit ihm fliehen will, c) der Freund, der alles merkt. Er schießt zwar im ersten Zorn den Baron mitten ins Herz, aber der ist derartig edelmütig, daß er nicht sofort umfällt, sondern sich zunächst noch eine Weile über schlechtes Zielen unterhält, um dann erst – endlich allein – sein unhappy end zu finden. Nicht ohne übrigens noch einen Selbstmord vorzutäuschen, damit der Freund und seine Braut sich keine Vorwürfe zu machen brauchen. All das zusammen nennt sich »Sittenfilm«, und Elza Temary, Willi Forst und Ernst Stahl-Nachbaur bemühen sich um den Schmarren. Aber auch sie können ihn nicht besser machen, ebensowenig wie Marlene Dietrich, die sich in dieser ihrer Brautzeit gar bodenlos aufführt.
Berliner Tageblatt vom 23. 2. 1930

163/164 Marlene Dietrich mit Willi Forst (oben) und Ernst Stahl-Nachbaur

165 In »Gefahren der Brautzeit«

166 Géza von Cziffra
Wenn ich die damalige Marlene Dietrich beschreiben will, muß ich erklären: sie war alles andere als eine Sexbombe. Nicht einmal ein Bömbchen. Sie war wie ein burschikoser Junge, mit ihrer fast männlichen Kumpanei erstickte sie jede mögliche sexuelle Wallung ihrer Freunde. Viel Angst brauchte Marlene an unserem Stammtisch nicht zu haben, denn einige der Herren waren homosexuell – alles gute Freunde von Marlene, die sich, wenn auch nicht ausschließlich, eigentlich mehr für Frauen interessierte. Wenn sie hie und da Lust auf einen Mann hatte, vernaschte sie ihn einfach, aber die Annäherung oder gar der direkte Antrag mußten von ihr kommen. So konnte es passieren, daß sie beim Mittagessen jemandem zuflüsterte: »Nach dem Essen gehen wir zu dir.«
Es wäre fehl am Platze gewesen, aus einem solchen Nachmittag irgendwelche Konsequenzen oder gar Rechte ableiten zu wollen. Marlene pflegte eine schwache Stunde sofort zu vergessen. Wenigstens tat sie so. Ihre große Liebe war Claire Waldoff, eine Kabarettistin von Format, allerdings fast viereckigem Format. Sie war klein und dick, rothaarig und ungemein talentiert. Ihre mit tiefer männlicher Stimme vorgetragenen Lieder sang ganz Berlin.
Géza von Cziffra, Lyriker, Schriftsteller und Journalist, Pressechef bei verschiedenen Filmgesellschaften, Drehbuchautor, Produzent und Regisseur.

167 Hubert von Meyerinck
Als ich Dich, Marlene, das erstemal sah – in einem Film von Joe May »Tragödie der Liebe« mit Jannings und Erika Gläßner –, trugst Du ein Sportkostüm. Einen ganz kurzen Rock, der damals Mode war, und eine kleine, knappgeschnittene Jacke. Einen tief ins Gesicht gestülpten Hut und im Auge ein Monokel. Du spieltest eine winzige kleine Rolle: eine leichtfertige Dame. – Das Bild verschwimmt und ein anderes taucht auf. Eine der glanzvollsten Aufführungen von Eric Charell im Großen Schauspielhaus in Berlin. Du trugst ein gelbes Kleid. Es war lang, beschleppt und hatte am Hals rosenrote Rüschen. Deinen Kopf mit den weitgelockten hellen Haaren neigtest Du lässig auf Deine nackten Schultern, und Du sangst irgendein Lied irgendeines modernen Schlagerkomponisten. Du warst die Commère in dieser Revue, die Ansagerin, und Du gingst langsam mit deinen sinnlich erregenden Beinen in einer gelangweilten Ruhe die Rampe entlang. Es war eigentlich nichts, was Du spieltest oder machtest. Aber gerade dieses Nichts hat Dich später berühmt gemacht. Aus diesem Nichts hast Du einen Stil geschaffen, und mit einem Blick, einem hingehauchten Wort, sagtest Du mehr als eine Vollblutkomödiantin mit einer großen Szene. Und doch warst Du vor Lampenfieber glühend wie alle wahrhaften Künstler.
Hubert von Meyerinck stand mit Marlene Dietrich in der Revue »Es liegt in der Luft« auf der Bühne.

168 Käte Haack
Ich traf sie häufig auf Bällen. Ich erinnere mich an einen wundervollen Ball in dem herrlichen Haus von Professor Eugen Robert, dem Leiter des Theaters Tribüne. Alles, was Rang und Namen hatte, war da – Max Reinhardt, Franz Molnár, Peter Lorre, Conrad Veidt, Carola Neher und viele andere –, und nur eine Frau ragte heraus: die Dietrich. Wir standen alle zusammen, als sie plötzlich auftauchte und Carola Nehers Hand ergriff – auch Carola war eine große Schönheit. Dann tanzten die beiden einen Tango. Ein unvergeßlicher Anblick – die Menge machte Platz, und wir sahen staunend zu. Auch bei einem anderen großen Fest war tout Berlin dabei, vom deutschen Kronprinzen bis zu großen Stars wie Henny Porten und Asta Nielsen. Damals gab es eine berühmte Modeschöpferin, Frau Becker. Alle angehenden jungen Schauspielerinnen trugen ihre neuesten Modelle; auf diese Weise machten am nächsten Tag alle Zeitungen kostenlos für sie Reklame. Ich hörte, wie man sich auf dem Fest zuflüsterte: »Marlene zieht sich gerade um.« Sie hatte ein Kleid mit sieben Silberfüchsen am Rückenteil bestellt, das erst in letzter Minute fertig geworden war. Sie erschien nach allen anderen Mädchen und stahl allen die Schau.
Käte Haack war in den zwanziger Jahren Schauspielerin am Theater am Kurfürstendamm, der Tribüne, dem Komödienhaus, dem Theater am Schiffbauerdamm und dem Deutschen Theater.

169 Karl Hartl
1927 war Marlene einfach nicht zu übersehen. Zu den Probeaufnahmen von »Café Electric« erschien sie in einem roten Kostüm mit einem Topfhut auf dem Kopf. Sie verstand es, Kleider, die keineswegs erste Qualität waren, elegant zu tragen. Ihr Geschmack und die Wahl der Farben glichen die Billigkeit der Stoffe aus und kaschierten sie sogar. Als sie in mein Büro kam, warf ich einen Blick auf ihre Beine, und ich muß sagen, sie entsprachen dem Wirbel, der um sie gemacht wurde! Sie kam ganz kühl herein, setzte sich, und wir sprachen über die Rolle. Sie gab sich mäßig begeistert, aber ich hatte den Eindruck, als wäre sie nicht mit dem Herzen beim Film; sie hatte das Gefühl, sie sei nicht fotogen, und es wäre besser, sich ausschließlich der Bühne zu widmen. Ihre Solo-Aufnahmen waren ein wenig unbeholfen, deshalb machten wir weitere mit ihr und Willi Forst in einer Liebesszene. Das war angesichts ihrer Romanze nicht sonderlich schwierig. Sie war hervorragend. Aber ich glaube, sie war nicht glücklich mit den Probeaufnahmen, und wir konnten uns nicht recht entscheiden, ob wir sie nehmen sollten oder nicht.
Karl Hartl war 1926 Produktionsleiter des Films »Madame wünscht keine Kinder« und 1927 Regieassistent bei dem Film »Café Electric« der Sascha-Film in Österreich.

170 Wilhelm Dieterle
Ich habe sie in Deutschland kennengelernt, als sie gerade 18 Jahre alt war, und seither hat sie sich kaum verändert. Sie ist immer genau so, wie sie beim letzten Sehen war, egal wie lange das her ist. Sie hat immer die gleiche Selbstdisziplin. Früher hatte man den Eindruck, daß sie aus einem Milieu stammte, wo man zuerst durch die Küche gehen mußte, um in die gute Stube zu kommen. Trotzdem war sie damals schon die Grande Dame. Viele Leute haben Träume hinter sich, manche haben sie vor sich. Marlene trägt sie immer mit sich und benutzt sie als Heiligenschein.
Marlene! Sie ist die letzte der großen Performers. Nach ihr wird es keine solche Persönlichkeit mehr geben. Wer außer Marlene hätte so viele schlechte Filme überstehen können?
In Hollywood machte man großes Getue mit ihren Beinen. Andere wirklich große Schauspielerinnen wären entsetzt gewesen, denn Beine sind immer die letzte Rettung. Wenn dieser Trick aus ist, ist alles aus. Marlene Dietrich sagte nur: »Wenn sie Beine wollen, kriegen sie Beine.«
Wilhelm Dieterle spielte 1923 in dem Film »Menschen am Wege«, zu dem er das Buch schrieb und Regie führte, die Rolle des Michael, der sich in die Krämerstochter (Marlene Dietrich) verliebt. Dieterle wurde später ein erfolgreicher Regisseur in Hollywood.

171 Kurt Bernhardt
Sie sah phantastisch aus in »Eltern und Kinder«. Hinreißend! Ich fragte meinen Chef, ob ich ihr in dem Film »Die Frau, nach der man sich sehnt« die Hauptrolle geben könnte. Er wollte unbedingt jemanden mit einem großen Namen haben, deshalb lehnte er zuerst ab, aber als ich weiter darauf bestand, gab er nach und engagierte sie. Ihr Gegenspieler, Fritz Kortner, war ein gewaltiger Mann. Die Häßlichkeit in Person, aber ein großartiger Schauspieler. Aber auch sie war begabt. Sie hatte eine Marotte, die mir erst auffiel, als wir mit den Dreharbeiten anfingen. Sie war sich ihres Gesichts und der Tatsache, daß ihre Nasenspitze etwas hochragte, so sehr bewußt, daß sie sich nicht im Profil fotografieren ließ. Sie hielt ihr Gesicht immer auf den Scheinwerfer gerichtet, der sich hinter der Kamera befand; wenn sie mit jemandem sprechen mußte, der rechts oder links von ihr stand, dann sah sie ihn immer nur aus dem Augenwinkel heraus an; voll ins Gesicht sah sie ihm nie! Sie machte Kortner verrückt damit! Wir machten den größten Teil der Aufnahmen im Blauen Express, den wir mieteten – das war ein Zug, der zwischen Berlin und Paris verkehrte. Marlene sah phantastisch aus. Aber als Schauspielerin war sie eine Strafe Gottes. Kortner, der – Entschuldigung – gern mit ihr ins Bett gegangen wäre, nahm sie in Schutz.
Kurt Bernhardt war 1929 der Regisseur des Films »Die Frau, nach der man sich sehnt«.

172 Elisabeth Lennartz
Marlene war damals wunderbar und glücklich. Nach der Vorstellung saßen wir bei Schwannecke zusammen und redeten stundenlang mit Willi Forst, dem Conférencier Paul Nikolaus und anderen. Sie trug weder Büstenhalter noch Schlüpfer. Das war damals modern und gewagt. Sie hatte von uns allen die besten Beine.
Wir wurden wochenlang im Step gedrillt; es war grausam. Eugen Robert, der Regisseur, war hart und unerbittlich, aber Marlene schien das nicht zu stören, sie hatte Schwung und ging aus sich heraus. Sie überanstrengte sich nicht. Ich hatte nicht einmal das Gefühl, daß ihr daran lag, in allem ihr Bestes zu geben. Sie war bescheiden und glücklich verheiratet. Und da vierzig oder fünfzig Theater hübsche Mädchen brauchten, hatte sie auch keine Angst, unbeschäftigt zu bleiben. Ich glaube nicht, daß sie sich damit aufhielt, die Kritiken zu lesen. Die meisten von uns klammerten sich an die Kritiken – wir wußten, wenn Kerr ein Stück gefiel, dann würde es seinem Rivalen Jhering zuwider sein. Nach der Premiere eilten wir gegen Mitternacht aus dem Theater, um die Zeitungen zu kaufen; Marlene dagegen ging einfach heim zu Mann und Kind.
Elisabeth Lennartz war 1928 eins der Revuegirls in »Broadway« von Abbott und Dunning im Berliner Theater; sie spielte die Pearl, Marlene das Girl Rubie.

173 Victor Barnowsky
Marlene Dietrich hatte das Zeug zu einer guten Schauspielerin. Sie war über die Maßen schön – allzu schön, schien es mir. Viele Theaterleute in Berlin vertraten die Ansicht, daß außerordentliche Schönheit und erstklassige schauspielerische Begabung niemals zusammengingen, und damals schien es, als ob sich Marlenes Schönheit als Nachteil erweisen würde.
Als ich Marlene kennenlernte, war sie sehr jung, blendend frisch, elegant, außergewöhnlich hübsch, und sie hatte einen Anflug von »Feenhaftigkeit«, der sie leicht geheimnisvoll machte. Aber es fehlte ihr an Selbstvertrauen, und sie schien sich ihrer vielen Reize nicht bewußt zu sein – außer vielleicht ihrer Beine. Die Bewunderung, die sie in Restaurants und auf der Straße erregte, verlieh ihr ein gewisses Selbstbewußtsein. Sie war auch eine sehr gut angezogene Dame und liebte Musik leidenschaftlich – eine Leidenschaft, die für ihre Persönlichkeit so wesentlich war wie ihre Sehnsucht, tragische Rollen zu spielen.
Ich sehe sie jetzt noch in einem kupferfarbenen Seidenkleid an der Wand meines Büros lehnen, wo sie mir aus einem sentimentalen Stück vorsprach, dessen Titel ich vergessen habe. Es war ein fesselnder Anblick.
Victor Barnowsky war von 1924 bis 1933 Leiter des Theaters in der Königgrätzer Straße, wo Marlene Dietrich 1924 im »Sommernachtstraum« spielte.

174 Lili Darvas
Als ich mit Marlene arbeitete, verfügte sie bereits über außerordentliche Mittel. Sie hatte eine ganz seltene Fähigkeit – die Fähigkeit, völlig reglos auf der Bühne zu stehen und dennoch die gespannte Aufmerksamkeit des Publikums auf sich zu ziehen. Eine andere Schauspielerin hätte vielleicht hysterisch herumgewirtschaftet, Dinge auf dem Kaminsims verschoben, Vorhänge gerade gezogen oder ihre Hände über den Körper gleiten lassen. Marlene dagegen setzte sich einfach auf den Bühnenboden und rauchte – sehr langsam und sexy – eine Zigarette, und die Leute vergaßen, daß noch andere Schauspieler da waren. Ihre Pose war so natürlich, in ihrer Stimme lag so viel Melodik, sie ging mit ihren Gesten so sparsam um, daß sie den Zuschauer faszinierte wie ein Gemälde von Modigliani. Noch Jahre später habe ich diese Frau bestaunt und bewundert. Sie besaß die für einen Star wichtigste Eigenschaft: sie konnte großartig gar nichts tun.
Lili Darvas spielte mit Marlene 1928 in dem Stück »Eltern und Kinder« von Shaw, das in der Komödie aufgeführt wurde. Marlene war die Tochter Hypatia, Lili Darvas die Akrobatin.

175 Paul Hörbiger
In George Bernard Shaws Lustspiel »Eltern und Kinder« hatte ich 1928 eine Bravourrolle, den schnellsprechenden Kommis. Mit mir spielten Heinz Rühmann, Otto Wallburg, Oskar Sima, Fritz Odemar und Marlene Dietrich. Ihre Beine waren das Tagesgespräch von Berlin. In den Künstlergarderoben unseres Theaters gab es regelrechte »Bewerbe«, mehr von Marlenes Bein dargeboten zu bekommen. Jeder von uns hatte das Recht auf zwei Freikarten. Die Dietrich wollte eines Abends aber vier Bekannte unterbringen, da kam sie zu mir: »Paul, kannst du mir helfen, ich brauche noch zwei Karten.«
»Leider, ich hab' meine für heute schon vergeben. Aber geh zum Oskar, ich glaub', der hat seine Karten noch.« Gemeint war Oskar Sima, und der war für seinen deftigen Humor bekannt. Marlene stellte also auch ihm die Frage, worauf er seine große Stunde gekommen sah: »Ja, ich hab' meine zwei Karten schon noch. Ich könnt' sie dir auch überlassen. Aber was krieg ich dafür?«
»Was verlangst du?«
»Ich will deine Schenkerl sehen!« Worauf die Dietrich gelangweilt fast alles hochhob, ihre Aktion mit dem Ausspruch »Was ein leichtes Mädchen für zwei Freikarten alles machen muß« kommentierte und die zwei Billetts zufrieden ins Dekolleté steckte.
Paul Hörbiger spielte ebenfalls mit Marlene Dietrich in Shaws »Eltern und Kinder« in der Komödie 1928.

176 Grete Mosheim
Marlene und ich hielten nicht sonderlich viel von Berthold Held. Ich möchte über einen Toten nicht häßlich reden und auch nicht für unfreundlich gehalten werden, aber er war im Grunde kein großes Licht. Gewiß, er war ein alter Freund und Mitarbeiter Max Reinhardts, aber er verstand nicht viel von der Sache. Gewöhnlich lachten wir hinter seinem Rücken und verbrachten wesentlich mehr Zeit damit, lange Spaziergänge zu machen oder Gymnastikunterricht zu nehmen, als diesem aufgeblasenen alten Mann zuzuhören.
Ich liebte Marlene, und wir sind zeitlebens Freunde geblieben. Mir fiel immer auf, daß sie die elegantesten Strümpfe und die schönsten hochhackigen Pumps trug, während ich in Söckchen und Halbschuhen herumlief. Wie sie sich das leisten konnte, weiß ich nicht. Aber sie brachte es fertig, schon morgens um sieben hinreißend auszusehen. Wir blieben nicht die vorgeschriebenen zwei Jahre bei Held. Nach knapp einem Jahr hörten wir auf, ohne etwas gelernt zu haben, aber daß wir bei ihm Unterrricht gehabt hatten, berechtigte uns, in Reinhardts Theatern aufzutreten.
Grete Mosheim begann mit Marlene Dietrich an der Schauspielschule des Deutschen Theaters und spielte in den ersten Stücken mit ihr. Bis 1932 gehörte sie zu den führenden Schauspielern des Deutschen Theaters; sie emigrierte nach England und in die USA.

177 Mia May
Den Eindruck, den Marlene auf uns alle machte, vergesse ich nie. Ich erinnere mich daran, daß sie sehr amüsant und unterhaltsam war, attraktiv und originell. Kein Mann konnte ihr widerstehen. Überall erschien sie mit einem Monokel und einer Boa, gelegentlich auch mit fünf roten Fuchspelzen. Bei anderen Anlässen trug sie ein Wolfsfell, eine Art Decke, wie man sie über ein Bett breitet. Auf den Straßen Berlins wurde sie ständig von Leuten verfolgt, die über sie lachten, aber dennoch von ihr fasziniert waren; sie lieferte ihnen Gesprächsstoff. Sie zog mit einer Gruppe junger Schauspielerinnen herum. Anfangs trugen alle ein Monokel – außer ihr; später war es umgekehrt. Ich weiß, daß sich Rudi Sieber von Anfang an zu ihr hingezogen fühlte. Er war damals ungefähr fünfundzwanzig, athletisch, blond, muskulös, gut aussehend ...
Die Filmschauspielerin Mia May war die Frau des Regisseurs und Produzenten Jo May. Sie war 1923 die Hauptdarstellerin in dem Film »Tragödie der Liebe«, zu dem Jo May Regie führte.

178 Die Kabarettistin Claire Waldoff und Margo Lion; ihr Gesangsstil wurde für Marlene Dietrich vorbildlich. Mit Claire Waldoff stand sie 1926 im Großer Schauspielhaus in »Von Mund zu Mund« auf der Bühne und mit Margo Lion 1928 in der Revue »Es liegt in der Luft«

179 Fritzi Massary
Marlene konnte sich in unserem Kreis mühelos behaupten. Sie verfügte über die beste Eigenschaft, die ein Mensch überhaupt haben kann: sie konnte über sich selbst lachen. Immer wieder hat sie mir versichert, welch großen Einfluß ich auf ihren Stil gehabt hätte, aber ich glaube, die Waldoff und die Lion haben sie noch stärker beeinflußt.
Sie begriff, was in der Politik vorging, und wußte, daß Deutschland in wenigen Jahren ein faschistischer Staat sein würde. Ich glaube, sie dachte schon damals daran, in England oder Amerika zu arbeiten, damit ihr Kind nicht in einem totalitären Staat aufwachsen mußte. Die meisten von uns waren zu jener Zeit immer leicht benommen; wir tranken zuviel und schnupften Kokain, ich allerdings nicht, weil ich jeden Abend auf der Bühne stehen mußte. Aber sie war trotz ihrer Ironie und ihrem Hang zur Selbstverspottung eine sehr ernsthafte Person.
Die Vergänglichkeit allen Lebens erfüllte sie mit Mitleid und Verständnis. Das verlieh ihr etwas Poetisches, ein Gefühl für Leidenschaft und für die Wandelbarkeit des Herzens, das sie zu einer überragenden Schauspielerin machte.
Fritzi Massary trat von 1904 bis 1932 am Metropoltheater Berlin auf, wo sie die tragende Diva in den Revuen und Operetten war. Sie emigrierte nach London und später in die USA.

180–182 Marlene Dietrich mit ihrer Tochter Maria, in den Jahren 1927 bis 1930

Baby
Das Allerwichtigste. Das Wunder. Das Nie-Enttäuschende. Der Grund, alles und jedes zu ertragen. Lebendiges Vertrauen. Zutrauen in höchster Potenz. Ein zerbrechlicher, hilfloser Herkules.

Geduld
Geduld kann zur zweiten Natur werden, wenn man früh in der Kindheit Geduld lernt. Das schönste Geschenk, das man seinen eigenen Kindern auf den Weg mitgeben kann.

Gerechtigkeit
Ich bin fanatisch in dieser Hinsicht. Man sollte Kinder lehren, gerecht zu sein, sobald sie zu sprechen beginnen.

Jugend
Jugend bedeutet Optimismus und Vertrauen.

Kinderzeit
Eine Wonne der Erinnerung! Die hellblauen, sanften Bänder, die uns, verbunden, zärtlich zurückziehen, werden jährlich, monatlich, täglich stärker.

Mutter
Fester als der Boden unter den Füßen, wenn man klein ist; fester als ein Felsen, wenn man Halt braucht; und härter als jeder Felsen, wenn es gefährlich wird, sich daran festzuhalten – wenn es Zeit ist, ohne Hilfe zu stehen und zu laufen.

Mutterliebe
Liebe in ihrer reinsten und leidenschaftlichsten Form.

Nachwuchs
Was man auch für seine Kinder tut, sie werden einem in einem gewissen Alter Vorwürfe machen. Jede Entscheidung, die man für sie traf, werden sie beklagen. Nicht mit ihnen streiten und nicht versuchen, sich von seinen Sünden reinzuwaschen. Es geht vorüber – wie die Masern. Das einzige, wofür sie einem eventuell anerkennend auf die Schulter klopfen werden, ist

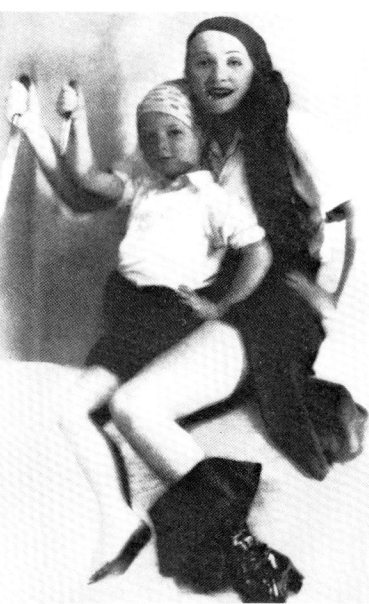

die Beharrlichkeit, mit der man darauf bestand, daß sie fremde Sprachen lernten. *Das* werden sie einem verzeihen.

Strafen
Die einzigen Personen, die das Recht haben, Kinder zu bestrafen, sollten die sein, die sie lieben.

Toleranz
Man sollte sie seinen Kindern beibringen. Sehr wichtig für ihr Seelenheil.

Traurigkeit
Bitter in der Kindheit, süß in der Jugend, tragisch im Alter.

Wünsche
Die Wünsche einer Mutter für ihr Kind sind so einfach, daß sie in der Hand ihres Babys Platz haben.

Zuneigung
Die notwendigste Seelennahrung. Wichtiger, als die Menschen begreifen oder begreifen wollen.

Zuhause (Zu Hause)
Bei uns wurden diese beiden Wörter immer in einem Wort geschrieben, gedacht und empfunden, und lange, bevor ich wußte, daß mein »Zuhause« gezwungenermaßen viele temporäre Namen haben würde. habe ich »Zuhause« immer als sinngleich für einen einzigen Hafen empfunden.

Marlene Dietrich, »ABC meines Lebens«.

183–188 Mit der Tochter Maria, genannt Heidede, 1927 bis 1930

»Das Leben einer Mutter ist nicht leicht. Es ist viel leichter, nur für sich selbst zu leben. Es gibt einen sichtbaren Unterschied zwischen wahren Müttern und jenen, die es nicht gerne sind. Man merkt den Mangel an Zuneigung. Auch ihre Unkenntnis. Sie wissen nichts von Sorgen und Schmerzen um ihre Kinder, nichts von ihren Krankheiten, wissen nichts von sorgenvollen, schlaflosen Nächten. Es ist ihr Verlust, sie sind arme Geschöpfe.«

189–192 Marlene Dietrich, 1929

DER BLAUE ENGEL
Deutschland 1930
Produktion: Erich Pommer
für die Ufa
Regie: Josef von Sternberg
Buch: Robert Liebmann, frei nach dem Roman »Professor Unrat« von Heinrich Mann; unter Mitwirkung des Autors für den Tonfilm geschrieben von Carl Zuckmayer und Karl Vollmoeller
Kamera: Günther Rittau und Hans Schneeberger
Bauten: Otto Hunte, Emil Hasler
Musik: Friedrich Hollaender
Songs: Ich bin die fesche Lola
Kinder, heut' abend such' ich mir was aus
Ich bin von Kopf bis Fuß auf Liebe eingestellt
Nimm dich in acht vor blonden Frauen
Darsteller:
Emil Jannings: Professor Immanuel Rath
Marlene Dietrich: Lola Lola
Rosa Valetti: Guste
Hans Albers: Mazeppa
Die Weintraub Syncopators
Drehzeit: 4. 11. 1929 bis Ende Januar 1930 in den Ufa-Ateliers
Uraufführung: 1. 4. 1930 Gloria-Palast

193 Vertragsunterzeichnung des Hauptdarstellers Emil Jannings bei dem Produzenten Erich Pommer, 1929

194 Als Mitarbeiter am Drehbuch unterzeichnet Carl Zuckmayer den Vertrag zum Film »Der blaue Engel«

195 Carl Zuckmayer mit Emil Jannings
Bei diesem in die Geschichte des Tonfilms eingehenden Ereignis ist Emil Jannings 1929 45 Jahre, Erich Pommer 40, Josef von Sternberg 35, Carl Zuckmayer und Friedrich Hollaender sind 33 und Marlene Dietrich ist 28 Jahre alt

196 Ankunft des Regisseurs Josef von Sternberg aus Hollywood am Berliner Bahnhof Zoo, Freitag, den 16. August 1929
Von links nach rechts: Der Drehbuchautor Karl Vollmoeller mit seiner Gattin, Frau von Sternberg, der Produzent Erich Pommer, Regisseur Josef von Sternberg und der Schauspieler Emil Jannings

Josef von Sternberg, den die Ufa für den ersten Sprechfilm mit Emil Jannings verpflichtet hat, ist heute in Berlin eingetroffen. »Ich habe mich«, erklärt er, »in Amerika freigemacht, weil mich mein Herz hinzog, mit Emil zu arbeiten. Ich sehne mich auch danach, einen Film von künstlerischem Format zu machen. Der Sprechfilm, der heute das Nationale durch die Sprache in den Vordergrund stellt, hat mich wieder zum deutschen Film gebracht. Was ich von Amerika mitbringe? 1 1/2 Jahre Tonfilmerfahrung. Wir haben die ersten Stufen hinter uns und haben gelernt, was zu machen ist. Was der Sprechfilm heute gewinnen muß – über das Technische hinaus – das Menschliche. Wir staunen das Instrument noch zu sehr als Mirakel an. Es wird darauf ankommen, weniger darauf zu achten wie etwas klingt, sondern was man zu sagen hat.«
Am Nachmittag um vier Uhr findet anläßlich des Eintreffens von Josef von Sternberg ein Begrüßungstee im Esplanade statt, an dem ebenfalls Emil Jannings teilnehmen wird.
Film-Kurier vom 16. 8. 1929

197/199 Josef von Sternberg mit Emil Jannings

198 Regisseur Josef von Sternberg mit den Bildphotographen des Films Günther Rittau (rechts) und Hans Schneeberger (links)

Josef von Sternberg sagt: Deutschland ein Filmparadies
Großer Nachmittag im Berliner Hotel Esplanade: Zusammentreffen mit einem der Filmkönner von drüben. Wiedersehen mit einem der Großen des deutschen Films.
Josef von Sternberg und Emil Jannings geben sich die Ehre . . . Regisseur Sternberg schilderte, was ihn nach Europa geführt habe. Er sprach nach ein paar einleitenden Worten amerikanischer Introduktion deutsch; von seiner Wiener Herkunft berichtete er, von den freudigen Gefühlen, die er beim ersten »guten Abend« der deutschen Zollbeamten – Glück hatte er; andere Zeitgenossen werden meistens angeschnauzt – und von dem ehrlichen Freudegefühl, das ihn überkommen habe, angesichts der Aufgabe, im Herzen Europas, in Deutschland, einen Film zu machen.
»Mir ist, als wär' ich in Hollywood gestorben, und nun bin ich im Himmel wieder aufgewacht.« Und die Sehnsucht nach dem lieben »Emil« und dem lieben Herrn Pommer hat ihn hergebracht . . . Jannings trug eine durch Marienbad offensichtlich entmaterialisierte Körperlichkeit zur Schau. (Sonny boy – so hat ihn seine Gattin in diesen Tagen getauft.) Er wird nach St. Moritz gehen, um sich von der Qual der Empfänge und der Kur zu erholen, bevor er wieder an die Arbeit geht. Sternberg verläßt bald den Platz am offiziellen Tisch, um mit den einzelnen Gästen Fühlung zu nehmen . . . Das Manuskript dieses Janningsfilms wird von Carl Zuckmayer in Gemeinschaft mit Karl Vollmoeller ausgearbeitet werden.
»Für den Rahmen des Films bürgt der Name des Producers Erich Pommer. Es wird ein Spitzenfilm, eine Weltmarke schon durch die fundierte Basis der Produktion.«
Und während auf so private Weise Filmdinge von Wert und Wichtigkeit behandelt werden, spielt eine Zigeunerkapelle auf. Natürlich Sonny boy . . .
Film-Kurier vom 17. 8. 1929

200 Josef von Sternberg bei Dreharbeiten mit Marlene Dietrich und Emil Jannings

Die Geschichte der Produktion des Films »Der blaue Engel«

23. August 1929
Vertragsunterzeichnung mit Heinrich Mann; er erhält 25 000 RM für die Rechte, weitere 10 000 RM bei der Uraufführung des Films in Amerika.

Dr. Karl Vollmoeller wird als dramaturgischer Mitarbeiter verpflichtet zu einem Honorar von insgesamt 23 000 RM, einschließlich Mitarbeit am Drehbuch.
*Ufa Protokoll Nr. 551
vom 23. 8. 1929*

27. August 1929
Carl Zuckmayer wird für die Mitarbeit am Drehbuch »Professor Unrat« unter Vertrag genommen, sein Honorar beträgt 15 776,20 RM.

28. August 1929
Die Ufa verpflichtet Herrn von Sternberg für die Regie des Jannings-Films »Professor Unrat« gegen ein Pauschalhonorar von 40 000 Dollar, zahlbar an jedem Mittwoch bis zum 31. 12. 1929 in Raten von 1500 Dollar. Für jede angefangene Arbeitswoche über den 31. 12. 1929 hinaus erhält Herr von Sternberg 3 000 Dollar.
*Ufa Protokoll Nr. 553/2
vom 28. 8. 1929*

28. August 1929
Professor Unrat
Gegen diesen Stoff sind von verschiedenen Stellen Bedenken geäußert worden, weil er einen bösartigen Angriff gegen die hohe Schule darstellt und weil besonders die Hauptfigur des Professor Unrat in übertrieben unsympathischer Weise dargestellt sei. Es wird darauf aufmerksam gemacht, daß der betreffende Roman von Heinrich Mann seinerzeit bei Erscheinen im Mittelpunkt lebhaftester Diskussionen gestanden habe und daß zu erwarten sei, daß auch der Film von den interessierten Kreisen angegriffen werden würde. Demgegenüber erklärt Herr Correll, daß der Stoff vollkommen umgearbeitet und die Figur des Professor Unrat in menschlich verständlicher Weise geschildert werden würde, so daß zu den befürchteten Angriffen kein Anlaß bestehen würde.
*Ufa Protokoll Nr. 553/1
vom 28. 8. 1929*

September 1929
Engagement Jannings. Jannings erhält für die deutsche und englische Fassung des Films 200 000 RM.
Vor seinem Eintreffen in Deutschland hatte die Ufa folgende Vorstellungen: am 25. 6. 1928 Jannings auch für 50 000 Dollar für die Hauptrolle seines 4. Films zu gewinnen; am 2. 7. 1928 ist die Versammlung der Ansicht, daß Emil Jannings auch bei einer Gagenforderung von 75 000 Dollar verpflichtet werden sollte; am 4. 1. 1929 können ihm als Gage 60 000 Dollar gewährt werden; am 8. 5. 1929 nimmt man an, daß er für 50 000 Dollar pro Film zu haben sein wird.

9. Oktober 1929
Marlene Dietrich wird für die Rolle der Künstlerin Fröhlich, der Lola Lola in dem Film »Der blaue Engel« verpflichtet. Die Anstellung von Marlene Dietrich gegen ein Pauschalhonorar von RM 20 000, wenn sie nur deutsch spricht, und von RM 25 000, wenn sie auch englisch sprechen sollte, wird genehmigt.
*Ufa Protokoll Nr. 566
vom 9. 10. 1929*

Oktober 1929
Probeaufnahmen mit Marlene Dietrich. Bekanntgabe des Titels: »Der blaue Engel«.

30. Oktober 1929
Nach Erörterung erklären die Herren Correll und Pommer übereinstimmend, es sei ganz ausgeschlossen, daß durch die Art der Darstellung öffentlicher Anstoß erregt werde, insbesondere auch nicht bei den Lehrern. Der Professor Unrat wurde sympathisch gesehen und ebenso Schule und Lehrkörper. Daraufhin erklärt sich die Versammlung mit dem Film endgültig einverstanden.
Die Herstellungskosten werden – ohne daß endgültiges Drehbuch und Kalkulation vorliegen – zum

Höchstbetrage von 1 279 000 RM genehmigt.
*Ufa Protokoll Nr. 573
vom 30. 10. 1929*

4. November 1929
Beginn der Dreharbeiten.

30. Januar 1930
Ende der Dreharbeiten.
Ufa-Dienst vom 30. 1. 1930

Anfang Februar 1930
Sternberg verläßt nach Montage des Films Berlin.
Film Kurier vom 3. 2. 1930

Februar 1930
Marlene Dietrich unterzeichnet im Büro des deutschen Repräsentanten der Paramount, Ike Blumenthal, den Vertrag, der sie nach Hollywood verpflichtet.

24. März 1930
Der Reklameetat für die Uraufführung wird zum Höchstbetrag von 34 075,80 RM genehmigt.
*Ufa Protokoll Nr. 618
vom 24. 3. 1930*

24. April 1930
Dem Wunsche des Bildungsausschusses des Reichstages, den »Blauen Engel« vorzuführen, soll entsprochen werden.
*Ufa Protokoll Nr. 628
vom 22. 4. 1930*

30. April 1930
Festliche Premiere im Gloria-Palast, 20 Uhr, in Anwesenheit der Hauptdarsteller.

31. Mai 1932
Jahres-Einspielergebnis 2 866 015,00 RM.

22. Oktober 1937
Die Aufführung des Films ist in Deutschland längst verboten. Dem Verfasser des Filmstoffes Heinrich Mann ist die deutsche Staatszugehörigkeit entzogen. In dem Film wurden deutsche Zustände glossiert.
*Ufa Protokoll Nr. 1266
vom 22. 10. 1937*

201–203 Marlene Dietrich in der Rolle der Künstlerin Fröhlich, im Film Lola Lola genannt, und Emil Jannings als Professor Immanuel Rath

204 Als Lola Lola in »Der blaue Engel«

»Von Sternberg sah mich in ›Zwei Krawatten‹. Was auch immer behauptet wurde – dort sah mich von Sternberg zum ersten Mal.
Am nächsten Tag ließ er mich zur Ufa kommen ... Er beschloß, eine Probeaufnahme mit mir zu machen – am gleichen Tag, an dem er auch die aussichtsreiche Bewerberin für diese Rolle, Lucie Mannheim, vor die Kamera stellte. Lucie Mannheim war eine anerkannte Schauspielerin. Sie wollte die Rolle um jeden Preis, obwohl sie dafür vollkommen ungeeignet war. Allerdings hatte sie – außer ihrem unbestreitbaren schauspielerischen Talent – auch ein ziemlich großes Hinterteil, und Emil Jannings, der große Star, der die Hauptrolle spielte, liebte dicke Hinterteile. Ich hatte trotz meinem Babyspeck niemals ein dickes Hinterteil. Ich war überall gut gepolstert, nur nicht da. Da war ich zwar rund und, meiner Meinung nach, gerade ›richtig‹, aber vermutlich nicht so, wie es Jannings liebte. Um seine Bereitwilligkeit zu zeigen, machte von Sternberg also eine Probeaufnahme mit Jannings' Favoritin, wobei er die Kamera besonders langsam über den auffallendsten Teil ihrer Anatomie gleiten ließ. Dann war ich an der Reihe. Ich fühlte mich völlig hilf- und hoffnungslos, ohne deswegen unglücklich zu sein, denn ich war nicht unbedingt auf diese Rolle versessen. Als man mich dann auch noch in ein viel zu enges Kleid steckte und meine Haare mit einer Brennschere bearbeitete, bis der Dampf an die Decke stieg, bekam ich fast ein bißchen Heimweh. Aber als echte Berlinerin nahm ich alles mit Galgenhumor und ging auf die Bühne, als man mich rief.
Da stand er vor mir, ein Fremder – und doch sollte er später für mich die vertrauteste Gestalt hinter der Kamera werden. Ein Klavier war da, und davor saß ein Pianist. Der Fremde forderte mich auf, mich auf das Klavier zu setzen, einen Strumpf herunterzurollen und ein Lied zu singen, das ich angeblich hätte mitbringen sollen. Ich hatte kein Lied mitgebracht, weil ich sowieso überzeugt war, keine Chance zu haben. Man mag sich

205/206 Marlene Dietrich und ihr Regisseur Josef von Sternberg

über meine Einstellung wundern. Warum bin ich dann überhaupt hingegangen?
Es gibt nur eine Antwort: Ich ging, weil man mir gesagt hat, daß ich hingehen solle. Von Sternberg war sehr geduldig. Er sagte: ›Da Sie kein Lied mitgebracht haben, obwohl man Sie darum gebeten hat, singen Sie irgendein Lied, das Ihnen gefällt.‹ Das erhöhte meine Verlegenheit. ›Ich liebe amerikanische Lieder‹, sagte ich.
›Dann singen Sie ein amerikanisches Lied‹, sagte er. So fing ich ziemlich erleichtert an, dem Pianisten das Lied zu erklären, von dem er natürlich noch nie etwas gehört hatte. Da unterbrach von Sternberg und sagte fast im Befehlston: ›Das ist die Szene! Genau das werde ich filmen . . .‹
Von Sternberg führte am nächsten Tag beide Probeaufnahmen den Direktoren der Ufa vor, und alle wählten – Lucie Mannheim! Daraufhin sprach er den inzwischen berühmt gewordenen Satz: ›Jetzt weiß ich, daß ich recht habe, Marlene Dietrich wird die Rolle spielen.‹
Mein Mann ging zu den Direktoren und unterschrieb für eine lächerlich geringe Gage (er wußte das) den Vertrag; für beide Versionen, die deutsche und die englische. Wenn ich mich richtig erinnere, bekam ich ungefähr 5 000 Dollar. Von diesem Geld kaufte ich meinen ersten Nerzmantel. Mein Mann bestand darauf, daß ich das Geld für meinen ganz persönlichen Luxus ausgeben solle.
Der Blaue Engel war kein Kabarett, sondern eine Hafenkneipe in Hamburg. Es war auch nicht der Name der Rolle, die ich spielte, aber in den Jahren, die folgten, nannte man mich ›Der blaue Engel‹.
Sternberg war der Regisseur im umfassenden Sinne des Wortes. Er dirigierte den Oberbeleuchter, den Beleuchter, den Bühnenarbeiter, die Leute, die uns schminkten (die er haßte), die Statisten (die er liebte) und uns Schauspieler (die er duldete). Die Schauspieler dieses ersten Films, den ich für von Sternberg machte, waren alles andere als einfach. Zuerst Emil Jannings, der jeden haßte, sich selbst eingeschlossen . . .
Außerhalb der Arbeit nahm Sternberg kein Interesse an mir. Jeden Abend fuhr ich nach Hause zu Mann und Kind oder ging Theaterspielen. Und morgens war ich pünktlich wieder im Studio. Manchmal dachte ich, der Film, den wir drehten, sei doch recht ordinär. Das scheint mir auch heute noch so. Jede Szene wurde mit vier Kameras gefilmt, die zur gleichen Zeit liefen, und ich wußte, daß sie meistens auf meine Schenkel zielten. Ich sage das ungern, aber es war so. Wann immer man mich filmte, wurde mir befohlen, ein Bein hochzuheben, links oder rechts, das war egal. In dieser Zeit lernte ich schnell sehr viel über Kamera-Einstellungen. Der Film wurde eben von Josef von Sternberg gedreht – und das war das Entscheidende. Ich war tief beeindruckt von seinem Wissen. Er zeigte mir, wie man Filme schneidet und zusammenklebt. Ich habe seine Lehren all die Jahre über behalten und werde niemals den Zauber dieser ›Lehrlingswochen‹ mit ihm vergessen. Jeder, der ihn kennengelernt hat, war fasziniert. Ich aber war ihm ergeben.
Als ich bereits einige Wochen lang im ›Blauen Engel‹ gearbeitet hatte, kam von Sternberg mit einem amerikanischen Herrn, Ben Schulberg, ins Studio. Herr Schulberg war der Chef der Paramount. Er bot mir einen Siebenjahresvertrag für Hollywood an.
Die Ufa in Berlin hatte, wie das allgemein üblich war, einen Optionsvertrag mit mir geschlossen. Sie nahm diese Option nicht auf! . . . Und deshalb, nur deshalb, nahm ich dann doch das Angebot aus Hollywood an. Ich war überzeugt, daß ›Der blaue Engel‹ ein Reinfall war. Wir alle dachten, daß meine Option deswegen nicht aufgenommen worden sei. Eigentlich war es mir ganz egal. Aber nach langen Diskussionen zu Hause beschlossen wir, daß ich zunächst einmal allein hinfahren solle, um mich in diesem fremden Land umzusehen und dann zu entscheiden, ob ich meine Familie der Unbequemlichkeit aussetzen wolle, fremd in einem fremden Land zu sein. Ich wurde sozusagen auf Erkundungsreise geschickt.«

207/209 Szenen aus »Der blaue Engel« mit Marlene Dietrich und Emil Jannings

208 Der Schriftsteller Heinrich Mann (27. 3. 1871–12. 3. 1950) Er schrieb 1905 den Roman »Professor Unrat oder Das Ende eines Tyrannen«

Heinrich Mann
Der »Blaue Engel« wird mir vorgeführt

Kommt es daher, daß ich für den Film »Der blaue Engel« von Anfang an Verständnis gehabt habe? Ein Film ist kein Roman, seine Handlung kann nicht genau so verlaufen wie dort, sowohl die Straßen wie die Menschenleben verlangen andere Perspektiven. Neben den übrigen Mitarbeitern am Film habe auch ich mich bemüht, den Roman hinüberzuführen in den Film. Der Regisseur Sternberg und der Darsteller Jannings mußten den Weg frei finden, wenn sie anfingen. Jetzt kam der merkwürdige Augenblick, als ich mit Jannings, der die Maske des Professors Rath trug, in dem unaufgeräumten Schlafzimmer des Professors saß. Jannings saß auf dem Bett, darüber verstaubte Bücher, und ein Ofenrohr lief quer durch das Zimmer. An den Tonfilmmaschinen wurde gearbeitet, wir mußten warten. Da dachte ich zurück an die erste Erscheinung dieses »Unrat« . . .
Er hatte viel mitgemacht seither, war hindurchgelangt durch neue Zeiten und die Köpfe veränderter Menschen; aber er liebte noch immer dieselbe Art Frau, war auch gewichtig und unschuldig wie je, und ging daher unverwandt in dasselbe Schicksal. Ein großer Darsteller, Emil Jannings, hatte seine

...estalt angenommen und führte sie mir vor. Er hatte aus dem innersten der Gestalt an weitergedichtet. In dem Roman stirbt Unrat nicht. Jannings wußte und hat erfunden, wie er stirbt.

Der Regisseur Sternberg kannte jeden Schritt, den diese und die anderen Gestalten durch die kleine Stadt tun. Er unterschied, welche Gebärden und Laute, Geräusche, Lieder und Schreckensschreie ihr bevorstanden; die Winkel der plastisch aufgebauten Stadt und Straße belebten sich ihm, noch bevor dann die Schauspieler sie belebten. Ich indessen erinnerte mich aller dieser Winkel, als ich sie hier wiedersah, wie jemand, der sie einst selbst betreten hätte. In den Ateliers von Neubabelsberg lag nicht nur das unordentliche Schlafzimmer des armen Unrat, der ganze Blaue Engel von unten bis oben stand darin. Ich ging durch den Saal und über die Wendeltreppe, wie vielleicht früher schon einmal. Alles erschien mir wiedergekommen aus Nirgendwo und etwas gespenstisch. Der Eingang des Blauen Engel hat in Neubabelsberg zwei Stufen; sofort war ich überzeugt, auch zu dem Urbild dieses Hauses hätten die Stufen hinaufgeführt. Die verdächtige Gasse, die entlanglief, konnte nur in die mir einst vertraute Stadt münden. Auf jeden Fall mündete sie in das Verhängnis der mir noch immer nahen Gestalt. Nachher sah ich mehrmals zu, wie Aufnahmen gemacht wurden, und hatte für die Arbeit der Schauspieler das Gefühl der Verwandtschaft, das ich immer für sie habe. Den fertigen Film konnte ich in Berlin nicht mehr sehen. Der Produktionsleiter, Herr Erich Pommer, der nach Paris fahren mußte, hatte die Güte, mit dem Film bis nach Nizza zu kommen, wo ich mich aufhielt. Hier führte er ihn mir vor. Es war in einem leeren großen Kinotheater am Strande, des Vormittags während der Arbeit der Reinemachefrauen. Der Operateur wußte nicht gleich Bescheid mit dem Werk, das in der Technik des Tonfilms so bemerkenswerte Fortschritte aufweist...

Wir waren drei Zuschauer in dem großen fremden Kinotheater, und wir sahen den bewunderungswerten Jannings lächeln – das zarte kindliche Lächeln eines späten, gefährlichen Glücks, das sich hervorringt und glänzt aus einem glücklichen Gesicht. In mehreren Weltteilen sollen künftig viele es sehen. Der Schauer eines ganz zu Ende gelebten Schicksals soll sie berühren, während sie nur hinblicken auf bunte Bilder, bunte Welt.

Berliner Börsen-Courier vom 30. 3. 1930

Friedrich Hollaender
Die Musik im Tonfilm

Der Tonfilm bietet die Möglichkeit der einmaligen, künstlerisch vollendeten Musikaufnahme. Damit ist eine beliebige Anzahl von Wiederholungen in gleich vollendeter, künstlerischer Ausführung stets gewährleistet. Nichts regt die Phantasie des Komponisten stärker an als die Vorgänge, die sich nach den noch ungeschriebenen Gesetzen des Films auf der Leinwand abspielen. Sowohl die konkreten als auch die abstrakten Vorgänge der filmischen Darstellung drängen an und für sich immer nach Musikalität. Sie können sogar durch musikalischen Aufbau in ihrer Entwicklung stark gefördert und veredelt werden.

Ich selbst habe bei der Erfindung der Musik für den Ufa-Tonfilm »Der blaue Engel« diese Erkenntnis praktisch ausgewertet. Der Regisseur, von Sternberg, ein äußerst feinfühliger Künstler, hatte den Wunsch geäußert, meine Komposition vor Beginn seiner Dreharbeit kennenzulernen. Starke Befruchtung des eigenen Schaffens erwartete er von der Musik. Schon mit dem Schlager »Ich bin von Kopf bis Fuß auf Liebe eingestellt« – war die Charakterrolle von Marlene Dietrich, der verführerischen Varietésängerin Lola Lola, so scharf umrissen, daß durch dieses Chanson eine klare Grundlinie für die Handlung gewonnen war. Dieses Chanson schuf sofort die Atmosphäre, nach der der Stoff gebieterisch verlangte. Das Thema dieser Melodie war prädestiniert dazu, Leitmotiv für das innerste Geschehen zu werden, Schicksalsmotiv des verführten Professors Rath (Emil Jannings). Das gleiche Motiv in symphonischer Gestaltung begleitete die Handlung bis zur Katastrophe. Ein anderer Schlager, »Kinder heut' abend such' ich mir was aus«, schaltet sich beim ersten Auftreten des Professors organisch in das Gefüge der Geschehnisse ein, als er in der Umgebung erscheint, die ihm zum Verderben werden soll. Dieser Schlager ergänzt und steigert zusammen mit dem Choral »Üb' immer Treu und Redlichkeit« – das Glockenspiel der Turmuhr spielt ihn – die Fülle der dramatischen Gegensätze.

Reichsfilmblatt vom 10. 5. 1930

210 Noten des Liedes »Ich bin von Kopf bis Fuß...«
Text und Musik
Friedrich Hollaender

211 Die Weintraub Syncopators
Eine Band, die 1924 als Amateur-Tanzkapelle begann, dann an den Reinhardt-Bühnen in entsprechenden Stücken moderne Jazzmusik spielte, im Wintergarten und in der Scala auftrat. Friedrich Hollaender war der Komponist der Band. 1930 wirkten sie im »Blauen Engel« mit.

212 Der Komponist Friedrich Hollaender am Klavier

Ich bin die fesche Lola,
der Liebling der Säsong.
Ich hab' ein Pianola
zu Haus' in mei'm Salong.
Ich bin die fesche Lola,
mich liebt ein jeder Mann,
doch an mein Pianola,
da laß' ich keinen ran!
Doch will mich wer begleiten,
da unten aus dem Saal,
dem hau' ich in die Saiten,
dem tret' ich aufs Pedal!

Der Vorverkauf zu dem Emil Jannings-Sternberg-Ufa-Tonfilm der Erich Pommer-Produktion »Der blaue Engel« hat Formen angenommen, wie sie bisher noch niemals in Deutschland in einem Kinotheater beobachtet werden konnten. Die Abend-Vorstellungen der letzten Tage sind schon drei bis vier Tage vorher restlos ausverkauft.
Ufa–Berliner Theaterdienst vom 7. 4. 1930

Das Ereignis: Marlene Dietrich. Sie singt und spielt fast unbeteiligt, phlegmatisch. Aber dieses sinnliche Phlegma reizt auf. Sie ist ordinär, ohne zu spielen. Alles ist Film, nichts Theater. Zum erstenmal kommt eine Frauenstimme im Tonfilm mit Timbre, Klangfarbe, Ausdruck heraus. Außerordentlich.
Herbert Jhering im Berliner Börsen-Courier vom 2. 4. 1930

Marlene Dietrich, faszinierend, wie wohl noch nie eine Frau im Film. Das stumme, narkotisierende Spiel des Gesichts und der Glieder, die dunkle, aufreizende Stimme läßt – von der Projektionswand herab – förmlich Körperwärme spüren.
Licht Bild Bühne vom 2. 4. 1930

Marlene Dietrich, die Künstlerin Lola, ist eine reine Freude. Die hinreißende Wirkung ihrer natürlichen Lässigkeit gewinnt noch durch die Selbstverständlichkeit der nonchalanten Sprache. Wie sie ein stimmungsvoll-raffiniertes Chanson Friedrich Hollaenders bringt, das ist ein großer Augenblick der neuen Tonkunst.
Tempo vom 2. 4. 1930

Das Ereignis bleibt nur Marlene Dietrich. Weiß Gott, ob dieser Frau ein zweites Mal so etwas gelingen wird, aber dies hier macht ihr in den Filmateliers einiger Kontinente niemand nach. Dieses herrlich laszive Gesicht, diese hagere stelzende Gestalt mit den schäbigen Seidenhöschen und den unwahrscheinlichen schwarzen Gummistrumpfbändern gehört zu den wenigen wirklich großen Filmeindrücken seit Jahren.
Die Weltbühne vom 29. 4. 1930

213 Emil Jannings und Marlene Dietrich

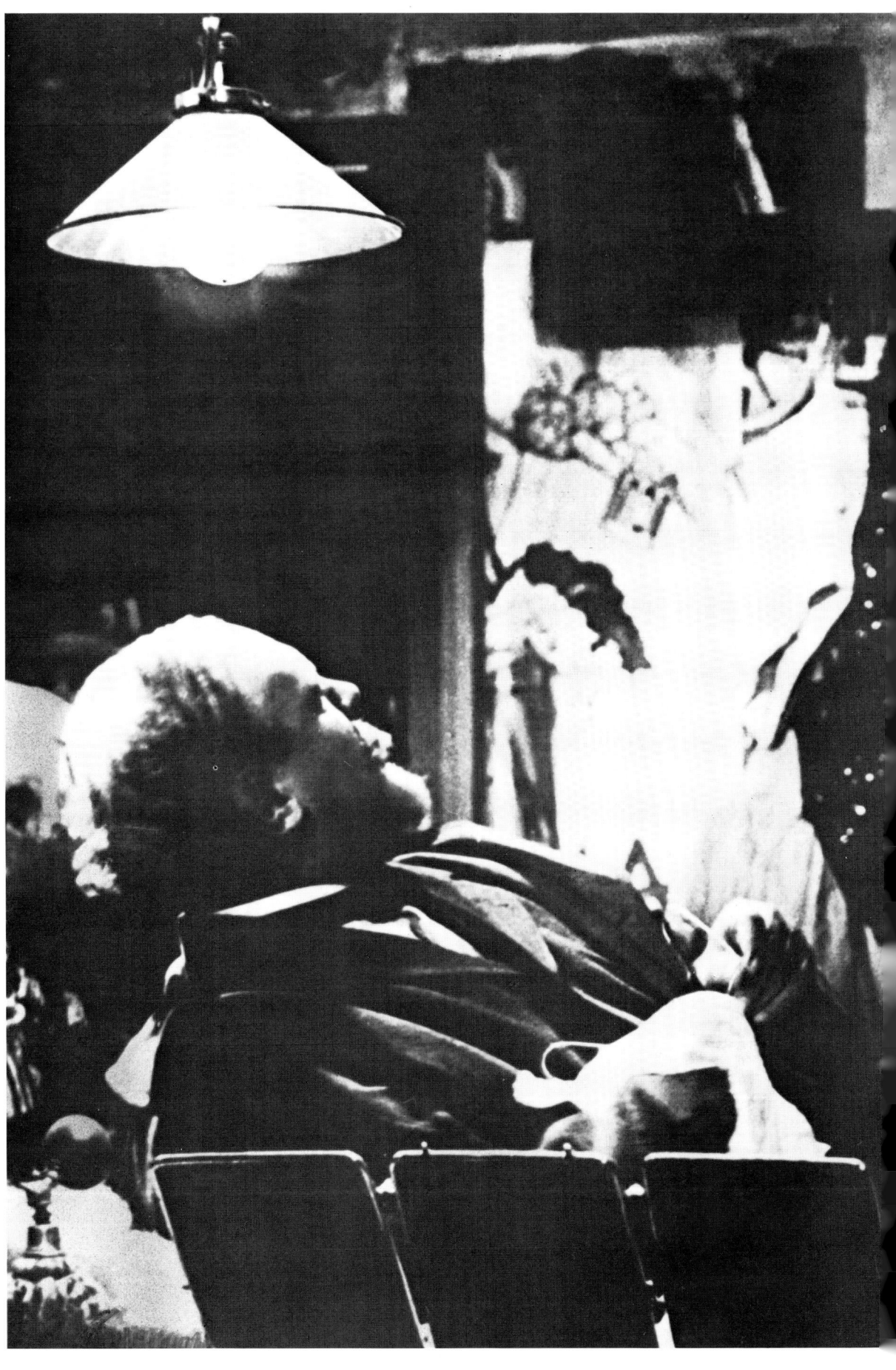

Ein Film geht um die Welt...

Budapest: Die Premiere des Jannings-Sternberg-Ufa-Tonfilms »Der blaue Engel« gestaltete sich in Budapest zu einem starken künstlerischen und geschäftlichen Erfolg.
Licht Bild Bühne vom 1. 5. 1930

London: Der lange erwartete Emil Jannings-Sprechfilm zeigt, daß die Deutschen eine neue Linie suchen. Amerika hatte jene Mischung von Theater, Beinen und Schlagermusik mit den Lichtern des Broadway im Hintergrund geschaffen – Deutschland mit Emil Jannings brach mit dieser Entwicklung und gab seinem Hauptdarsteller die Möglichkeit, sich in einem klaren dramatischen Geschehen zu entfalten. Der englische Dialog ist guttural, aber gut verständlich. Marlene Dietrich spricht das Englische mehr amerikanisch.
Licht Bild Bühne vom 7. 7. 1930

New York: Die führende amerikanische Fachzeitung Motion Pictures News stellt in ihrer Nummer vom 20. Dezember fest, daß am ganzen Broadway die Einnahmen der Film-Theater durchweg nachgelassen haben, und zwar in einem katastrophalen Ausmaße. In sämtlichen Kinos seien die Einnahmen weit unter dem normalen Standard gewesen. Die einzige Ausnahme habe der Ufa-Film »Der blaue Engel«, herausgebracht von der Paramount, gemacht, welcher in einer Woche die »grandiose« Einnahme von 60 900 Dollar im Rialto erzielt habe. Die Zeitung stellt fest, daß dies alle Rekorde übertrifft.
Reichsfilmblatt vom 10. 1. 1931

Paris: Der deutsche Tonfilm konnte gestern in Paris ein noch nie dagewesenes Jubiläum begehen. Der Tonfilm der Erich Pommer-Produktion der Ufa »Der blaue Engel« mit Emil Jannings und Marlene Dietrich in den Hauptrollen lief gestern das 1000. Mal in ununterbrochener Laufzeit über die Leinwand des Pariser Kinos Studio des Ursulines. Der Film kam in seiner vielmonatigen Laufzeit täglich nacheinander in deutscher, englischer und internationaler Fassung zur Vorführung.
Film-Kurier vom 5. 10. 1931

Die Festvorstellung
Große Premiere

Die Besonderheit des Ereignisses schon äußerlich erkennbar: Ungewohnter Beginn. Eintrittskarten zu stark erhöhten Preisen schon lange im voraus ausverkauft. Menschenspalier am Kurfürstendamm bei der Autoanfahrt. Kampf der Autobesitzer – und Chauffeure um die wenigen Parkplätze. Im Gloria-Palast versammelt sich alles, was Film-Berlin zu solch feierlichen Anlässen zu entsenden pflegt. Und wenn auch festzustellen ist, daß sich der Gesellschaftsanzug bei Filmpremieren nun einmal nicht einbürgern will – was vielleicht eine sehr wirkungsvolle Demonstration für das Volkstümliche der Filmkunst ist –, so liest man doch auf den Gesichtern der Erschienenen die große Erwartung vor einer neuen wichtigen Schlacht des Tonfilms. Die meisten sind sichtbar etwas geschmeichelt, bei dieser neuen Großfilm-Geburt Zeuge zu sein. Erwartungsvolle Stille tritt ein, als der Saal sich verdunkelt. Zu spät Kommende haben unterdrückte Flüche und Vorwürfe zu hören, wer irgendwie im Parkett Krach macht, wird niedergezischt. Tonfilm erfordert von Anfang bis Schluß stärkste Aufmerksamkeit des Ohres. Wenn einige Dialogstellen unverständlich bleiben, findet man sich schwer wieder zurecht. Es erweist sich, daß die vorausschauend bei besonders guten Stellen des Films eingesetzten »Beifallspausen«, in denen der Film stumm weiterläuft, zu klein sind. Das Klatschen dauert in die nächsten Szenen über und wird wegen der Notwendigkeit des Zuhörens gewaltsam abgewürgt. Auch eine wenn auch kleine Schwierigkeit des Tonfilms, auf der Sprechbühne warten die Darsteller, beim stummen Film stört niemanden der Beifall. Zum Schluß ungezählte Vorhänge für Emil Jannings und Marlene Dietrich.
Film-Kurier vom 2. 4. 1930

214 Der Gloria-Palast, Uraufführungstheater des »Blauen Engel«

215/216 Plakat und Ankündigung zum Film »Der blaue Engel«

Die festliche Premiere, 1. 4. 1930
Der Heinrich-Mann-Tonfilm im Gloria-Palast
Großer Tag fürs »Kino-Polizeirevier« in der Marburger Straße (so genannt, weil dort die meisten Luxusfilmtheater liegen), an zwanzig Theatervorfahrt-Spezialisten im Tschako und in Mütze haben alle Arme voll zu tun, um inmitten des üblichen Kurfürstendamm-Betriebes das Anrollen der dreihundert Privatkarossen störungsfrei zu ermöglichen. Schlag zwanzig sind die Foyers überfüllt, viele sind dem Wunsch nach Abendkleidung nachgekommen, die meisten sträuben sich, im pausenlosen Kino den repräsentativen Smoking anzuziehen. Die Damen fast durchweg lange Nachmittagskleider. Trotzdem kommt in den wenigen Minuten vor Beginn, da's noch Licht im Hause ist, so etwas wie Premierenstimmung erster Ordnung auf. In einer Loge schauen Mia und Joe May dem Pommer-Werk zu ... Oben im Rang schaut's schon reicher mit Smokings besetzt aus: in den Balkonlogen Dr. von Strauß, daneben Charell, den jeder Tonfilm deshalb brennend interessiert, weil er 1931 nur noch so zu arbeiten gedenkt; in einer separaten Loge Jannings' getreue Freunde, die Pallenbergs, die Fritzi und (vor seinem Auftritt im Berliner Theater) noch eins, zwei, drei auch der Maxe. Und in den bühnen-nahen oberen Logen die reisefertige Marlene und Emil Jannings, der während der Vorführung immerzu am Buffett mürrisch Kaffee trinkt und erst beim Schluß-Applaus auf die Bühne saust.
Nachher verharrt noch ein Troß unprominenter Kino-Enthusiasten vorm Theater und wartet auf die sexappealsche Marlene. Als sie sich im Foyer blicken läßt, stürmte, wie in einer schlecht inszenierten Operette, ein Trupp unermüdlicher Verehrer auf sie los und erbettelte von ihr Autogramme. Polizei und uniformierte Kinodiener mußten der Diva, die ja zum Bahnhof in Richtung Hollywood eilen wollte, einen Weg bis zum Auto bahnen. Der Wagen rollt ab ...
B.Z. vom 2. 4. 1930

217 **Marlene Dietrich und Emil Jannings am Abend der Uraufführung**

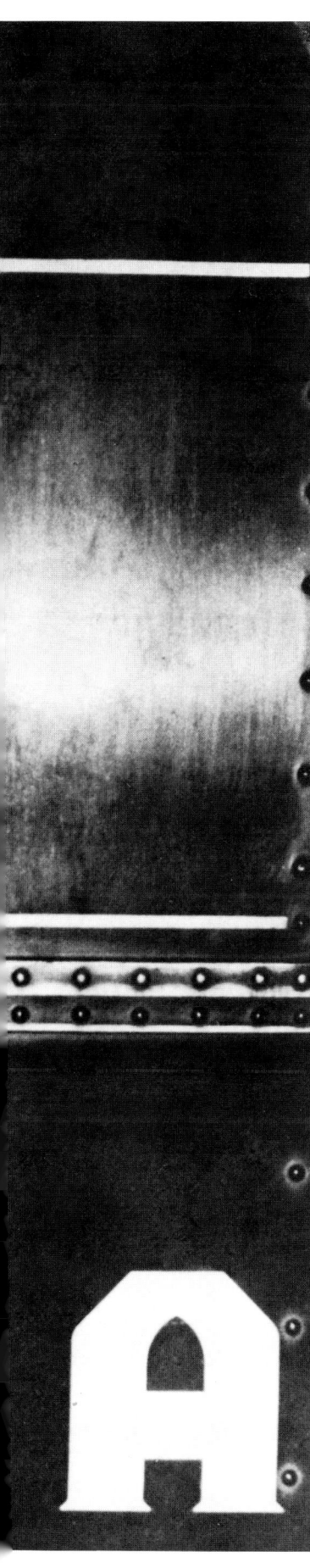

218/219 Abfahrt von Berlin nach Bremerhaven
Unmittelbar nach der Premiere des »Blauen Engel«, in der Nacht des 1. April, mit einem Strauß Rosen und Flieder im Arm, reist Marlene nach New York, um ihren Vertrag mit der Paramount anzutreten. Von Bremerhaven ging die Fahrt mit dem Vierschrauben-Schnelldampfer Bremen, einem Passagierschiff von 51660 BRT des Norddeutschen Lloyd, nach New York

**Marlene Dietrich
Meine Überfahrt**
Kaum waren wir nach der Premiere des »Blauen Engel« im Gloria-Palast am Bahnhof angelangt, da mußte ich meinen Schofför sofort wieder in die Wohnung zurückdirigieren. »Nanu, gnädige Frau«, empfing mich mein Mädchen zu Hause in höchstem Erstaunen, »schon Heimweh?« – »Nein, nein, ich habe nur meine Billetts vergessen.« – Aber diese Verzögerung war nicht so schlimm, denn auf diese Weise hatte ich wenigstens Gelegenheit, noch einmal meine kleine Tochter zu umarmen, die mir eifrig einprägte, ihr unbedingt »eine Indianerpuppe« mitzubringen. Am nächsten Morgen um zehn Uhr in Bremerhaven erwartete mich der Schnelldampfer »Bremen«, dessen imposanter Anblick mir eine schnelle und sichere Überfahrt versprach.
Kurz darauf stand ich, mit einem großen roten, wehenden Tuch bewaffnet, auf dem Promenadendeck, um Abschied zu nehmen von der deutschen Heimat – einen Abschied auf sechs Monate, denn auf diese Zeit bindet mich mein Filmkontrakt an die Paramount. Meine lieben Freunde, die mich per Bahn von Berlin aus begleitet hatten, konnten – so hoffe ich – mein rotes Fähnlein sehen, das ich so lange schwenkte, bis mir der Arm müde heruntersank. »Auf Wiedersehen!« – »Alles Gute!« – »Auf baldiges Wiedersehen!«, und dann konnte ich nichts mehr hören. Die Schlepper drehten das große Schiff dem Kanal entgegen, und wir waren ihren Blicken entschwunden. Dann kam der nächste Anlegehafen – Southampton. Hier wie in Cherbourg regnete es in Strömen. Was nun folgte, war eine Zeit des süßen Nichtstuns. Nach so vielen Monaten unermüdlicher Arbeit und Anspannung erschien mir das zunächst kaum vorstellbar. Bis dahin war mein Tag genau nach der Uhr eingestellt gewesen: morgens um 8 Uhr begann die Arbeit im Atelier, ohne Unterbrechung wurde geprobt und aufgenommen, im blendenden Licht der Jupiterlampen, und nach einer kurzen Frühstückspause ging es so weiter bis in die tiefe Nacht. Gewöhnlich sank ich dann nach dem Abendessen todmüde ins Bett. Und jetzt! – Jetzt gab es keine Chefs, keine Autoren, keine Garderobieren! Nichts als Wasser und frische Salzluft, herrliche kleine Spaziergänge auf dem Deck der »Bremen«. Und niemand, niemand in weiter Sicht, der mir vorschreiben konnte, was ich zu tun hätte. Herrlich! Ein weiter Horizont von Himmel und Wasser. Oh, ihr Liebespaare der Welt, glaubt mir, es gibt nichts Wunderbareres für eure Flitterwochen als solch eine Ozeanreise!
»Frau Dietrich, Sie werden am Telephon verlangt!« Mit diesen Worten störte der niedliche kleine Page meine Träumereien, als ich gerade in einem bequemen Liegestuhl auf Deck lag. Zum erstenmal in meinem Leben wandte ich meine Kenntnisse des amerikanischen Slang an, als ich ihm antwortete: »Quit your kidding!« – was soviel bedeutet wie: Mach dich nicht lustig über mich. – »Aber gnädige Frau, ganz sicher, da ist ein Tele-

220 Marlene Dietrich auf dem Sonnendeck der »Bremen«

221 Der Wintergarten des Schiffes, 1. Klasse

222–225 An Bord der »Bremen«

phonanruf für Sie!« – Ich glaubte ihm nicht und antwortete höchst despektierlich: »Dann schick den Kapitän an den Apparat.« Und wirklich mußte erst Kapitän Ziegenbein mich persönlich davon überzeugen, daß man vermittels Luftwellen vom Ufer an Bord telephonieren könne, und daß »Berlin« am Apparat sei. Das war eine Sensation! Freunde riefen mich an, um mir über den großen Publikums- und Presse-Erfolg meines letzten Films zu berichten. Ich war vor Freude außer mir, denn wirklich, wir hatten hart gearbeitet und waren mit Leib und Seele bei der Sache gewesen. Und der Erfolg war eine herrliche Belohnung, der meine verständliche Nervosität bezüglich meines amerikanischen Debüts wesentlich eindämmte und mich hoffnungsvoller stimmte. Unmengen von Radio-Telegrammen erreichten mich täglich, als ob es nötig gewesen wäre, meine Gedanken an Berlin wachzuhalten. Als meine Jungfer eines Tages in meiner Garderobe kramte, stieß sie plötzlich auf eine Geige, die irgend jemand in meinen Koffer gesteckt haben mußte. Ich drückte sie wie eine liebe Freundin an mich und wollte sie auch gleich ausprobieren.

Meine kleine Maskotte, mein viel-

geliebter Chinese, sah mir bei alledem aufmerksam zu. Täglich gab es Pferderennen an Bord. Ich hatte meine erwählten Lieblinge, auf die ich immer wieder setzte, aber nicht einer von ihnen gewann. Eines Tages erhielt ich dann von der Paramount ein Telegramm, in dem es hieß: »Bitte vorläufig in New York bleiben und erst am Montag nach Hollywood weiterfahren. Es wäre gut, wenn Sie Sonntag abend im Radio sprechen würden.« Es gelang selbst den mächtigen Maschinen der »Bremen« nicht, des wilden Seegangs Herr zu werden und die vorgeschriebene Fahrzeit einzuhalten. So kam es, daß wir mit einem Tag Verspätung in New York eintrafen. Ich wurde unzählige Male photographiert und interviewt, und sogar die Zollkontrolleure waren außerordentlich liebenswürdig beim Durchsuchen meines Gepäcks.
Amerika! Das erste, was ich in der Neuen Welt unternahm, war – nach Berlin zu telephonieren!
Reichsfilmblatt vom 17. 5. 1930

Ankunft

»Am Tage unserer Ankunft in New York trug ich ein graues Kostüm; wir waren in Europa gewöhnt, so zu reisen. Aber als ein charmanter Herr, Mr. Blumenthal von der Paramount, behauptete, in diesem Kostüm könne ich das Schiff nicht verlassen, war ich ziemlich hilflos und unschlüssig, was ich tun sollte. Endlich wurde mir gesagt, ich hätte das Schiff in einem schwarzen Kleid zu verlassen – und in einem Nerzmantel, sofern ich einen besäße. Es war zehn Uhr morgens, und ich konnte nicht begreifen, warum ich mich am hellichten Tage so anziehen sollte. Aber ich mußte gehorchen. Meine großen Schrankkoffer waren unten im Schiffsladeraum. Ich stieg hinunter, den Schlüssel in der Hand und in der Hoffnung, irgend etwas zu finden, das den Amerikanern gefallen würde. Es ist kaum zu glauben, aber ich ging um zehn Uhr früh im schwarzen Kleid und Nerzmantel an Land. Natürlich schämte ich mich in diesem Aufzug, aber offensichtlich war es dort so Sitte. Alle Repräsentanten von Paramount Pictures waren als rettende Engel da und brachten mich zum Hotel Ambassador.«

Hollywood

Mitte der zwanziger Jahre schafften Autos, Züge, Busse und wöchentlich ein Flugzeug unablässig gewaltige Menschenmassen von überallher nach Südkalifornien: Touristen, deren Hoffnung, einen Filmstar zu sehen, selten enttäuscht wurde. Vom Wetter und der Aussicht auf billiges Land angelockt, blieben viele länger als geplant und ließen sich in den umliegenden kleinen Gemeinden nieder, die sich mehr und mehr ausdehnten und aus denen schließlich die Großstadt Los Angeles erwuchs. Der Name »Holly-Wood« stammte von Mrs. H. H. Wilcox, einer angesehenen Mitbürgerin, die ihn von einem Landsitz im Osten übernommen hatte, weil ihr der Klang des Wortes gefiel. Mitte der zwanziger Jahre hatte sich Hollywood zu einem der berühmtesten Orte der Welt entwickelt. 40 000 Menschen lebten und arbeiteten mittlerweile in der aufstrebenden kleinen Stadt, deren Straßen von Pfefferbäumen und schlanken Palmen gesäumt waren, die sich in dem aus der Wüste hereinwehenden, den Duft der angrenzenden Orangen- und Zitrushaine verbreitenden warmen Wind wiegten. An den Straßen lagen stuckverzierte Bungalows, Geschäfte, Restaurants und Theater, während sich die größeren, teueren Wohnsitze der wohlhabenden Mitbürger auf die umliegenden Hügel verteilten.

In der Flutwelle des Zwanziger-Jahre-Aufschwungs schwamm Hollywood ganz oben. Führende Geschäftsleute Hollywoods verabschiedeten ein 25-Millionen-Dollar-Programm zum Ausbau der Stadt: Straßen wurden erweitert, neue Gebäude errichtet. Sid Grauman, einer der führenden Leute im Showbusiness der Stadt, wandte eine Million Dollar für den Bau seines gewaltigen neuen Chinese Theatre auf, das – mit seinen Hand- und Fußabdrücken der Stars – Hollywoods Geschichte symbolhaft zementiert.

Es strömten allwöchentlich so viele Zuschauer in die Lichtspielhäuser, daß die Filmwirtschaft sich weiterhin als die viertgrößte Industrie des Landes bezeichnen konnte.

Mitte der zwanziger Jahre waren über 75 000 Menschen in irgend-

226 Blick auf Hollywood

227 Verwaltungsgebäude der Paramount Studios

einer Weise in den Produktionsbetrieb Hollywoods eingebunden. Die zehn örtlichen Studios hatten für 175 Millionen Dollar nicht weniger als 775 Spielfilme im Jahr hergestellt, die pro Woche von 100 Millionen Film-Fans – annähernd die Gesamtbevölkerung der Vereinigten Staaten – gesehen wurden. Sie gaben in den 20 000 Lichtspieltheatern des Landes, bei einem durchschnittlichen Eintrittspreis von 25 Cents, insgesamt 750 Millionen Dollar aus.
Am Hollywood Boulevard gab es sieben Theater. Eines, das neue El Capitano, blieb der altehrwürdigen Schauspielkunst vorbehalten. Die anderen sechs waren Lichtspielhäuser unterschiedlicher Ausstattung – vom winzigen Apollo, nahe der Western Avenue, bis zum exotischen Grauman's Egyptian an der Highland Avenue, wo die repräsentativen Uraufführungen stattfanden und Filme mitunter ein Jahr lang liefen.
Paramount Pictures hatte sich bis zum Ende der zwanziger Jahre

innerhalb der amerikanischen Filmindustrie eine marktbeherrschende Position erobert. Die Filmfirmen pflegten damals ihre Ensembles festangestellter Schauspieler in mehrere Kategorien einzuteilen; so wurde beispielsweise genau unterschieden zwischen »Stars« und »Hauptdarstellern«.
Über 12 000 Kinos in den Vereinigten Staaten waren seit 1929 für Tonfilme ausgerüstet, und 1930 zahlten 90 Millionen Kinogänger jede Woche im ganzen Land durchschnittlich 40 Cents Eintritt, um einige der 150 Filme, die Paramount in jenem Jahr in den Verleih brachte, zu sehen.
Als sich die Wirtschaftskrise im Winter 1932/33 verschärfte, wurde auch die scheinbar krisenfeste Filmindustrie in Mitleidenschaft gezogen,

228 Der Hollywood Boulevard
Ganz links Grauman's Chinese Theatre, das im Mai 1927 eingeweiht wurde. In diesem Filmtheater erlebten viele Marlene-Dietrich-Filme ihre festliche Aufführung

229 Marlene Dietrich und Rudi Sieber im Gelände der Paramount Studios

230/231 Die Paramount Studios
Die Tonfilmtechnik entwickelte rasch die notwendige Flexibilität. Studio-Vorführer bei Paramount bereiten die Wiedergabe einer Tonfilmtestaufnahme nach der Vitaphon-Methode mit synchron laufenden Schallplatten vor.

aber trotz Konkursen, drastischen Rationalisierungsmaßnahmen und Millionenverlusten konnten die großen Gesellschaften ihr Produktions- und Verleihmonopol behaupten. In den Kinos fanden die 13 Millionen Obdach- und Arbeitslosen Trost und Zuflucht. In Hollywood gab es 1933 etwa 3 500 Filmschaffende; dazu gehörten Schauspieler, Regisseure, Cutter, Kameraleute, Drehbuchautoren und die neuen Tontechniker. Weitere 27 000 waren hinter den Kulissen beschäftigt: Sekretärinnen, Handwerker und Publicity-Leute. Lohngelder in Höhe von 1,5 Millionen flossen wöchentlich aus Hollywoods Filmstudios in das Gebiet von Los Angeles, wobei der durchschnittliche Wochenlohn bei rund $ 50 lag. Nach den ersten erhöhten Aufwendungen für die Tontechnik hatten sich die Produktionskosten auf etwa $ 200 000 je Film eingependelt, bei einigen Großproduktionen kletterten sie bis auf $ 1,5 Millionen. Der durchschnittliche Stundenlohn betrug $ 1,50, wobei einige qualifizierte Handwerker, zum Beispiel Dekorationsmaler, auf $ 2,25 kamen, während einfache Arbeiter tageweise für 60 Cents die Stunde eingestellt werden konnten. Das Arbeitsverhältnis für die Branche-Autoren, Schauspieler und Angestellte wurde im allgemeinen durch die Academy of Motion Picture Arts and Sciences geregelt. Für die Schauspieler bedeutete das, daß sie für eine 54-Stunden-Woche eine durchschnittliche Gage von $ 75 bekamen.

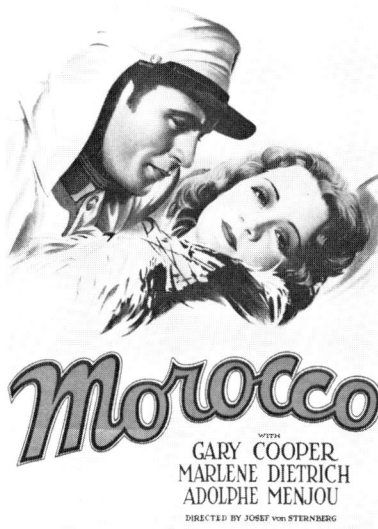

MOROCCO
(Herzen in Flammen; Marokko)
USA 1930
Produktion: Paramount
Regie: Josef von Sternberg
Buch: Jules Furthman
nach Benno Vignys »Amy Jolly,
die Frau aus Marrakesch«
Kamera: Lee Garmes
Bauten: Hans Dreier
Songs:
Give Me the Man Who Does
Things
What Am I Bid for My Apples
Quand l'amour meurt
Darsteller:
Gary Cooper: Tom Brown
Marlene Dietrich: Amy Jolly
Adolphe Menjou: Kennington
Uraufführung: 14. 11. 1930
Rivoli Theatre, New York

232 Dreharbeiten zu »Marokko«

**233 Festliche Premiere
in Grauman's Chinese Theatre
in Hollywood**
In großen Lettern war Marlenes Name an der Kinofront angekündigt, überstrahlt von den bei keiner Hollywood-Aufführung mehr wegzudenkenden in den Himmel gerichteten Scheinwerfern

»Als ich Sternberg fragte, ob ich meinen Namen ändern sollte, sagte er: ›Man wird deinen Namen lernen.‹«

234/235 Marlene Dietrich mit Adolphe Menjou in »Marokko«

»Unser erster Film in Amerika hieß ›Marokko‹. Es war eine schlimme Zeit für mich, denn ich mußte nicht nur perfektes Englisch sprechen, sondern außerdem noch mysteriös sein. Mysteriös-Sein war, entgegen der allgemeinen Ansicht, nie meine Stärke. Ich wußte natürlich, was damit gemeint war, doch mir selbst diese geheimnisvolle Aura zu schaffen, gelang mir nicht; es lag mir fern. Man darf nicht vergessen, daß ich in diesem zweiten Film, den ich unter von Sternbergs Regie drehte, einen völlig anderen Menschen als im ›Blauen Engel‹ zu spielen hatte. Da war ich ein ordinäres, freches Frauenzimmer gewesen – in ›Marokko‹ aber hatte ich eine ›geheimnisvolle Frau‹ zu sein. Die erste Szene dieses Films wurde auf dem Außengelände der Paramount in Hollywood aufgenommen. Sie spielte auf einem Schiff, das in Casablanca oder in einem anderen dieser geheimnisvollen Häfen landete. Ich stand auf dem Deck und schaute in die Ferne (›Kamera links, bitte‹), dann drehte ich mich um, um meinen Koffer zu nehmen. Er platzte auf, wie geplant, und alles fiel auf den Boden. Ein Herr (Adolphe Menjou) trat auf mich zu, um mir zu helfen, das Durcheinander wieder in Ordnung zu bringen, und sagte: ›Darf ich Ihnen behilflich sein, Mademoiselle?‹ Schon das Wort ›Mademoiselle‹ gab dem Fräulein, das seine Siebensachen zusammenraffte, eine geheimnisvolle Note. Meine Antwort war: ›Danke, ich brauche keine Hilfe.‹
Ich brauchte jedoch Hilfe mehr als irgend etwas anderes!«

Marlene Dietrich ist am besten, wenn sie sich melancholisch und desillusioniert gibt. Ihr Porträt der Kabarett-Sängerin wird etwas brüchig, wenn sie auf der Bühne agiert, und in Szenen von emotionaler Intensität wirkt sie etwas unreif.
The New York Post vom 14. 11. 1930

Marokko in Warschau
Seit acht Wochen läuft im hiesigen Kino Swiatowid der Paramount-Film »Marokko« mit Marlene Dietrich. Diese Schauspielerin ist hier außerordentlich beliebt, und ihr vor allem verdankt der neue amerikanische Film in Warschau seinen großen Erfolg. »Marokko« wird hier noch sechs Wochen laufen.
Film-Kurier vom 24. 4. 1931

Spät kommt »Marokko« zu uns, der erste Marlene-Dietrich-Film der Paramount.
Marlene Dietrich spricht in diesem Film englisch. Die Sprache des Films muß durch überkopierte Titel verdolmetscht werden. Josef von Sternberg hat die Handlung, in der sich eine Kabarett-Sängerin bei der Wahl zwischen einem Millionär und einem armen Soldaten für den letzteren entscheidet, unter Verzicht auf lange Dialoge inszeniert. Ausklang des Films ist, daß Amy Jolly, der Stern am marokkanischen Kabarett-Himmel, ihrem Geliebten in die Wüste hinaus folgt. Ein schönes Dokument für die Liebe einer Frau, wir würden es andächtig in uns aufnehmen – wenn dieser Schluß anders inszeniert wäre. Herr von Sternberg, wenn Sie da Ihre Heldin aus dem vielhundertpferdigen Rolls Royce springen und sie einfach hinterherrennen lassen, in Stöckel-Schuhchen und Kurfürstendamm-Sommernachmittags-Promenaden-Kostüm, dann müssen wir verdammten unromantischen Berliner Barbaren lächeln. Wir bitten um Entschuldigung. An sich ist der Gedanke nicht schlecht, daß die Heldin alles stehen und liegen läßt, den Luxus, die Perlenschnur und den Millionär. Die Dietrich wird im Stile des »Blauen Engel« weitergeführt. Als Männer- und Menschenverächterin, die knappe Bewegungen hat und heruntergezogene Mundwinkel, die mit diesen Gesten auf der Bühne Erfolg hat und im Privatleben ihre Rolle weiterspielt. Wenn sie ein paarmal durchbricht und die Maske abreißt, ist sie wundervoll. Ein paar Chansons singt sie, in dem weltberühmten Dietrich-Baß, mit großartigen Gesten, Blicken und Tonvarianten. Eine erfreuliche neue Bekanntschaft ist Gary Cooper, ganzer Kerl, als Liebhaber unsentimental bis da hinaus. Adolphe Menjou rettet eine Rolle, die ohne ihn unrettbar im Heiterkeitsmeer untergegangen wäre. Ihm glaubt man den seltsamen Millionär, der sich ausgerechnet im dreckigsten Marokko herumtreibt, haselnußgroße Perlen kettenweise verschenkt und der Geliebten zum Rendezvous mit dem Nebenbuhler das eigene Auto und sich selbst als Chauffeur stellt.
Film-Kurier vom 10. 10. 1931

236–239 Szenen mit Gary Cooper

Es ereignete sich im Jahre 1930, als der Film »Morocco« (Herzen in Flammen) gedreht wurde. Weibliche Hauptdarstellerin war Marlene Dietrich. Sie war über Nacht berühmt geworden. Sie hatte in ihrer Heimat, in Deutschland, einen triumphalen Erfolg mit dem Film »Der blaue Engel« feiern können. Kurz danach kam sie nach Hollywood. »Morocco« war ihr erster amerikanischer Film, und von Sternberg gab sich die größte Mühe, daß die Sache auch gut klappte. Er gab sich sogar solche Mühe mit ihr, daß wir anderen uns bald nur noch als Statisten fühlten. Sternberg führte die Regie fast ausschließlich in deutscher Sprache, so daß ich kein Wort verstehen konnte. Nach ein paar Tagen hatte ich das Gefühl, daß von Sternberg mich nicht als Filmschauspieler, sondern als Kameraeffekt betrachtete, der hin und wieder dazu dienen durfte, Marlene Dietrich noch etwas vorteilhafter erscheinen zu lassen. So begann das bißchen Selbstvertrauen, das ich zu meiner Schauspielkunst hatte, naturgemäß zu sinken. Als dritter Hauptdarsteller war für »Morocco« Adolphe Menjou verpflichtet worden, der in die Annalen der Herrenmode als Erfinder des berühmten Menjou-Bärtchens eingegangen ist. Er war zu jener Zeit der »große Schurke« von Hollywood, der aalglatte Hochstapler und skrupellose Verführer

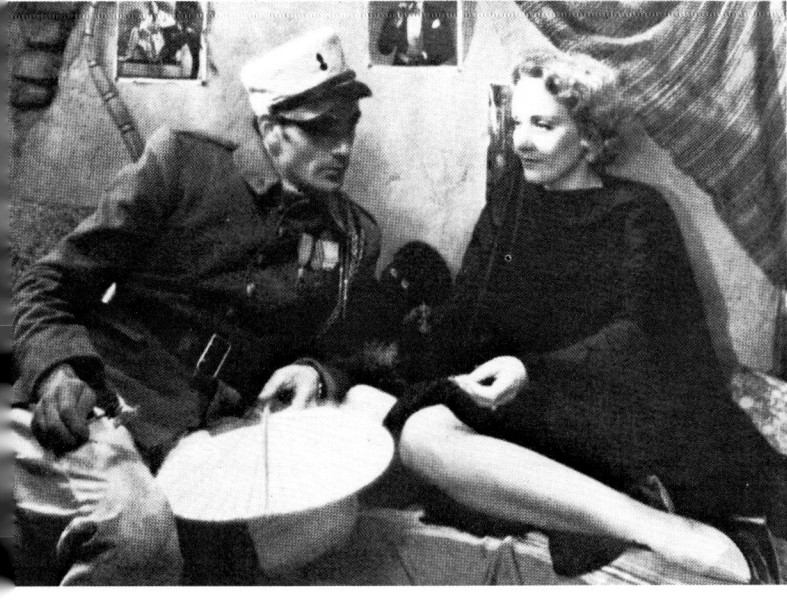

spielen mußte. Adolphe konnte auch deutsch. Daher verstand er auch, was Sternberg daherredete, wenn er Marlene Dietrich seine Anweisungen gab. Es war eine Probe angesetzt, und Sternberg widmete sich wieder mit tiefer Inbrunst seiner Favoritin Marlene. Das ging eine Viertelstunde lang so, und ich konnte kein Wort verstehen. Ich öffnete meinen Mund weit und gähnte laut und vernehmlich. Von Sternberg zuckte zusammen, dann fuhr er mit einer heftigen Handbewegung durch die Luft, als wollte er eine Fliege verscheuchen, und gab weiter seine Regieanweisungen. Ich gähnte wieder, diesmal noch lauter und mit einem langen, wohligen Seufzen hinterher. Ich sah, wie Sternbergs Nacken plötzlich rot anschwoll. Er fuhr herum und blickte mich an, als wollte er mich aufspießen. »Was ist mit Ihnen los, Cooper? Sind Sie krank?« fragte er in tadellosem Englisch. »Nein«, erwiderte ich. »Keineswegs. Es ist nur für mich ein bißchen einschläfernd, wenn ich hier herumstehen und mir etwas anhören soll, was ich nicht verstehe. Wenn sie die ganze Zeit über englisch sprechen würden, so wie eben, dann hätte ich sicher auch wach bleiben können.« Sternberg stieß einen langen bitteren Fluch aus, dann stürmte er hinaus. Erst am nächsten Tag ging die Probe weiter, aber diesmal klappte alles ausgezeichnet . . .
Gary Cooper

40/241 Erste Starfotos aus Hollywood

242–244 Mit Josef von Sternberg, Hollywood 1930

»Er wollte mich über Nacht zu einem Weltstar machen. Er hatte es mit einer unbekannten Größe zu tun: einer Berlinerin. Gut, ich war jung und verletzlich; ich war da, um dem großen amerikanischen Publikum zu gefallen, aber trotz allem war ich das, was ich noch heute bin: eine Deutsche, die ihre Pflicht tun will, aber nicht mehr. Es war so einfach für mich: ich lehnte mich an ihn und überließ ihm meine Sorgen. Er übernahm alles. Er war mein Vater, mein Bruder, mein Beichtvater. Es gibt nichts, was er nicht war. Er war Kritiker, Lehrer, Ratgeber, Geschäftsmann, Agent, Fürsprecher und Friedensstifter für mich und meinen Haushalt; Manager in jeder Beziehung, angefangen vom Kauf eines Rolls Royce bis zum Engagement des Chauffeurs. Er lehrte mich außer Englisch und Schauspielen tausend andere Dinge, und ich nahm alles an.«

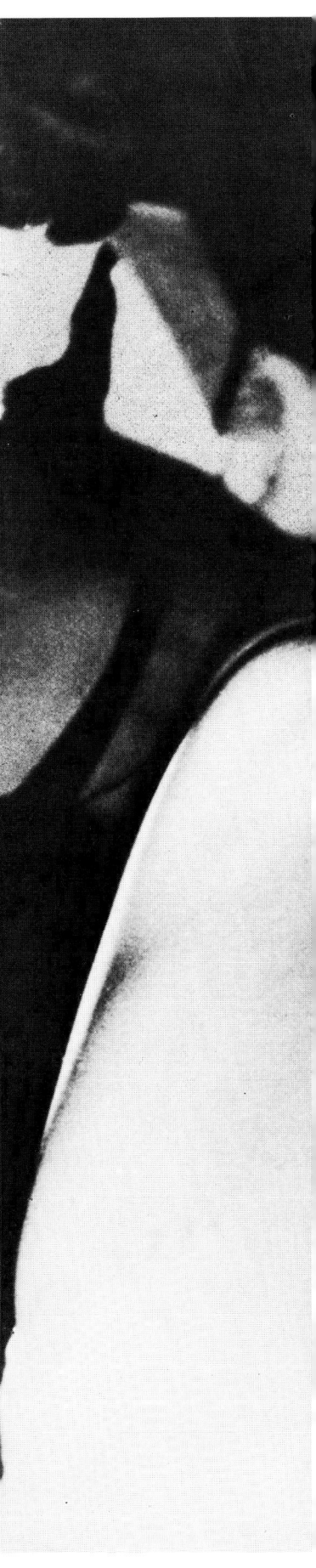

45/246 Josef von Sternberg, 1930

247–250 Marlene Dietrich telefoniert aus ihrem Hollywood-Heim mit ihrer Tochter in Berlin, 1930, 4 Uhr morgens
Reaktionen auf die Stimme ihrer Tochter, die sie seit Monaten nicht gehört hat. Eines der ersten transatlantischen Telefongespräche nach der Einrichtung dieses Dienstes

251 Kinderbild der Tochter Maria

»Viele Jahre später, als mein Kind größer wurde, brach ich fast zusammen, wenn ihm irgendeine Gefahr drohte. Dann war ich nicht in der Lage, noch genügend Kraft aufzubringen, um mit den elementarsten Anforderungen fertig zu werden.«

»Einsamkeit ist nicht einfach. Es gibt Tage oder Nächte, in denen man glaubt, es gebe nichts Besseres als Einsamkeit. Und dann gibt es Tage und Nächte, da kann man es kaum ertragen, ganz allein zu sein. Dem Alleinsein kann man entgehen – der Einsamkeit nicht. Alleinsein hat mit Einsamkeit nichts zu tun. Man kann eine Leere ausfüllen, wie man ein leeres Haus füllt. Aber man kann nicht die Gegenwart eines Menschen ersetzen, der in diesem Haus war und dem Leben einen Sinn gab, ein Mensch, für den man sorgen konnte. Man begnügt sich damit, allein zu sein. Nach einer gewissen Zeit gewöhnt man sich daran, aber das will nicht heißen, daß man sich damit abfindet.«

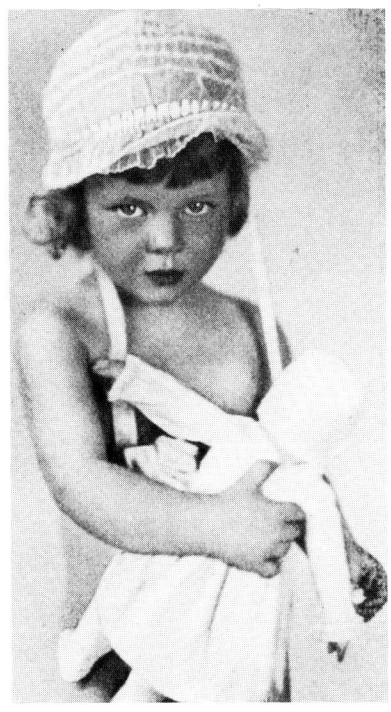

»Wenn es sich um Dinge handelt, die mir am Herzen liegen, in solchen Fällen bin ich wehrlos gegenüber Verletzungen jeder Art – sogar wenn es nur eine Stimme am Telefon ist, die nicht so wie sonst klingt. Ich kann herumgehen, ziel- und lustlos, verloren in einer Welt, von der ich nichts weiß, in der Hoffnung, daß jemand unerwartet von irgendwo erscheint, um meine Probleme zu lösen. So bin ich – ein Geschöpf, erzogen und behütet von guten Menschen, von meiner Mutter bis zu meinem Mann und meiner Tochter.«

DISHONORED (X.27)
Produktion: Paramount
Regie: Josef von Sternberg
Buch: Daniel H. Rubin
Kamera: Lee Garmes
Bauten: Hans Dreier
Darsteller:
Marlene Dietrich: X.27
Victor McLaglen: Leutnant Kranau
Gustav von Seyffertitz:
Chef des österreichischen
Geheimdienstes
Uraufführung: 5. 3. 1931
Rialto Theatre, New York

Nach dem »Blauen Engel« und »Morocco« machte ich mit der Dame meiner Wahl einen dritten Film. Er basierte auf einer von mir ersonnenen Story mit dem Titel »X.27«. In ihrem Mittelpunkt stand eine Wiener Prostituierte, deren Dienste von der Spionageabwehr in Anspruch genommen werden. Die Filmgesellschaft enschloß sich zu dem Titel »Dishonored« (Entehrt). Meinen Protest, die Dame werde nicht entehrt, sondern füsiliert, ließ sie unbeachtet. Wiederum fand meine Entdeckung, nun schon als regierende Königin des Films voll etabliert, Bewunderung für ihre Darstellung, und wiederum schlug das zurück und trug ihr zusätzlichen Lorbeer, mir aber Beschimpfungen ein. Dann kehrte mein Star nach Europa zurück, um sich von der anstrengenden Filmarbeit zu erholen.
Josef von Sternberg

252 Der französische Romanschriftsteller Maurice Dekobra besucht Marlene Dietrich während der Dreharbeiten zu »Dishonored« in Hollywood
Von links nach rechts:
Maurice Dekobra, Marlene Dietrich, Victor McLaglen und Josef von Sternberg

253 Der Star

254 Szene mit Victor McLaglen

255–258 Marlene spielt eine Spionin in wechselnder Verkleidung

»Wir drehten meinen zweiten Film in Hollywood: ›Dishonored‹ (X.27). Wieder ein Titel, der von Sternberg nicht gefiel. Alle Titel wurden von Paramount ausgewählt. Manchmal gewann er, manchmal verlor er. In diesem Falle war er der Verlierer. Die Auseinandersetzungen müssen stürmisch und endlos gewesen sein, denn ich erinnere mich, daß ich bereits im Kostüm saß und darauf wartete, ins Atelier gerufen zu werden. Sie drohten sogar, ihm den ›Geldhahn‹ abzudrehen.

Von Sternberg mußte mich nicht nur fotografieren, kleiden, trösten, zerstreuen, beraten, belehren, managen, analysieren und noch viel mehr: Die Verantwortung, die er für die Schauspielerin, wie er sie sich wünschte, auf sich genommen hatte, war gigantisch, gelinde ausgedrückt. Er übernahm sie – wie immer – gegen den Widerstand all der großen Direktoren des Paramount-Studios. Er kämpfte mit ihnen Tag für Tag. Gesegnet sei sein Name!

Wenn ich die Schwierigkeiten gekannt hätte, die er zu überwinden hatte, wäre ich vielleicht verständnisvoller gewesen, aber ich wußte nur, was er von mir wollte, und so blieb mir jede Auseinandersetzung mit den Direktoren des Studios erspart. Ich lebte glücklich in den Tag hinein, tat meine Pflicht (das war einfach, wußte von nichts, nur daß ich pünktlich sein mußte, angezogen, geschminkt und frisiert, um zu warten, bis ich zur Aufnahme gerufen wurde). Kurzum, ich hatte keinen Grund, mich zu beschweren. Ich war zwar ein ›Glamour-Star‹ geworden, aber in einer Glamour-Welt lebte ich nicht.

Wir alle lebten gemäß dem Leitbild, das die Filmfirma für uns aufgestellt hatte. Keiner von uns kam dieser Aufgabe mit übermäßiger Begeisterung nach.

Das Studio wurde zu meinem zweiten Heim, wie alle Filmgarderoben nach längerer Zeit. Die Garderobe bestand aus zwei Räumen mit Kühlschrank, Kochplatte, die Möbel mit weißem Fell gepolstert, und dazu ein himmlischer Schminktisch. Der Luxus beeindruckte mich sehr. Alle Garderoben, die ich vorher kennengelernt hatte, waren deprimierend schmutzig und dunkel gewesen.«

259–261 Szenen aus »Dishonored«

Sternberg, im »Blauen Engel« einer der raffiniertesten Arrangeure, ein Mann, der wie kein zweiter Weibstum zu mobilisieren verstand, schenkt uns mit diesem Film ein Werk, das kaum glücklich macht. War »Marokko« kaum die Erfüllung unserer Erwartungen, so handelt es sich diesmal um einen solennen Durchfall, den keines Sängers Höflichkeit verschweigen kann. Sternberg schrieb wieder selbst das Buch. Es muß überraschen, daß ein Mann, der immerhin Europa kennt, ein im äußeren Ablauf, im Motivischen, im Psychologischen so in jeder Beziehung abseits des kriegszeitlichen Österreich liegendes Szenario erfinden konnte. Es ist möglich, daß ein amerikanisches Publikum in Schocks kommt, wenn dieses Fräulein X. in der Todeszelle auf in letzter Bitte ausbedungenem Klavier herumhämmert, den exekutierenden Leutnant um ein looking-glass angeht, um ein wenig rouge aufzulegen. Der fesche Bursch reicht ihr – was liegt näher? – den blitzenden Degen. Marlene benutzt ihn als Spiegel. …
Marlene wird den Dietrich-Fans auch in dieser Rolle gefallen. Wir glauben, daß sie als Lola Fröhlich besser war.
Licht Bild Bühne vom 7. 1. 1932

Was den »Nazis« beim Remarque-Film recht, scheint den »Jungdos« billig, auch sie wollen ihren politischen Filmskandal. In großer Aufmachung an leitender Stelle fordert »Der Jungdeutsche« das Verbot des Paramount-Films »X.27«, den er einen »Remarque-Film in zweiter Auflage« nennt, weil er »die österrreichische Armee und den Soldatenstand an sich auf die unglaublichste Weise in den Kot zerrt«. Verlangt wird das Zensurverbot binnen 24 Stunden. Wie weit dieser kategorischen Forderung noch mit anderen Mitteln Nachdruck verliehen werden soll, bleibt abzuwarten. Eines aber müssen wir dem hinzufügen: die amerikanischen Produzenten würden wirklich gut daran tun, Stoffe aus deutschem Kriegs-Milieu oder mit deutschem oder österreichischem Militär zu vermeiden.
Licht Bild Bühne vom 8. 1. 1932

Wieder in Deutschland,
vom 13. Dezember 1930
bis 16. April 1931

262 Marlene trifft Chaplin,
den sie von Hollywood kannte,
im März 1931 bei seinem Berlin-
Besuch auf einem kleinen
Presseempfang im Hotel

263 Bei ihrem Aufenthalt
in Berlin nimmt Marlene 1931
am Filmball im Marmorsaal
am Zoo teil
Von rechts nach links:
Marlene Dietrich, Reinhold
Schünzel, Lupu Pick und Peggy
Norman

264 Mit der Tochter Maria
auf dem Lehrter Bahnhof
bei der Abfahrt nach New York,
16. 4. 1931, 0.30 Uhr nachts

Zurück nach Hollywood
Marlene Dietrichs Abreise
Schon lange vor Abgang des kurzen Schlafwagenzuges, der mit der vielversprechenden Aufschrift »Bremerhaven–New York« an der ersten Bahnsteigkante des Lehrter Bahnhofes steht, haben sich trotz der kühlen Nachtstunde eine Reihe Damen und Herren versammelt, die der scheidenden Künstlerin den Abschied von Berlin recht schwer machen wollen. Unter denen, die der aufgeregten Frau Dietrich noch Blumen, Pakete und kleine Aufmerksamkeiten anhängen, bemerkt man zwischen den Verwandten und Bekannten Willi Forst, Rudolf Sieber und die offiziellen Vertreter der Paramount, darunter den Pressechef Techo, der alle Hände voll zu tun hat, die Allerneugierigsten unter den Besuchern aus der nächsten Nähe von Marlene zu bringen. Die Direktion des Norddeutschen Lloyd, dessen Dampfer Frau Dietrich benutzt, hat es sich nicht nehmen lassen, zwei offizielle Vertreter mit Blumensträußen zur Bahn zu schicken, und der Komponist Peter Kreuder hat sogar eine veritable Blaskapelle aufgeboten, die wehmütige Abschiedslieder intoniert.
Marlene selbst, sichtlich abgespannt und aufgeregt, rennt zwischen Verwandten, Freunden und Bekannten unruhig herum – und schützt ihr reizendes Töchterchen Heidede vor allzu liebevoller Behandlung der zahlreich erschienenen Bewunderer. Sie trägt einen Panthermantel mit einem leichten Shawl, und auf dem rotblonden Kopf sitzt kokett ein grünes Hütchen, dem man die beständige Absicht ansieht, herunterzurutschen. Obwohl einige Neckische »Bitte einsteigen« brüllen, läßt sich Marlene Dietrich nicht aus der Ruhe bringen, und stellt sich willig, wenn auch nervös, dem Kreuzfeuer der Photographen. Gegen 1/2 1 Uhr setzt sich der Zug in Bewegung – begleitet von den Segenswünschen der Erschienenen und den munteren Klängen von Peter Kreuders Kapelle. Kreuder ist besonders eifrig dabei, wissen Sie auch warum? Er hat nämlich kurz vor der Abreise noch einen Kuß von Marlene bekommen. Da kann man spielen, was?
Reichsfilmblatt vom 18. 4. 1931

265–267 Marlene Dietrich mit ihrer Tochter Maria, ihrem Mann Rudi Sieber und Josef von Sternberg

»Nach dem zweiten Film mit von Sternberg – ›Dishonored‹ – ging ich nach Berlin. Mein Mann und ich hatten beschlossen, daß ich nicht mit der Sehnsucht nach meinem Kind leben sollte und daß es besser wäre, wenn ich es mit nach Amerika nähme. Es war wirklich seine Idee, nicht meine. Ich bin nicht so egoistisch. Aber er wußte – wie immer – alles am besten.
Ich fuhr also zurück nach Deutschland, um mein Kind zu holen. Das Studio hatte die Erwähnung meiner Mutterschaft strengstens verboten. Da ich eine ›femme fatale‹ sein sollte, paßte Mutterschaft nicht zu dem Bild, das Paramount verkaufen wollte. Ich erklärte, daß ich diese Vorschrift nicht befolgen könne, und so mußte von Sternberg wieder einmal mit den Mächtigen der Paramount für mich kämpfen, damit ich sagen durfte, daß ich ein Kind hatte.
Sie liebte Amerika von Anfang an und Kalifornien ganz besonders. Sie schwamm im Swimming-pool, sie ging reiten, sie verbrachte die meiste Zeit im Freien und war glücklich. Ich drehte Filme, und nach der Arbeit kochte ich und las ihr Gutenachtgeschichten vor, wie jede andere Mutter. Es war ein angenehmes Leben, an dem alle teilhatten: ihr Kindermädchen Becky, meine Haushälterin Resi, und ich war der Koch, und die Welt war in Ordnung. Wir gingen zum Stillen Ozean, um zu schwimmen und den Sonnenuntergang zu bewundern, wir gingen zum Landungssteg oder fuhren mit der Berg-und-Tal-Bahn. Wir aßen frische Krabben am Strand, lachten viel, genossen den kühlen Wind und die Freiheit, rannten um die Wette am Meer entlang und fuhren schließlich müde und glücklich nach Hause. Oft telefonierten wir dann noch nach Deutschland, und dann legten wir uns zufrieden ins Bett.
Sie war glücklich, sie vermißte ihre Muttersprache nicht, wie ich es tat, weil sie zu jung war, um den Verlust zu ermessen, ja nur zu bemerken. Bald sprach sie Amerikanisch wie eine geborene Amerikanerin. Sie spielte Tennis, war gesund, sonnengebräunt, lernte Lesen und Schreiben ohne Lehrer. Mit einem Wort: Sie war an einem guten Ort zu einer guten Zeit. Wenn es keine gute Zeit für sie gewesen wäre, hätte ich Hollywood

verlassen und wäre nach Deutschland zurückgekehrt. Kein Film, kein Ruhm ist wichtiger als die Entwicklung eines Kindes und die Atmosphäre, in der es aufwächst. Ich war am Morgen da und ich war am Abend da. Ich machte ihr Frühstück, bereitete ihr Mittagessen vor, kochte das Abendessen und brachte sie zu Bett. Ich überschüttete sie mit Liebe. Von Sternberg kümmerte sich viel um sie und brachte ihr vieles bei, wozu ein ›gewöhnlicher Lehrer‹ kaum imstande gewesen wäre. Sie war eine willige Schülerin, klug, lernbegierig, auch kritisch gegenüber Älteren, eine große Freude für uns alle.
Sie war auch sehr schön. Ich machte viele Fotos von ihr; im weißen Kleid vor dem Weihnachtsbaum im Sommerlicht, in Hosen und Hemden und Mützen, im Badeanzug, in allen Arten von phantasievollen Verkleidungen für das ›Halloween‹-Fest. Sie hatte auch viele Tiere, und ganz besonders liebte sie Pferde. Ideal für uns war das Klima in Kalifornien; dieser ewige Sommer, den wir nie zuvor erlebt hatten, begeisterte sie. Hollywood störte uns nicht. Nachdem es allgemein bekannt war, daß ich mein Kind nicht ›verleugnen‹ würde, ließen sie mich in Ruhe.«

268 Marlenes Auto in Hollywood, ein Rolls Royce

»Von Sternberg hatte mir einen Rolls Royce geschenkt, als ich ankam. Es war ein Cabriolet; man kann es noch heute im Film ›Marokko‹ auf der Leinwand sehen. Er hatte auch den Chauffeur engagiert; ich durfte nicht selber fahren. Natürlich konnte ich das noch gar nicht, aber ich wollte es lernen. Viele Leute behaupten, daß manche Männer Frauen nicht Auto fahren lassen, damit sie nicht wegfahren können, wenn sie wollen. Gute Idee!«

Wie ich die Weltmetropole des Films sehe
Hollywood-Brief
von Marlene Dietrich

Seit ich in dieser Stadt lebe und arbeite, ist kaum ein Tag vergangen, an dem man nicht die Frage an mich gerichtet hätte: Was halten Sie von Hollywood? Meine Gegenfrage: »Welches Hollywood meinen Sie?«, stößt immer auf Verständnislosigkeit. Die Leute wissen nicht, was sie mit dieser Frage anfangen sollen. Das Hollywood, zu dem ich Beziehungen habe, ist das arbeitende Hollywood. Das andere Hollywood begreife ich nicht und will es auch nicht begreifen. Die Studios sind etwas Hinreißendes. Die Leichtigkeit, mit der große Dinge getan werden, ist immer wieder bewundernswert. Alles funktioniert wie am Schnürchen, es herrscht Disziplin wie in einer Armee. Aber trotz dieser Disziplin wird die künstlerische Tätigkeit nicht zur Routine. Denn Kunst ist ja der strikte Gegensatz von Methode und Drill. Das arbeitende Hollywood ist vorbildlich. Aber die gesellschaftliche Struktur der Filmstadt bedrückt mich. Ich tadle mich, daß ich kritisiere, und ich versuche mir einzureden, daß es mein Fehler ist, wenn mir so viele Dinge nicht zusagen. Ich kann es nicht verhindern, daß ich die bitteren Kontraste in dieser Stadt fühle und sie bedauere. Auf der einen Straßenseite erhebt sich ein prachtvolles Wohnhaus, das für eine gesellschaftliche Veranstaltung strahlend beleuchtet ist. Die Gäste kommen in prunkvollen Wagen, die Frauen zeigen beim Aussteigen die kostbarsten Toiletten und

teuersten Juwelen. Auf der gegenüberliegenden Straßenseite sitzen zwei abgehärmte Mädchen in einem freudlosen Zimmer. In dem Haus gegenüber der großen Halle lehnt ein kleiner Junge aus dem Fenster, um Musik zu hören, die aus einer anderen Wohnung klingt. Zwei Türen weiter beugt sich ein alter Mann über einen Gaskocher, um sich sein Teewasser zu wärmen. Luxus und Armut, Übermut und Verzweiflung – ich weiß, daß sie überall zu finden sind, in jedem Lande, in jeder Stadt, und ich weiß, daß das Elend in der Welt sehr groß ist. Aber die schmerzenden Kontraste drängen sich nirgends so stark auf wie hier. Die Hollywood-Interviewer sind merkwürdige Leute. »Was sind Ihre Lieblingsgerichte? – Welche Kleiderfarbe bevorzugen Sie? – Wen halten Sie für den Typ des idealen Liebhabers?« Das sind nur ein paar Beispiele der Themen, die mir zur Beantwortung vorgelegt werden. Zuerst war ich verblüfft, mit welcher Unverfrorenheit man mich über privateste und belangloseste Sachen ausfragte. Aber dann wurde ich belehrt, daß das Publikum den brennenden Wunsch habe, meine Ansichten über dies und das kennenzulernen. Wenn ich aber einem Interviewer auseinandersetze, daß er sich lieber erst genau informieren sollte, was seine Leser wissen wollen, so sieht er mich mit einem mitleidigen Blick an, als wolle er sagen: Junge Frau, Sie sind hier eine Fremde. Sie kennen die Leute nicht so gut wie ich. Eines Tages werden Sie schon dahinterkommen, daß ich recht habe. Ich fürchte, ich werde ihm nie recht geben. Gewiß, ich bin eine Fremde in Hollywood, aber es scheint mir, daß alle anderen in Hollywood ebenfalls Fremde sind, auch wenn sie seit Jahren und Jahren hier gelebt haben. Eine Zeitlang hat mich dieses Fremdsein traurig gestimmt, seit ich aber mein kleines Töchterchen Heidede bei mir habe, ist alles viel leichter und besser geworden. Schließlich habe ich ja auch meine Arbeit, die mich glücklich macht. Und das Hollywood, mit dem ich während meiner Arbeit zu tun habe, ist ein liebenswertes Hollywood, mit dem ich sehr, sehr befreundet bin.

Reichsfilmblatt vom 23. 1. 1932

269 Josef von Sternberg führt Regie zu dem Film »Schanghai-Express«

270 Marlene Dietrich als Shanghai Lily
Im Hintergrund der Kameramann Lee Garmes, er erhielt für seine Kameraarbeit zu diesem Film einen Oscar

SHANGHAI EXPRESS
(Schanghai-Express)
USA 1932
Produktion: Paramount
Regie: Josef von Sternberg
Buch: Jules Furthman
Kamera: Lee Garmes
Bauten: Hans Dreier
Darsteller:
Marlene Dietrich: Shanghai Lily
Clive Brook: Captain
Donald Harvey
Anna May Wong: Hui Fei
Warner Oland: Henry Chang
Gustav von Seyffertitz: Eric Baum
Uraufführung: 12. 2. 1932
Rialto Theatre, New York

**271 Das Filmteam von
»Schanghai-Express«**
Von links nach rechts:
Sam Salt, Louise Closser Hale,
Clive Brook, Lawrence Grant,
Warner Oland, Anna May Wong,
Marlene Dietrich und technische
Mitarbeiter des Drehstabes

272 Am Drehort
Der Zug war von der Santa-Fé-
Gesellschaft geborgt. Er wurde weiß
angestrichen, hinzu kam noch ein
gepanzerter Wagen, der die chinesischen Soldaten mit ihren auf-
gepflanzten Bajonetten befördern
sollte

Shanghai am Nollendorfplatz
Wäre Marlene Dietrich in Berlin, so hätte ihre gestrige »Shanghai-Premiere« gleichwohl nicht großartiger aufgezogen sein können. Schon die unabsehbare Autoauffahrt verriet das ungewöhnliche Interesse für Sternbergs neuen Spitzenfilm. Wir sind für solche Werke, die mit ungewöhnlichen Mitteln neuartiges fesselndes Milieu, glänzende Inszenierungskunst und faszinierende Darstellung in den deutschen Kinospielplan bringen, auch in fremder Sprache dankbar. Der Rahmen, in dem das Werk serviert wurde, war vorbildlich kostbar. Die Direktion Storch hatte für eine wirkliche Gala-Vorstellung gesorgt. Arthur Rupp, der einfallsreiche Frontgestalter, im Verein mit Techo, dem Paramount-Propagandisten, hatte das Innere und Äußere des Mozartsaals vollendet auf China-Stil abgestimmt, Fritzsche, Bohlken, Verch und Blumen-Rothe förmlich ausgeplündert. Selbst die Platzanweiserinnen in echten Kimonos. Eine Regie, der Sternbergs ebenbürtig.
Licht Bild Bühne vom 9. 4. 1932

Die Direktion des Mozartsaales war gestern gezwungen, das Überfallkommando zu alarmieren, da das Publikum im Kampf um die wenigen verfügbaren Eintrittskarten heftig aneinander geriet.
Licht Bild Bühne vom 16. 4. 1932

273 Marlene Dietrich und Anna May Wong

274–277 Marlene Dietrich mit Warner Oland und Clive Brook in »Schanghai-Express«

Paramount-Film-Uraufführung: Mozartsaal

Josef von Sternberg ist der Regisseur der Reißer. Auch dieser Film ist wieder ein Reißer, aber mehr als das, schon zufolge der Aktualität, die er sich zum Thema genommen hat: das revolutionäre China, Bürgerkrieg. Die Wirren, die in einem ungeheuer ausgedehnten Lande toben, konzentriert er auf eine Strecke, auf die Eisenbahn-Route Peking–Schanghai. Mit den ersten Bildern im Expreßzug charakterisiert er dieses unruhige China, schafft sofort die Atmosphäre, und indem er durch den Zug führt, die chinesischen Reisenden zeigt, dann die Europäer, die in der ersten Klasse fahren, stellt er die gegensätzlichsten Verhältnisse dar, mischt Nationalismus und Kosmopolitismus. Sternberg hat die Kraft und Geschicklichkeit, den Zuschauer die Fahrt miterleben zu lassen. Der Zug schnauft und faucht in die Nacht hinein, auf freier Strecke wird er von Revolutionären angehalten, wirres Durcheinander, die Chinesen werden von den Waggons gerissen, Menschenknäuel rollen auf die Erde, Schreie, Flüche, Geheul übertönen fast das Rattern der Maschinengewehre, das Pfeifen der Lokomotive, das Pusten des heißen Dampfes, kein Weiterkommen mehr, kein Entkommen. Die Liebeshandlung auch gespickt mit aufregenden Momenten: Shanghai-Lily findet nach fünf Jahren im Expreßzug den Mann wieder, von dem sie durch Mißverständnisse getrennt wurde, den britischen Militärarzt Donald Harvey, der sie aus der Gewalt des Befehlshabers der Revolutionäre durch das Versprechen retten will, dessen Geliebte zu werden. Eine Liebesgeschichte, die glücklich endet, die banal wirken würde, wenn nicht Marlene Dietrich diese Shanghai-Lily mit dieser Ruhe, Beherrschtheit, Überlegenheit ausstatten würde. Wie viele Vorhänge hätte man zählen müssen, wenn Marlene Dietrich auf der Bühne erschienen wäre! Auch so lebhafter Applaus.

Reichsfilmblatt vom 16. 4. 1932

BLONDE VENUS
(Die Blonde Venus)
USA 1932
Produktion: Paramount
Regie: Josef von Sternberg
Buch: Jules Furthman
Kamera: Bert Glennon
Songs: Hot Voodoo
You Little So-and-So
I Couldn't Be Annoyed
Darsteller:
Marlene Dietrich: Helen Faraday
Herbert Marshall: Edward Faraday
Cary Grant: Nick Townsend
Dickie Moore: Johnny Faraday
Gene Morgan: Ben Smith
Uraufführung: 22. 9. 1932

278–281 Marlene Dietrich mit Herbert Marshall und Dickie Moore

Paramount startet Dietrich-Film-Uraufführung im Mozartsaal
Mit der geradezu verblüffenden kurzen Fassung der Einzelbilder gelingt es dem Regisseur Josef von Sternberg, die breite Erzählung dieses Opferweges einer Gattin und Mutter zu raffen, und mit der Härte, mit der er das Thema behandelt, umgeht er die Rührseligkeit. Marlene Dietrich spielt eine Frau, deren Gatte das Opfer seines Berufes zu werden droht, seine Arbeiten mit Radium haben seine Gesundheit zerstört. Nur eine Kur in Deutschland kann ihn retten, aber es fehlen die 1500 Dollars dazu. Die Frau, früher Kabarettistin, kehrt in ihren Beruf zurück. Ein reicher Kavalier gibt ihr das Geld. Während des Aufenthaltes des Gatten in Deutschland wohnt und lebt die Frau auf Kosten des Galans. Als der Mann eher zurückkommt als erwartet, erfährt er die Beziehungen seiner Frau. Sie trennen sich. Es beginnt der Kampf um das Kind. Als die Frau ganz heruntergekommen ist, liefert sie das Kind aus. In Paris erlebt sie einen raschen Wiederaufstieg als Kabarettistin, kehrt nach New York zurück, um ihr Kind zu sehen, die Versöhnung erfolgt. In dieser Rolle lernt man Marlene von einer anderen Seite kennen, eben als eine Frau, die jedes Opfer zu bringen bereit ist, um ihre Familie zu retten. Marlene Dietrichs Stärke liegt, das sieht man auch an ihrer Auffassung dieser Frauengestalt, im Kabarettistischen, sie hat eine Vortragskunst, die einzigartig ist. Immer wenn man Marlene Dietrich wieder sieht, sucht man das Rätsel zu lösen, warum sie stets neu wirkt oder immer wieder von neuem diese Wirkung ausübt. Rein äußerlich zu wirken ist große Gelegenheit, von Nacktkultur angefangen, über Bürgerlichkeit, Bühnenflitter bis zur Abgerissenheit und schließlich wieder im Glanz des großen Revuestars. Ganz von der Schablone abweichend ist das Gegenspiel der Eheleute. Der Ton, der von Marlene Dietrich angeschlagen wird, wird von ihrem Partner Herbert Marschall übernommen, und ebenso findet sich Cary Grant, der reiche Kavalier, zu diesem Ton.
Reichsfilmblatt vom 19. 11. 1932

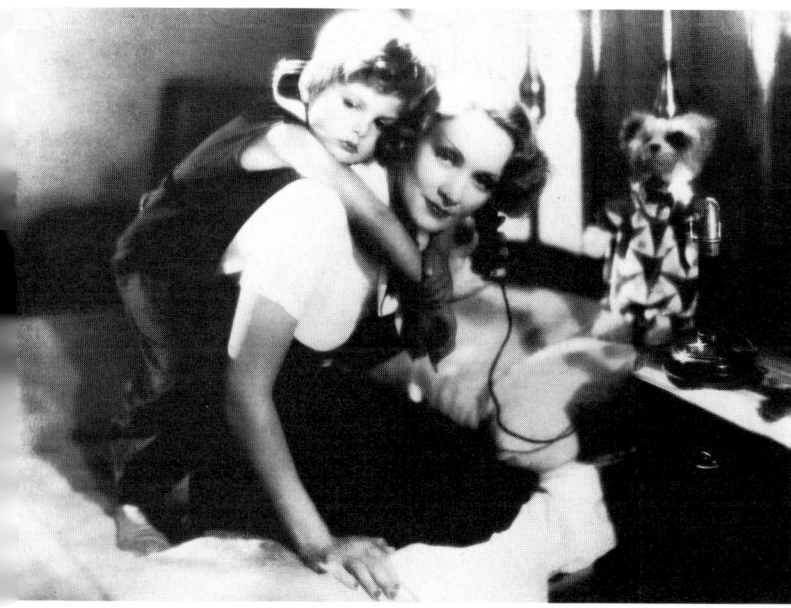

282–285 In »Die Blonde Venus«

Um Josef von Sternbergs und Marlene Dietrichs letztes Werk, den Film »Die Blonde Venus«, entbrannte drüben ein heißer Streit, und als Ende gab es wohl, wenn wir den Meldungen aus Hollywood folgen dürfen, eine Erklärung Sternbergs, er wolle sich jetzt endgültig von der Regie zurückziehen, »weil er die Konzessionen satt habe«. – Die beiden hätten die gestrige deutsche Uraufführung der »Blonden Venus« im Mozartsaal miterleben sollen. Sie wären angesichts des schönen, ehrlichen Erfolges, angesichts so großer Ergriffenheit im Zuschauerraum und so rauschenden Beifalls alsbald von jeder Filmmüdigkeit kuriert gewesen. Und Marlene Dietrich, die Sternberg einst im »Blauen Engel« entdeckte, ist ein Phänomen, das wirkt, wie ein wiederkehrender Meteor wirken müßte. Blendend, hinreißend, niederzwingend, sie ist, seit wir sie zuletzt sahen, gewachsen, ist eine ganz große Schauspielerin geworden. Es gibt da Szenen, die den Gipfel der Darstellungskunst erreichen.
Licht Bild Bühne vom 19. 11. 1932

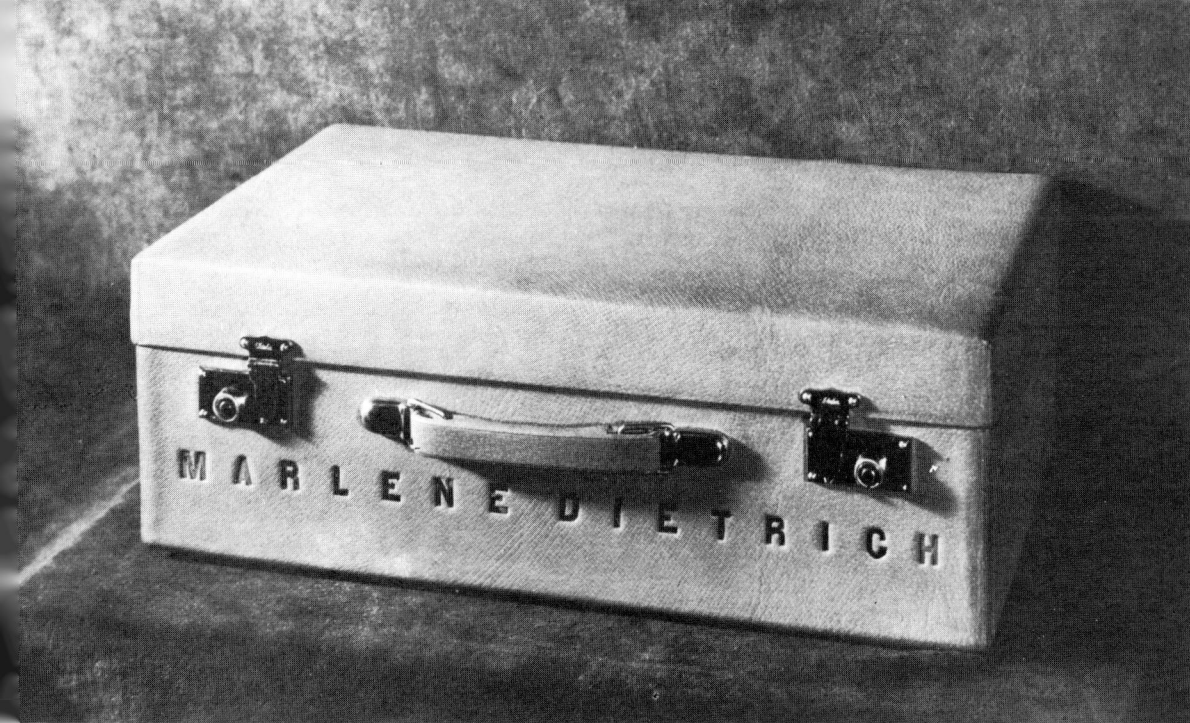

286 Make-up für die Kamera

287/288 Der Schminkkoffer

»Für uns Schauspieler hieß es um sechs Uhr morgens zum Schminken da zu sein, zum Haarwaschen und Trocknen. Damit wir um neun Uhr drehfertig waren, mußten wir also um fünf Uhr aufstehen. Das ist vielleicht nicht allzu schlimm, wenn man Bergarbeiter oder Busfahrer ist. Aber beim Schauspieler, der einigermaßen anständig aussehen muß (selbst vor dem Schminken), ist das doch eine andere Sache. Manchen gelingt es um fünf Uhr früh hinreißend auszusehen – ich habe ein paar solcher Leute gekannt –, aber bei den meisten von uns ist das nicht der Fall. Wir kommen müde in den Schminkraum geschlichen und hoffen auf Mitgefühl.«

289/290 Das Haus in Beverly Hills, Ecke Roxbury Drive und Sunset Boulevard

»Wenn ich heute daran zurückdenke, kommt es mir vor, als wäre das die ruhigste Zeit meines Lebens gewesen. Ich hatte ein wunderschönes Haus mit einem Garten, den blauen Himmel über mir und einen echten Freund, der mir sagte, was ich zu tun hatte. Was konnte man sich noch mehr wünschen?«

»Ich wuchs auf, um eine Frau zu sein, fügsam, dankbar in meiner Rolle als ein weiblicher Mond, der Licht reflektiert, geistig wie körperlich gut genährt und wohlbeschützt in einem Lande, das nicht mein eigenes war. Fern der Heimat zu sein brachte manchen Kummer mit sich, aber wenn man jung ist, leidet man an Heimweh nicht so wie in späteren Jahren.«

»Man betrachtete mich als die ›regierende Königin der Paramount‹.«

291–293 Marlene in ihrem Haus in Hollywood

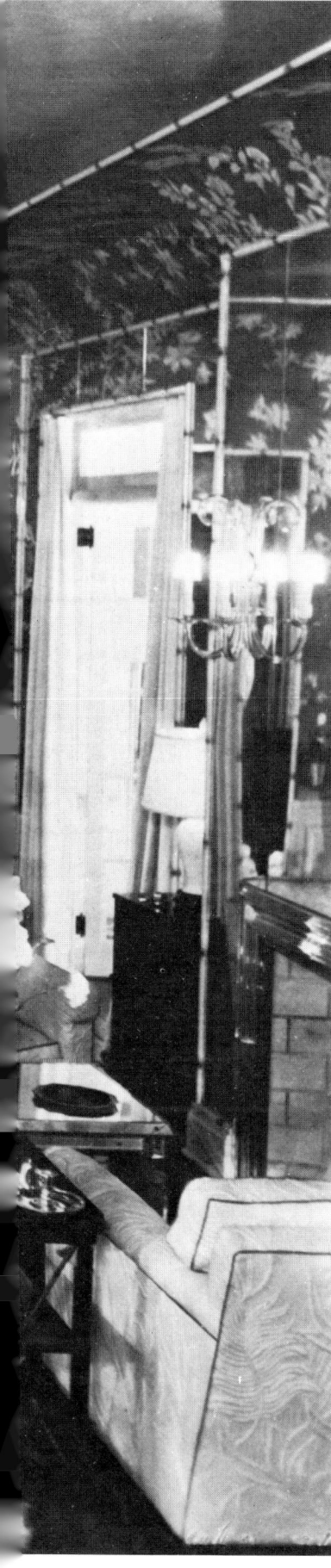

294–297 Der Garten mit Swimming-pool und Hollywood-Schaukel

Akazie
Ein wunderschöner und blütenreicher Baum. Ich wünschte, man könnte den Duft in Flaschen füllen.

Birken
Sie rühren mein Herz.

Efeu
Gut im Freien, nicht gut im Haus.

Flieder
Fliederzweige erhellen das Leben. Den Duft kann man nicht in Flaschen tun – und das ist gut so.

Jasmin
Gewöhnlicher Jasmin, Jasmin, der nur nachts blüht – ich liebe Jasmin jeder Art, jederzeit.

Kornblume
Mit Margeriten und Mohn vermischt – der schönste Blumenstrauß, den man sich denken kann.

Lavendel
Besser in der Natur als im Schrank.

Rosen
Ich mag sie am liebsten, wenn sie frisch aus dem Garten kommen. Die blonden Teerosen mit den zarten, sich neigenden Stengeln duften, wie eine Rose duften soll.

Tuberosen
Wenn ich Tuberosen im Zimmer habe, schlafe ich mit geschlossenen Fenstern. Eifersüchtig bewahre ich den Duft ganz für mich allein.

Veilchen
Ich liebe wilde Veilchen und Gartenveilchen, die stark duften. Die Treibhausveilchen kann man von mir aus ruhig in den Treibhäusern lassen.

Zypressen
Das Sympol der Trauer.
Zypressen am Rande einer Allee: ein schöner und traurig stimmender Anblick.

»ABC meines Lebens«

SONG OF SONGS
USA 1933
Produktion: Rouben Mamoulian
für Paramount
Regie: Rouben Mamoulian
Buch: Leo Birinski und Samuel
Hoffenstein, nach Hermann
Sudermanns »Das Hohe Lied«
Kamera: Victor Milner
Bauten: Hans Dreier
Song: Johnny
Darsteller:
Marlene Dietrich: Lily Czepanek
Brian Aherne: Richard Waldow
Lionel Atwill: Baron von Merzbach
Drehzeit: Frühjahr 1933 in den
Paramount-Studios Hollywood
Uraufführung: 19. 7. 1933
Criterion Theatre, New York

I.

... Aber dann (in der zweiten Hälfte) kam ein Augenblick, in dem sie hinreißender als in ihrer ganzen Laufbahn bis heute war. Ihr breitrandiger Hut neigt sich da halbschief über ein Gesicht – das es, für mein Empfinden, bloß einmal gibt. Ich will nachher davon sprechen. Sie glaubt hier irrig (Umkehrung der Kameliendame), der geliebte Mensch habe sie, weißt du, käuflichen Sinnes und ihrer spottend verlassen. (Das Werkchen stammt von Sudermann – das steht fest; hieß die Romanerzählung nicht »Das Hohe Lied«? Doch!)

II.

Nur den Bildhauer hat sie geliebt; Unschuld vom Land, nach Berlin verschlagen; er war ihr Erster und bleibt im Herzen fest. Nicht hernach der gesellschaftliche Schloßherr in Pommern, ihr Gatte. Bei dem (als er in Kenntnis der Sachlage den Bildhauer zum Besuch einladet, das kommt ja vor) – bei dem erfährt sie, worin sie jedoch eben irrt. Sie war in Wirklichkeit nicht verschachert worden! Wohin stürzt sie sich nun? Hundert gegen Eins zu wetten, wenn es der Strudel nicht ist. Gesagt, getan.

III.

Aber im Ernst. Jetzt kommt für Marlene Dietrich der Augenblick. Sie trifft ... ihn. Und noch bevor sich alles aufgeklärt hat: – – Nein, hier ist keine Kritik des Werkchens möglich; hier kriegt ein »höchstes Glück der Erdenkinder« bezaubernde Gestalt. Hier tritt das vorhin erwähnte Gesicht in Kraft. Schwermut – und (die Zigarette schräg) etwas wie Ausgelassensein; eine witzigste Tragik; Verachtung liegt darin; Schmiß im Verzweifeln; die letzte Schönheit in der Trauer.
Nur diese eine Person hat das heut.

IV.

Manches in dem Film ist fast erträgbar: weil (in der zweiten Hälfte) diese Gipfelung erscheint. Die Voraussetzung davon streng mit Stirngerunzel zu werten, nämlich das Stück, welches immerhin den Anlaß gibt: das wäre fast so banal wie der Anlaß. Man könnte fragen, ob ein solches Geniewunder der Gesichtsvision (es ist ja nicht Kunst, es ist eine zufällige Frau) vielleicht am tauglicheren Objekt wirken soll. Gleichwohl. Heute kein böses Wort wider den seligen Sudermann.

V.

Im ersten Teil des Film, bevor sie Weib wird, soll sie das arglose Mädchen sein ... Hm.

VI.

Hm.

VII.

Reizvoll auch da – (weil der Zuschauer weiß: sie ist es). Er fühlt etwa so: »Alle Achtung, daß sie dies kann.« Ohne zu vergessen, daß es von andren auch gekonnt würde. Vielleicht besser. Nein, nicht rechten. Doch: rechten! Die Kritik, selbst in der dümmsten Periode des Weltunsinns, ist heilig. Also zusammengefaßt: das Mädel spielt sie, das Weibsbild ist sie. Ecco.
»Ecco«? Nein; der Mussolini stützt mir zu sehr die Träger der Weltverdummung ... Von jetzt ab lieber: voilà.
Also warum spielt sie dann Mädel?

298/299 Während der Drehpause mit Regisseur Rouben Mamoulian

300/301 Mit Brian Aherne, ihrem Filmpartner in »Song of Songs«, im Restaurant der Paramount-Studios und während der Dreharbeiten

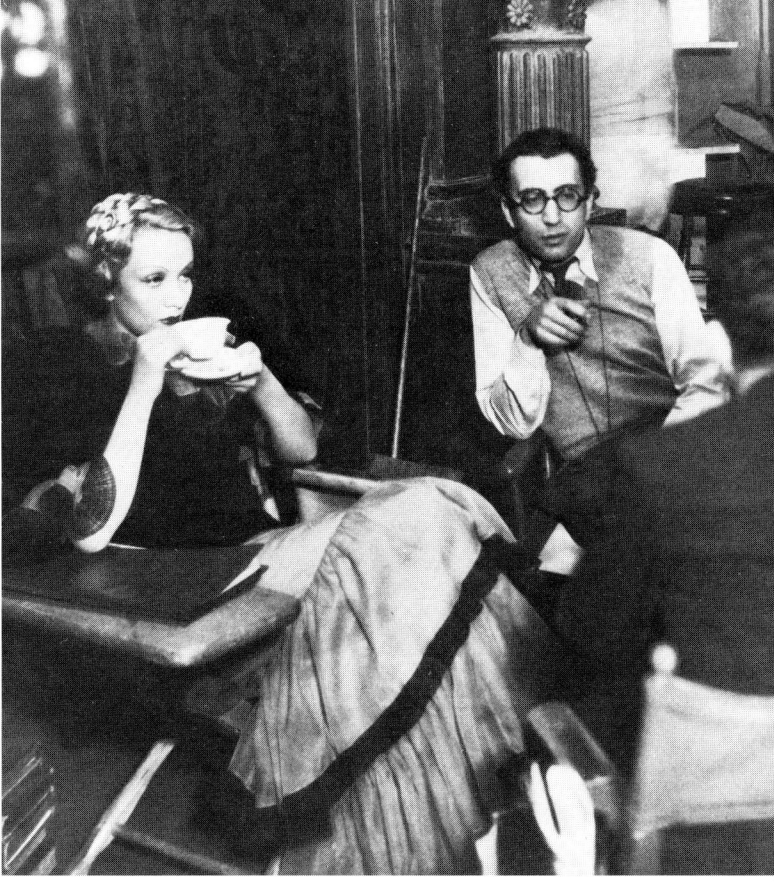

VIII.
Du behältst auch dies Mädel dennoch im Gedächtnis. Nicht wegen ihres schuldlosen Gehabs, doch wegen dieser einmaligen blassen Backenknochen mit ihrem himmlischen Schattenreich darunter. Sogar trotz der anfänglichen Tracht aus dem Maskenverleih: trotz der Betonung (wenn sie einen englischen Satz abbrechen soll und irrig das letzte Wort unterstreicht; statt es fallen zu lassen) . . . Man behält sie noch im Gedächtnis mit ihrer Zögerung, wenn sie das Hemd auszieht. Sie haftet: aber man weiß, daß es gespielt ist. Ecc . . . Voilà.

IX.
. . . Das Stärkste der Frau liegt in dem, was Flaubert die »impassibilité« nennt. In dieser kaum bewegten Art etwas abzulehnen – auch einen Schmerz.
Es ist nicht ihr unsterblicher Popo im »Blauen Engel«; nicht ihr Schreiten, wenn sie jemandem in die algerische Wüste folgt; nicht wie sie Kleider in einem Spionagefilm trägt; und nicht . . .
Nicht wie sie einen früheren Freund in der chinesischen Eisenbahn zurückgewinnt – – sondern wie sie zuvor einen Andren abweist: das machte ihre mystische Höhe. Das Verachten mit dem Hauch einer Lippenveränderung. Mit einem trüb verstehenden Zug um die adlige Schnauze . . . hätt' ich fast gesagt. Dies hohe Telegraphieren einer geringen Seelenwallung zu den Mundwinkeln.

X.
In Deutschland ließ ich keinen Film aus, darin sie erschien; sah sie lebendig nur einmal in einem Theaterkorridor und einmal bei Frühstücksbekannten in meinem Wohnsitz Grunewald. (Trefflicher Grunewald, wo bist du?) Dazumal stand sie noch auf Kabarettplanken mit Mehreren; bemerklich durch Unbewegtheit. (Impassibilité.) Gleichviel. Wenn jemand, als Kellnerin, bloß die Worte gesprochen hat: »Herr Professor sind doch'n janz hübscher Mann« – und man hört es nach Jahren immer noch; oder wenn sie in englischer Sprache bloß das Wort »Ssigerätt« lässig vorstößt (gemeint ist: Zigarette), und etwas in mir gerät vor einem Satz, vor einem Wort aus dem Häuschen: dann muß (»di tanti palpiti« kritischer Selbstbeobachtung) etwas Vereinzeltes vor sich gegangen sein. Und keine Zeit ist zu dumm, keine zu tierisch, keine zu verschleimt, keine zu unanständig, keine zu brüllend-subaltern, um für solche Menschenwerte Raum zu lassen.

XI.
. . . Musik aus dem Tristan umkitscht Rouben Mamoulians Inszene; hernach hör ich was aus der Pathétique von Tschaikowski, sogar öfter; Rubinstein zwischendurch. Die Kritik ist heilig – auch im Exil. Also Mamoulian . . . Wissen Sie, wann Sie mich an Sie erinnert haben? Nur einmal. An ihren herrlichen Film von dem Schneider, der die Prinzessin heuert. Jetzt, als die Dietrichen auf der Brautfahrt vor dem Schloß in der Kutsche landet, hopst eines der Pferdeln in die Höh' – fast so wie der entzückende Hirsch damals, in dem Schneiderfilm . . . Dieser Hopser war jetzo das Einzige – offen gegen offen, Mamoulian.
Wo nicht alles täuscht, können Sie kostbar das Märchen; und versagen vor der Wirklichkeit. Bei Sudermann ist es kein Märchen und keine Wirklichkeit. Aber bei Ihnen auch nicht.

XII.
So war nur ein seltnes Geschöpf an dem Abend vorhanden. Die genannte vormalige Kabarettkomparsin.
Und man blieb von Schönheit erschüttert. Das ist es: von Schönheit erschüttert.
Nochmals: voilà.
Alfred Kerr: Marlene – an der Seine. In: Das Neue Tagebuch, Paris – Amsterdam vom 9. 9. 1933

302–306 Marlene Dietrich als Lily Czepanek in »Song of Songs«

Dietrich-Film verboten
Die Entscheidungsgründe

Am 14. März hat die Oberprüfstelle über die Beschwerde der Paramount-Film AG gegen das Verbot des Marlene-Dietrich-Films »Das Hohe Lied« durch die Filmprüfstelle verhandelt. Für das erneute Verbot waren folgende Entscheidungsgründe der Oberprüfstelle maßgebend: Der Film ist nach dem deutschen Roman »Das Hohe Lied« (Sudermann) gedreht, spielt erkennbar im Deutschland der Vorkriegszeit, zeigt ein deutsches Schloß, einen deutschen Husarenobersten und eine deutsche Schauspielerin in den tragenden Rollen. Da das Ausland nicht die gleichen Vergleichsmöglichkeiten hat wie wir, wird der Film daher als typisch für die Zustände im Vorkriegs-Deutschland und für den deutschen Menschen angesehen werden.

Im Mittelpunkt der Handlung ein deutscher Oberst, der sich für 1000 Mark ein Mädchen kauft, es zwar heiratet, dann aber in plumpester Form damit protzt, wie er sie zur Dame der Gesellschaft abgerichtet hat, und in Gegenwart ihres früheren Geliebten zynisch offenbart, daß er sich mit dessen Hilfe und mit niedrigen Mitteln in ihren Besitz gesetzt hat. Denselben Tiefstand zeigt die Rolle der weiblichen Hauptdarstellerin; erst einfaches und unverbildetes Landmädchen, dann Geliebte eines Bildhauers, Frau eines Obersten, Ehebrecherin, Straßenmädchen und schließlich wieder Geliebte desselben Bildhauers. Trägerin dieser Rolle ist eine deutsche Schauspielerin, die sich in Amerika mit Vorliebe in Dirnenrollen gefällt und in der ganzen Welt als Deutsche bekannt ist. In beiden Figuren, die typisch deutsch erscheinen, wird Deutschland getroffen und in einer Weise verzerrt und entstellt, daß die Welt ein völlig falsches und unsachliches Bild von Deutschland erhält. Ein solches gegen Deutschland gerichtetes Machwerk in Deutschland vorzuführen wäre würdelos und würde eine Gefährdung des deutschen Ansehens im Sinne des § 7 des Lichtspielgesetzes vom 16. Februar 1934 bedeuten.

Licht Bild Bühne vom 16. 3. 1934

Warum ich Männerkleidung trage
Nein, nicht um Sensation zu erregen, trage ich Männerkleidung! Ich will auch nicht versuchen, eine Revolution gegen die Frauenkleidung hervorzurufen, obwohl ich sagen muß, daß jede Frau, die einmal versucht hat, Männerkleidung zu tragen, nie mehr zu ihren Frauenröcken zurückkehren wird. Ich bin einfach der logischen Folge der großen Pyjamamode nachgekommen und muß gestehen, daß ich mich niemals angenehmer und besser gekleidet fühlte wie jetzt. Trotzdem glaube ich, daß nicht jede Frau Männerkleidung tragen kann. Sie muß unbedingt dem femininen Typ angehören, muß groß und schlank sein und soll womöglich breite Schultern und schmale Hüften haben.
Die Öffentlichkeit ist immer über alles Neue entrüstet. Zuerst zeigte ich meine Beine, und die Öffentlichkeit war entrüstet, nun verstecke ich meine Beine, und das entrüstet sie auch. Ich betone nochmals, daß ich eine aufrichtige Vorliebe für Männerkleidung habe und sie nicht deswegen trage, um sensationell zu wirken. Ich finde nur, daß ich in Männerkleidern anziehender wirke. Außerdem gestattet einem diese Kleidung vollkommene Freiheit und Bequemlichkeit, was ich von Frauenkleidern und Röcken nicht behaupten kann. Frauenkleidung erfordert auch zu viel Zeit, es ist so ermüdend, sie einzukaufen. Man braucht Hüte, Schuhe, Handtaschen, Schals, Mäntel und viele Kleinigkeiten, die dazu passen müssen. Das verlangt viel Nachdenken und genaueste Auswahl, und dazu habe ich wirklich weder die Zeit noch Interesse dafür. Und jeden Moment wechselt die Mode. Und man muß von neuem beginnen.
Ja, ich habe sogar für mein Töchterchen Heidede den meinigen ähnliche Anzüge machen lassen. Ich finde, daß sie in Hosen viel besser geschützt ist als in Röcken, wenn sie am Strand oder irgendwo im Freien spielt. Trägt sie Mädchenkleidung, gibt's immer Ärger mit den Jacken und Mänteln, und außerdem kann sie sich wegen der nackten Beine leicht erkälten. In Hosen ist sie viel freier und ungehemmter. Natürlich liebt sie auch

diese Kleidung und ist, wie jedes Kind, entzückt, mit ihrer Mama gleichgekleidet zu sein.
Ich begann erst im vergangenen Sommer, Männerkleider in der Öffentlichkeit zu tragen. Es war eigentlich nur eine Bequemlichkeitsangelegenheit. Ich wohne in der Nähe des Strandes und pflege die Kleidung schon am Morgen anzulegen. Es kam oft vor, daß mich mein Gatte und Herr von Sternberg nach dem Essen einluden, in der Stadt irgend einen Film oder ein Theaterstück anzusehen. Ich wollte nicht mitgehen, da ich zu müde war, mich umzuziehen. Beide aber bestanden darauf, daß ich so gehe, wie ich war, und so – begann es. Um das, was die Leute darüber reden, bekümmere ich mich nicht!
Ich will nur hoffen, daß auch andere Frauen bald versuchen werden, Herrenanzüge an Stelle der Damenkleider zu tragen, und daß sie dabei dieselbe Annehmlichkeit empfinden wie ich und sich dessen freuen, daß sie frei geworden sind von allem Zwang und von der Konvention der Frauenmode.
Marlene Dietrich in: Mein Film Nr. 381, 1933

»Privat trug ich, da wir alle in der Nähe des Meeres oder der Berge wohnten, Hosen (keine Jeans bitte), die ich mir in einem der Herrengeschäfte von Los Angeles machen ließ. Ich tat das, weil es bequemer war, als in Rock und Strümpfen herumzulaufen. Das gab Anlaß zu vielem Gerede, was ich zunächst gar nicht bemerkte.«

307–311 Marlene Dietrich bevorzugte Männerkleidung, auch zu Abendgesellschaften trug sie gern Smoking, Weste und Krawatte

312 Ankunft in Paris, 19. Mai 1933
Marlene Dietrich kommt auf dem Bahnhof St-Lazare in Paris an, um den Sommer in Europa zu verbringen. In ihrer Begleitung befinden sich Rudi Sieber (links) und Marcel Boursier, der ihren Frankreich-Besuch organisierte. Während ihres Aufenthalts in Paris nimmt sie eine Platte mit vier deutschen Chansons auf und bearbeitet den Film »Song of Songs« für die französische Erstaufführung. Im August besucht sie die Salzburger Festspiele und verbringt im September drei Tage ihres Urlaubs in Wien, dann kehrt sie über Paris und Neapel nach Hollywood zurück.

313/314 In einem Pariser Tanzlokal mit Rudolf Sieber, Maurice Chevalier und dem Besitzer des Lokals

315/316 Brief an Rudolf Forster nach Aussee, Steiermark, aus ihrem Hotel in Paris
Liebster Forster,
ich hoffe so, es geht Ihnen gut. – Gehe heute abend in ›Melo‹ – bin ganz aufgeregt! Seit ›Ariane‹ hat mich nichts mehr gefreut. Es ist toll hier und niemand versteht, daß ich ins Kino gehe. So werde ich also allein gehen und genießen. – Schreib Ihnen sofort noch heut abend. – Tausend Grüße in alter Verehrung Ihre
Marlene

THE SCARLET EMPRESS
(Die große Zarin;
Die scharlachrote Kaiserin)
USA 1934
Produktion: Paramount
Regie: Josef von Sternberg
Buch: Manuel Komroff
Kamera: Bert Glennon
Bauten: Hans Dreier
Darsteller:
Marlene Dietrich:
Sophia Frederica/Katharina II.
John Lodge: Fürst Alexei
Sam Jaffe: Großfürst Peter
Louise Dresser: Zarin Elisabeth
Maria Sieber: Sophia als Kind
Drehzeit: Frühjahr 1934
Uraufführung: 19. 5. 1934
Carlton, London

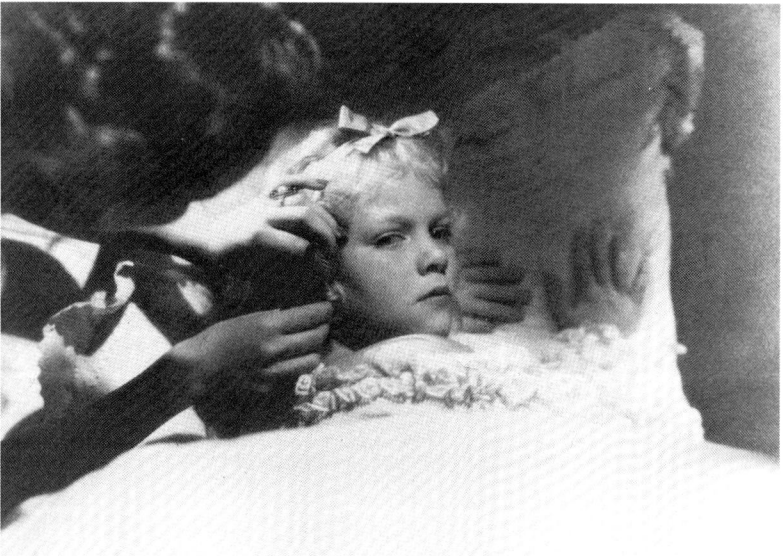

317 Dreharbeiten zu »Die große Zarin«, Marlene im Kostüm von Katharina II., rechts neben ihr Josef von Sternberg

318 Marlenes Tochter Maria spielt die Zarin als Kind

319 Vor der Aufnahme bei der Maskenbildnerin

320 Marlene macht sich das schräge Brett zunutze – eine Sonderkonstruktion, mit deren Hilfe sich die Schauspielerinnen zwischen den Aufnahmen ausruhen konnten, ohne ihr Kostüm zu zerknittern

»Meine rotblonden Haare wirkten in der Fotografie dunkel. Man sagte mir, ich solle meine Haare bleichen, damit sie so blond wie im Leben aussähen. Da ich mich weigerte, es bleichen zu lassen, und von Sternberg mich dabei unterstützte, konnte das Studio nichts dagegen unternehmen. Ich war ›im Leben‹ eine Blondine, aber im Film eine Brünette. Das störte sämtliche Abteilungen des Studios. Nun wurden Beleuchtungseffekte für mein Haar ausprobiert: von oben, von unten, von der Seite und am meisten von hinten. Letzteres ergab einen ›Heiligenschein-Effekt‹, mit allem Licht auf den Haarspitzen.«

»Mein Haar war immer mein ›Waterloo‹. Es war und blieb ›Baby-Haar‹, und niemand konnte es leiden. Es konnte nicht gelockt werden, es konnte nicht frisiert, es konnte nie in die Fasson gebracht werden, die das berühmte Gesicht einrahmen sollte. Um sechs Uhr früh fingen wir an mit Lockenwicklern und dann mit Haartrocknern, die mir die Kopfhaut verbrannten, aber alles war nutzlos. Dann griffen wir endlich verzweifelt zur Brennschere, damit ich rechtzeitig vor der Kamera erscheinen konnte. Mittags keine Spur mehr von Locken. Die Scriptgirls waren verzweifelt, nichts paßte zueinander, wir rannten in meine Garderobe zurück, während alle zu Mittag aßen, und versuchten die armseligen Haare wieder in Form zu bringen.«

Londoner Premiere des amerikanischen Katharina-Films

Wie schon kurz berichtet, fand am Mittwoch im Londoner Carlton die Weltpremiere »The Scarlet Empress« statt. Die amerikanische Verfilmung des Schicksals der großen Katharina darf als gelungen bezeichnet werden. Der Name Marlene Dietrichs in der Titelrolle wird dem Film überall gute Geschäfte sichern. Die Handlung des Films ist an einigen Stellen recht schleppend, doch sie steigert sich im zweiten Teil des Films, vor allem sind die aufregenden Szenen, wie der Meuchelmord des Zaren, packend geschildert. Josef von Sternbergs Regie hütet sich nicht vor Übertreibungen, besonders werden groteske Menschentypen so häufig gezeigt, daß dem Publikum diese nach anfänglichem Gelächter recht unsympathisch werden. Das Hervorstechende an diesem Film sind seine außergewöhnlichen Dekorationen und seine riesenhafte Ausstattung. Selten hat das Paramount-Studio so kolossale Mittel für einen Film angewandt wie für diesen. Die Szenen von Katharinas Hochzeit sind an Aufwand nicht mehr zu überbieten. Marlene spielt ihre Rolle ausgezeichnet und sieht wundervoll aus. Mag auch die vom Manuskript vorgeschriebene Rolle ihr nicht in jeder Beziehung gelegen haben, so verkörpert sie doch wundervoll die Karriere von der einfachen Prinzessin bis zur mächtigsten Frau der Welt. Ihr Partner, der Zar Peter, wird von Sam Jaffe gespielt, der interessante Leistungen zeigt. Auch Marlenes Tochter Heidede ist in dem Film zu sehen; sie spielt die Katharina in den Kinderjahren. Der Film fand bei seiner im großen Rahmen arrangierten Welturaufführung eine sehr beifällige Aufnahme.
Licht Bild Bühne vom 12. 5. 1934

321–326 Marlene Dietrich als Katharina II. und John Lodge als Fürst Alexei

THE DEVIL IS A WOMAN
(Die spanische Tänzerin)
USA 1935
Produktion: Paramount
Buch, Regie und Kamera:
Josef von Sternberg
Bauten: Hans Dreier
Song: Three Sweethearts Have I
Darsteller:
Marlene Dietrich: Concha Perez
Lionel Atwill: Don Pasqual
Cesar Romero: Antonio Galvan
Drehzeit: 10. Oktober 1934
bis Mitte Januar 1935
Uraufführung: 3. 5. 1935
Paramount Theatre, New York

**Die spanische Tänzerin
Ein Paramount-Film
Marmorhaus**
Verrückter geht's nimmer. Man sah schon in der »Großen Zarin« Kostüm-Revue und Vampyrismus ins Extrem gesteigert. Sternberg ist noch einen Schritt weiter gegangen und mit der »Spanischen Tänzerin« nun dort angelangt, da man nicht mehr weiß, wo Kitsch aufhört und Parodie anfängt. Das Publikum hatte den besseren Instinkt, nahm die Sache von der heiteren Seite, und aus dieser Perspektive sei auch der Film von uns quittiert. Marlene Dietrich schillert und girrt als Seine Tollität der Vamp in immer wechselnden, raffiniert erdachten Kostümen durch den Film. Die Männer liegen ihr zu Füßen, und sie läßt ihre Launen an ihnen aus, gelöster als sonst, frivol, amüsant, mokant – vorausgesetzt natürlich immer, daß man diesen Film von der komischen Seite her nimmt und auch ihr Spiel als keine triebhaften Dämonien einer wirklichen Carmen wertet. Zwischendurch kommt ihr »Bariton« in einem Song zur Geltung und findet spontanen Beifall. Eine temperamentvolle Musik nach Motiven von Rimski-Korsakow und bekannten spanischen Melodien begleitet das Maskentreiben und trägt nicht wenig dazu bei, daß das Publikum bei guter Laune bleibt.
Licht Bild Bühne vom 29. 6. 1935

327–331 In der Rolle der spanischen Tänzerin Concha Perez

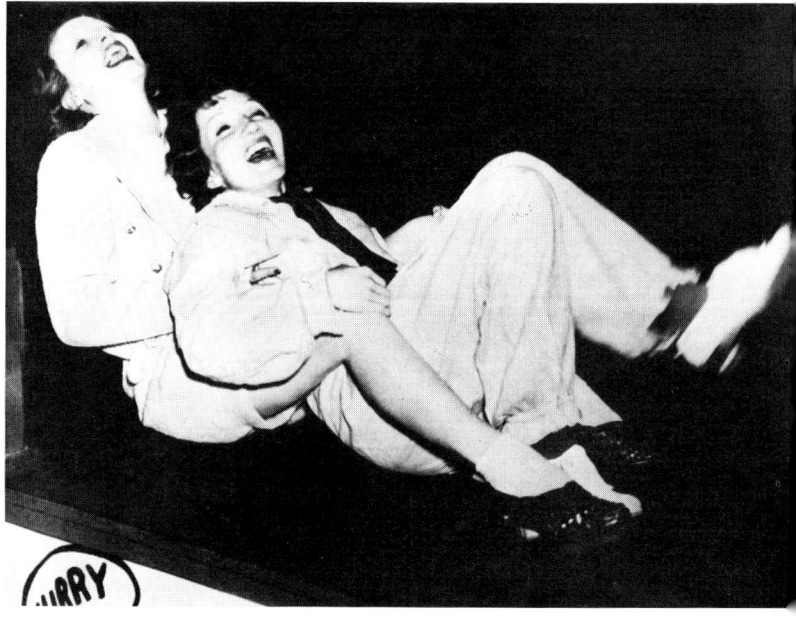

332–335 Carole Lombards Party, Hollywood, 21. Juni 1935
Links Marlene mit William Haines in einem rollenden Faß; mit Claudette Colbert auf der Rutschbahn und mit Clive Brook am Ende der Bahn. Der Radio-Star Edie Adams hilft ihnen beim Aufstehen

DESIRE (Sehnsucht)
USA 1935
Produktion und künstlerische
Leitung: Ernst Lubitsch
Regie: Frank Borzage
Buch: Edwin Justus Mayer
Kamera: Charles Lang
Bauten: Hans Dreier
Musik: Friedrich Hollaender
Song: Awake in a Dream
Darsteller:
Marlene Dietrich:
Madeleine de Beaupré
Gary Cooper: Tom Bradley
Drehzeit: Beginn Mitte Oktober 1935
Uraufführung: 11. 4. 1936
Paramount Theatre, New York

36 Marlene Dietrich und Gary Cooper

37 Mit Gary Cooper und Regisseur Frank Borzage

338–340 Marlene Dietrich und Gary Cooper in »Desire«

Sehnsucht
Ein Paramount-Film – Capitol
Eine fabelhaft schöne Frau stiehlt auf verblüffend einfache, aber wirkungssichere Weise ein Perlenhalsband, lernt auf der Flucht einen jungen Amerikaner kennen, muß, da er durch einen Zufall, ohne es zu wissen, das Halsband in seinen Besitz bekommt, sich an ihn halten. La grand amour! Er bekehrt sie, als sie den Bedrohungen ihres Partners nur noch durch eine offene Beichte entgehen kann, macht auf verblüffende Weise den Gegner unschädlich, liefert den gestohlenen Schmuck an den Juwelier zurück und endet, nachdem das Gericht eine Strafe auf Bewährungsfrist ausgesprochen hat, mit Madeleine auf dem Standesamt. Regisseur Frank Borzage hat eine Schauspielerführung, die in ihrer Leichtigkeit und Beschwingtheit verblüfft. Es ist eigentlich nur ein Spiel zwischen drei Menschen, aber man hat nirgends den Eindruck des Kammerspiels; sondern das Ganze ist so gefüllt, als wäre es turbulentes Massenereignis. Marlene Dietrich ist endlich von Josef von Sternberg losgekommen. Die neue Regie behagt ihr ersichtlich und fördert sie künstlerisch außerordentlich. Aus einem vervampten Luderchen ist ein Mensch mit Herz geworden. Ohne daß es einmal gesagt wird, fühlt man, daß diese Frau ohne ihr Zutun in die Verbrecher-Atmosphäre geraten, daß sie ein anständiger Kerl ist. Im nicht Ausgesprochenen, im durch einen Blick, durch eine Geste Angedeuteten liegen die großen Stärken der Marlene. Sie singt auch; aber dem Komponisten Frederick Hollaender ist außer Puccinischen Anklängen nichts eingefallen. – Neben ihr, in der Leistung vielleicht noch konzentrierter und deshalb wirkungsvoller, steht der junge Amerikaner Gary Cooper. Kein Wunder, daß alle Frauen begeistert von ihm sind; er ist ein hübscher Bursche und kann spielen, hat einen Anflug von drolliger Komik, hat Herz und hat obendrein den Verstand, seine Leistung selbst zu kontrollieren. Es war ein ganz großer Erfolg!
Licht Bild Bühne vom 3. 4. 1936

Obwohl dieser Technicolor-Film Stellen von atemberaubender Schönheit aufweist – nebst einigen, die nicht so atemberaubend sind – und dazu eine Liebesgeschichte erzählt, die das weibliche Publikum wahrscheinlich zu Tränen rühren wird, ist diese Neuverfilmung von Robert Hichens' »Garden of Allah« doch ziemlich langweilig – schwerfällig in der Bewegung, schwunglos im Dialog, schwach in der Handlung. Der Film handelt vom Widerstreit zwischen Fleisch und Geist, bringt es aber nur vorübergehend fertig, sich ob der seelischen Nöte der beiden Hauptdarsteller in einen gewissen Aufruhr hineinzusteigern. Nachdem er seinen zähflüssigen Lauf genommen hat, läßt er einen unbefriedigt zurück, weil er weder Gemüt noch Verstand anspricht.
The New York World Telegram vom 20. 11. 1936

Ernest Dryden entwarf die Kostüme für »The Garden of Allah«, darunter auch dieses für Marlene Dietrich. Es gehörte zu den 13 Ensembles mit kompletten Accessoires, mit denen sich die Heldin, Domini Enfilden, auf ihre Reisen in die Einöden der Sahara begab. Ihre Garderobe enthielt auch diese Chiffonkreation, die Domini bei ihrer Suche nach geistiger Wahrheit und wahrer Liebe half. Marlene Dietrich erhielt für diesen Film $ 200 000. In der Wüste von Arizona wurde bei Temperaturen von 40–55 Grad gefilmt. Der Film kostete insgesamt $ 1 447 760. Obwohl er diese Summe nicht wieder einspielte, erwies sich »Garden of Allah« mit seinen ausgefallenen, leuchtenden und hervorragend abgestimmten Farben im Technicolor-Verfahren als eines der optischen Meisterwerke der 30er Jahre und brachte dem Studio international unschätzbares Prestige ein.
Regisseur Richard Boleslawski, ein ehemaliger Schauspieler des Moskauer Künstlertheaters, Tänzer und Kavallerieoffizier, hatte bei den Dreharbeiten Quellwasser getrunken und sich infiziert. Er wog nur noch 90 Pfund, als er aus der Wüste zurückkehrte. Wenige Monate später verstarb er.

THE GARDEN OF ALLAH
(Der Garten Allahs)
USA 1936
Produktion: David O. Selznick
Regie: Richard Boleslawski
Buch: W. P. Lipscomb
Kamera: W. Howard Greene
Ausstattung: Lyle Wheeler
Kostüme: Ernest Dryden
Darsteller:
Marlene Dietrich: Domini Enfilden
Charles Boyer: Boris Androvsky
Basil Rathbone: Graf Anteoni
Drehzeit: Frühjahr/Sommer 1936,
Außenaufnahmen in Yuma
Uraufführung: 19. 11. 1936
Radio City Musik Hall, New York

341/342 Marlene Dietrich und Charles Boyer

343 (folgende Seite)
Bei der Dreharbeit zu »The Garden of Allah«, etwa hundert Kilometer außerhalb von Yuma, Arizona, in der Mojawe-Wüste, April 1936
Eine komplette Zeltstadt wurde für die 60 Mitwirkenden an dem Film errichtet, unter ihnen Regisseur Richard Boleslawski (rechts, unter der Technicolor-Kamera sitzend). W. Howard Greene sieht durch den Sucher auf Marlene Dietrich und Charles Boyer. Der spiegelnde Teich wurde von Art Director Lyle Wheeler entworfen und in der Wüste von 20 Arbeitern angelegt, die auch die Palmen aufstellten.

343 Dreharbeiten zu »The Garden of Allah«

344–348 Marlene Dietrich, 1937, und ihr Sportwagen, ein Auburn Speedster, Baujahr 1935, Typ 851, 8-Zylinder-Motor, Kompressor, sieben Liter Hubraum, 150 PS, 170 km/h
1934 litten die Verkaufszahlen bei Auburn an Schwindsucht. Der Techniker August Duesenberg und der Stylist Gordon Miller Buhrig brachten als Topmodell den Auburn 851 Speedster heraus, eine zeitlose Schönheit. Sie boten ihren Zweisitzer zum Preis von 2245 Dollar an. Für Marlene Dietrich war das eine kleine Summe. Für ihre Rolle in dem Film »The Garden of Allah« bekam sie 1936 die höchste Gage, die bis dahin jemals gezahlt worden war: 200 000 Dollar. Von dem Speedster verkauften Händler bis 1936 nur 600 Stück. In der oberen Gesellschaft zog man offenkundig Automobile vor, die eine fünfstellige Dollarsumme als Kaufpreis hatten.

KNIGHT WITHOUT ARMOUR
(Tatjana)
England 1937
Produktion: Alexander Korda
für London Films
Regie: Jacques Feyder
Buch: Lajos Biro
Kamera: Harry Stradling
Darsteller:
Marlene Dietrich: Alexandra
Robert Donat: A. J. Fotheringhill
Drehzeit: August bis November
1936 in den Denham-Studios
Uraufführung:
2. 9. 1937 Cinema Avenue, Paris
20. 9. 1937 London Pavillon,
London

349 Dreharbeiten zum Film
»Knight Without Armour«
(Tatjana) in London

350 Mit dem Regisseur Jacques
Feyder

351–353 Proben und Szene zu
»Knight Without Armour«

1937

354–356 Marlene Dietrich in dem Film »Knight Without Armour«

Marlene Dietrich hat viel Charme. Sie macht davon mit erstaunlicher Virtuosität Gebrauch. Man muß bewundern, wie sie ihr Metier bis ins Detail beherrscht. Da sie natürlich nur »Marlene Dietrich«-Filme dreht, hat sie auch nur die eine Sorge, daß der Film wirklich ein »Marlene Dietrich«-Film bleibt. Ihr kommt es nur auf ihr eigenes Bild an, auf ihre Erscheinung, ihre Kostüme, ihre photogene Wirkung. Dank ihrer technischen Erfahrung ist sie selbst imstande zu überprüfen, ob ihr Gesicht richtig ausgeleuchtet ist. Oft hört man, wie sie den Beleuchtern Anweisungen gibt: »Bitte rechts noch zwei Lampen und den Scheinwerfer hinten etwas höher.« Sie ist leicht zu führen, versiert und begreift auf der Stelle; wenn man mit ihr arbeitet, gibt es keinen Leerlauf. In einem Punkt riskiert der Regisseur allerdings, mit ihr aneinanderzugeraten; dann nämlich, wenn es um ihre Kleidung geht. In dieser Hinsicht hat sie sehr eigenwillige, unerschütterliche Anschauungen, von denen man sie nur schwer abbringen kann. Bei ihrem Kostümkonzept kümmert sie sich weder um das Drehbuch noch um aktuelle Notwendigkeiten, weder um die Situation der Heldin noch um ihr soziales Milieu. Es müssen eben nur »Marlene Dietrich«-Modelle sein. Über kleinere Unglaubwürdigkeiten diskutiert sie, entfaltet dabei eine subtile Verführungskunst und geduldige Diplomatie. Sie macht Zugeständnisse, beruft sich auf ihre Bescheidenheit, schmeichelt geschickt dem Regisseur und lobt seine Genauigkeit. Er glaubt, an Boden gewonnen zu haben, ist sicher, sie beispielsweise davon überzeugt zu haben, daß die Heldin nach zwanzig Tagen Gefängnis nicht so gut frisiert sein kann und ihr Kleid wenigstens ein bißchen verknittert sein sollte. Weit gefehlt! Wenn der Film dann fertig ist, muß er feststellen, daß sich Marlene genau so angezogen hat, wie sie es wollte. Soviel Charme hat Marlene Dietrich!
Jacques Feyder, Françoise Rosay: Le Cinéma – Notre Métier, Genf 1944

357 Marlene Dietrich mit John Gilbert und Gary Cooper, zwei Freunden, in Hollywood
Das poetische und romantische Wesen John Gilberts, der ein berühmter Stummfilmstar war, zog Marlene an. Gary Cooper war 1936 ihr Filmpartner in »Desire«

358/359 Marlene Dietrich mit Mae West (links) und Jean Harlow im Studio
»Mae West war nett zu mir und gab mir Tips, wo immer sie konnte. Sie gab mir Selbstvertrauen, wenn ich es brauchte, und zwar mit einem Feingefühl, das mich, wie auch die Paramount-Gewaltigen, überraschte. Ich kann sie nicht eine ›Mutter‹ nennen, denn sie ist kein ›Mutter-Typ‹. Aber sie war für mich ein Lehrer, was auch nicht das richtige Wort ist. Sie war ein Fels, an den man sich klammern konnte, ein Mensch mit einem brillanten Verstand. Ich glaube nicht, daß sie damals wußte, wieviel sie mir bedeutete. Eine großartige Frau, diese Mae West. Sie erwartete nichts, darum wurde sie selten enttäuscht. Auch sie ging nie zu all den sogenannten Hollywood-Parties. Die Filmsternchen gingen dorthin, wir nicht. Wir hatten unsere Freude daran, zu kochen und mit unseren Freunden zusammen zu sein. Wenn ich die Geschichten über die Stummfilmzeiten hörte, lief mir das Wasser im Munde zusammen.
Damals sprach man nicht über Sex. Sex war tabu zur Zeit der Glamour Girls. Mae West sagte einmal zu mir: ›Wir müssen alles mit den Augen machen.‹ Und auf diese Weise machten wir es dann auch.«

360 Marlene mit Clarke Gable im Lux Radio Theatre am 2. 6. 1936
In einer neuen Serie von Rundfunksendungen der CBS direkt aus Hollywood sprechen sie in der Aufnahme von »The Legionaire and the Lady«

361 Mit dem Regisseur Fritz Lang, den Marlene aus Paris kannte
Er war 1933 vor den Nationalsozialisten nach Frankreich geflohen und kam 1935 nach Hollywood, wo David O. Selznick ihn für Metro-Goldwyn-Mayer engagierte

362/363 Marlene Dietrich und Ernst Lubitsch vor dem Start des Films »Angel«, den Lubitsch für Paramount produzierte

364/365 Anläßlich des Jubiläums-Oscars für »25jähriges Filmschaffen« von Lubitsch gab Marlene Dietrich am 28. 3. 1937 in ihrem Haus eine Party
Marlene mit Ernst Lubitsch und Herbert Marshall beim Anschneiden und Kosten der Jubiläumstorte

Als Bühnenautor im Filmatelier
Am Buch meines »Angel« haben wir rund acht Monate gearbeitet. Lubitsch gehört nicht zu den Regisseuren, die ein fertiges Manuskript in die Hand bekommen wollen, er arbeitet von Anbeginn an mit den Autoren zusammen. Jedes Wort, jeden Satz überlegt er, er skandiert ihn wie ein Gedicht, ehe er ihn niederschreiben läßt. Es gilt als großartiges Ergebnis, wenn unter seiner Leitung in einer zehnstündigen täglichen Arbeit nach zwei Wochen ein paar Seiten des Manuskriptes fertig sind. Die berühmten Lubitsch-Lustspiele sind Ergebnisse angestrengtester Arbeit. Lubitsch ist der Flaubert der Filmregie. Individualität macht den Filmdarsteller. Aus welchen Elementen diese zusammengesetzt ist, kann schwer definiert werden. Unter den großen Stars habe ich wenig ausgesprochene Schönheiten kennengelernt. Ich weiß nicht, ob Marlene Dietrich besonderes Aufsehen erregen würde, wenn sie unerkannt auf einer Kaffeehausterrasse sitzen würde. Im Film aber entströmt ihr ein Fluidum, dem keiner widerstehen kann. Kaum bewegt sie sich, kaum sagt sie ein Wort, ist alles in ihrem Banne. Ihre eigenartige Individualität spiegelt sich im Filmbild derart interessant, daß sie alle Aufmerksamkeit auf sich zieht; sie ist fabelhaft, großartig, und man weiß nicht, warum. Doch, man weiß es: weil sie einzigartig ist, einmalig, wie alle die großen Stars, die eine originelle Individualität repräsentieren. Schönheit selbst kann nachgeahmt werden. Marlene aber mit ihrem eckigen Gesicht und dem undefinierbaren Etwas gibt es nur einmal.
Bühnenautor Melchior Lengyel in: Mein Film vom 3. 9. 1937

ANGEL (Engel)
USA 1937
Produktion: Ernst Lubitsch
für Paramount
Regie: Ernst Lubitsch
Buch: Samson Raphaelson
Kamera: Charles Lang
Musik: Friedrich Hollaender
Song: Angel
Darsteller:
Marlene Dietrich: Maria Barker
Herbert Marshall: Sir Frederick Barker
Melvyn Douglas: Anthony Halton
Uraufführung: 3. 11. 1937
Paramount Theatre, New York

Ich kannte sie nicht. Wir sahen uns zum ersten Mal im Atelier. Sie hatte ihre Rolle, ich hatte meine Rolle, wir fingen einfach an zu arbeiten. Sie wurde allgemein als Glamour-Girl verkauft, während ich fand, daß sie ein ausgesprochen häuslicher Typ war, das, was die Deutschen »gemütlich« nennen. Sie brachte immer irgendwelche selbstgebackenen Kuchen und Kekse mit, die wir alle nachmittags gemeinsam zum Tee oder Kaffee aßen. Auf ihre Kochkünste war sie stolzer als auf ihre schauspielerischen Fähigkeiten.
Lubitsch hatte Schwierigkeiten mit Marlene. Sie mußte die Ehefrau eines englischen Lords und Parlaments-Abgeordneten spielen, eine typische Lady also. Das Amüsante an dem Film war, daß diese »vollkommene Lady« mit einem anderen Mann nach Paris abhaut. Ich glaube, Marlene war sich völlig darüber im klaren, daß sie auf der Leinwand als Sex-Symbol verkauft wurde und immer wieder leichtfertige Frauen spielen mußte. Lubitsch aber wollte, daß sie die Rolle der perfekten Lady durchhielt, und so kam es zu Spannungen zwischen den beiden. Er erinnerte sie immer wieder daran, daß sie eine Lady und keine Halbseidene spielen solle. Vielleicht fiel sie automatisch in die ihr vertraute Rolle zurück. Andererseits war sie sehr penibel mit ihrer Frisur, ihrem Make-up, ihrer Garderobe. Sie hat mich tief beeindruckt.
Melvyn Douglas, Filmpartner Marlenes in »Angel«

366–369 Marlene Dietrich mit Herbert Marshall und Melvyn Douglas

Ohne Eifersucht keine Liebe

Die Eifersucht wird immer als eine der schlechtesten Eigenschaften betrachtet, die man im Charakter einer Frau finden kann. Immer wird die eifersüchtige Frau zum Sündenbock, wenn die Harmonie eines einträchtigen Glücks in Gefahr ist. Aber wenn Sie alle Leute Ihrer Umgebung genau prüfen, dann werden Sie zur Feststellung kommen, daß die eifersüchtigen Frauen immer glückliche Frauen sind. Die unglücklichen Ehefrauen sind meistens die, denen es nicht geglückt ist, ihre Männer an sich zu fesseln, und die in ihrer Resignation auch schon alle Eifersucht aufgegeben haben. Meiner Meinung nach schmeichelt es jedem Mann, wenn die Frau ihm nicht restlos vertraut. Aber man darf die Männer auch nicht in den Glauben versetzen, daß sie Götter sind ... Sie sind auch so eitel genug! Wenn ich das Ideal des Ehegatten schaffen könnte, würde ich gewiß einen Tropfen Eifersucht in den Mixbecher tun. Nicht die unbedingte kurzsichtige Eifersucht, die einem Mann verbietet, seine Freunde zu empfangen und Golf zu spielen, aber eher das richtige Gefühl dafür, wo die dem Ehegatten eingeräumten Freiheiten eine Grenze haben müssen. Ich kenne Ehepaare, die getrennt leben: Sie finden das modern. Wenn Sie etwa einem dieser Ehegatten vorhalten, daß man sie nicht beisammen sieht, dann werden Sie wahrscheinlich als Antwort zu hören bekommen: »Ach, wie rück ständig und altmodisch! ... Wir sind ja so sehr glücklich!« Aber obgleich diese Worte ehrlich scheinen, wage ich es dennoch zu bezweifeln, ob jemand nach einem solchen System wirklich glücklich werden kann. Wenn Ehegatten schon getrennt leben, wozu, frage ich, müssen sie da erst heiraten? Ich bin davon überzeugt, daß die Geste, dem Ehepartner soviel Freiheit, als er wünscht, zu lassen, dazu angetan ist, das Glück der Ehe in Gefahr zu bringen. Manch ein Mann, der dagegen protestiert, zu wenig Freiheit zu haben, wünscht im Grunde seines Herzens diese Freiheit gar nicht. Wenn eine Frau ihm die gewünschte Freiheit läßt, dann wird er über kurz oder lang dieser Frau gegenüber selbst mißtrauisch werden. Nicht die Eifersucht, sondern der Argwohn ist der Beginn der Zerstörung eines Eheglücks. Es gibt, so glaube ich, keine echte Leidenschaft ohne Eifersucht. Es überrascht mich, daß so viele Frauen ihr Eheleben nach der geradezu lächerlichen modernen Doktrin führen wollen. Viele bauen so ihr Eheglück auf einem Sandhaufen auf. Sie glauben, daß das Glück in der Unabhängigkeit liege ... Ich möchte am liebsten jeder jungen Ehefrau sagen: »Bewahre dir den Geist der romantischen Zeiten, in denen man den Frauen noch den Hof machte! Versuche es, deinem Mann glaubhaft zu machen, daß du überhaupt jenseits jeden Vergleichs stehst. Laß ihn empfinden, daß er dir gehört, so wie du ihm gehörst. Mit anderen Worten: sei vernünftig eifersüchtig!« Für die Frau, die ihrem Mann erlaubt, mit einer anderen Frau auszugehen, gibt es keine Entschuldigung. Ich weiß, daß gerade dieser Fall heutzutage »en vogue« ist, aber er ist trotzdem gefahrvoll. Die empfindsame, doch ihrer selbst sichere, moderne Frau kann sehr oft bar jeden Gefühls erscheinen. Die Männer bewundern solche Frauen, so wie sie Eisberge bewundern würden. Sie fühlen die Kälte und die glitzernde Schönheit. Trotz dieser Maske ist die heutige Frau ganz genau dieselbe wie in den früheren Zeiten. Sie empfindet die gleiche Liebe, die gleiche Eifersucht.

Marlene Dietrich in der Morgenpost vom 13. 9. 1932

370–374 Marlene Dietrich mit dem amerikanischen Schauspieler Douglas Fairbanks jr.
Oben links: London, 12. 1. 1937. Hier hatte Marlene bis November 1936 »Knight Without Armour« gedreht
Mitte: In festlicher Garderobe auf dem Weg zu einer Abendgesellschaft, Hollywood 1937
Unten links und oben rechts: Bei der Premiere des Walt-Disney-Films »Schneewittchen und die sieben Zwerge«, Hollywood, 23. 12. 1937
Unten: Abschied von Fairbanks in London, Waterloo Station 28. 1. 1937

375 Marlene Dietrich, 1937

376–379 Besuch Rudolf Siebers in Hollywood, 26. 6. 1937

»Die tiefe Liebe, die uns verband, als wir beide noch so jung waren, hielt an und bestand alle Prüfungen, das Glück und das Leid von Karrieren – aber auch die Massenvernichtungsaktionen der Nazis, denen viele unserer nächsten und liebsten Freunde zum Opfer fielen, unseren eigenen Exodus und noch viel mehr entwurzelnde Ereignisse. Wir haben nicht nur überlebt, sondern unsere gemeinsamen Bindungen wurden mit den Jahren nur noch fester. Natürlich war unsere Tochter Maria der Strick des Herkules, der uns für immer miteinander verband. Rudolf Sieber war ein wundervoller Mann, brillant und gütig. Seine Kritik war hart und manchmal kaum zu schlucken, aber er hatte immer recht.«

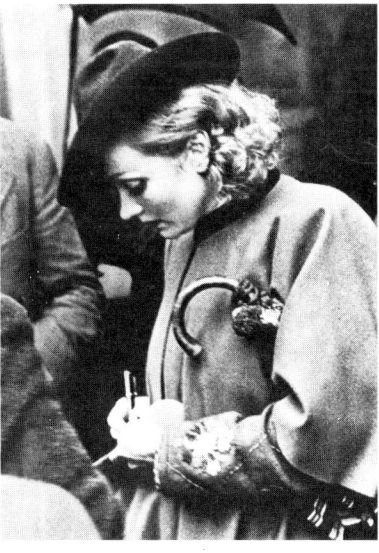

380–383 Mit Rudolf Sieber und Tochter Maria in Salzburg, Sommer 1937

1937 war Marlene Dietrich das letzte Mal in einem Land, in dem ihre Muttersprache gesprochen wurde. Angebote des nationalsozialistischen Regimes in den Jahren zuvor, Filmrollen nach ihrer Wahl zu übernehmen und Freiheiten und Privilegien in einem Staat zu genießen, den Marlene aus tiefstem Herzen haßte, waren von ihr abgelehnt worden. Auch in den folgenden Jahren zeigte sie diese konsequente Haltung allen Angeboten gegenüber. Das Deutschland, das sie geliebt hatte, zerfiel. Den Sinn des Lebens sah sie darin, daß der Mensch dazu ausersehen sei, durch Pflichterfüllung, Tapferkeit, Nächstenliebe sich selbst zu verwirklichen und zu behaupten. Sie sollte erst 1945 wieder deutschen Boden betreten.

384 Marlene Dietrich, 1937

385 Berlin 1937, Leipziger Straße

386 Berlin 1938, Leipziger Straße, Ecke Wilhelmstraße

Das Berlin, das Marlene kannte und liebte, gab es 1937 nicht mehr. Nur wenige von denen, die ihr einst halfen groß zu werden, die etwas aus ihr machten, die ersten, die auf sie hinwiesen, waren noch da. Max Reinhardt hatte Deutschland schon 1933 verlassen, die anderen, unter ihnen Erich Pommer, Mischa Spoliansky, Friedrich Hollaender, Carl Zuckmayer, Heinrich Mann, Erich Maria Remarque, Richard Tauber, Fritz Kortner, Alfred Kerr, Margo Lion, Grete Mosheim, Elisabeth Bergner, mußten fliehen. Und auch Josef von Sternberg durfte in Deutschland nicht mehr arbeiten.

387 Der faschistische Propagandaminister Goebbels (rechts) begrüßt den Schauspieler Emil Jannings auf der Kundgebung der Filmschaffenden im Reichstagssitzungssaal der Kroll-Oper in Berlin, 11. 3. 1939; in der Mitte Ufa-Generaldirektor Ludwig Klitzsch, rechts Dr. Marc Winkler

388 Geradezu makaber nimmt sich dieser kleine Junge aus, der in SA-Uniform auf dem Reichsjugendtag in Potsdam 1934 mit Hitler-Gruß posiert. Er und seine Altersgefährten werden am Ende des Krieges zum letzten Aufgebot gehören und für ein verbrecherisches Regime sterben müssen

389 Am Silvesterabend 1938 feiern im Atelier der Tobis-Filmgesellschaft die Schauspieler Irene von Meyendorff, Victor de Kowa, Dorothea Wieck (auf dem Tisch), Olga Tschechowa und Karl Martell scheinbar unbeschwert in das Kriegsjahr 1939 hinein

Am 1. September 1939, 4.45 Uhr, marschiert die deutsche Wehrmacht in Polen ein – der zweite Weltkrieg hat begonnen. Nur zwei Tage später erklären England und Frankreich Deutschland den Krieg, nachdem die Forderung beider Länder nach einem Rückzug der deutschen Truppen nicht erfüllt worden ist

390 Nach der Fahrt über den Atlantik mit der »Normandie« trifft Marlene Dietrich auf dem Bahnhof St-Lazare in Paris ein, 19. 6. 1939

391 Mit Erich Maria Remarque (links) und Rudi Sieber in einem Pariser Lokal

392–394 Marlene Dietrich und der Schriftsteller Erich Maria Remarque (22. 6. 1898–25. 9. 1970), links oben Josef von Sternberg, Sommer 1939

Remarque hatte 1928 das Buch »Im Westen nichts Neues« veröffentlicht, das sogleich ungeheuren Erfolg hatte. 1933 wurden seine Bücher öffentlich verbrannt. Remarque war ein brillanter Unterhalter, zugleich äußerst schüchtern und reserviert.
Am 14. Juni reiste Marlene mit der »Normandie« von New York nach Frankreich. Im Sommer 1939 hielten sich Remarque, Marlene, ihre Tochter Maria, Rudi Sieber und Freunde im Hotel Eden Roc in Südfrankreich auf. Oft trafen sie sich mit Noel Coward, den Marlene 1935 kennengelernt hatte. Sie befreundete sich mit Jean Gabin. Auf der Gästeliste des Hotels waren in jener Saison die Namen von Marlenes Freunden in der Überzahl: Joe Kennedy, sein Sohn Jack, Jean Gabin, Sternberg, Remarque, Rudi Sieber und seine Freundin Tamara Matul.

»Zuerst ging ich nach Paris, um meinen Mann zu treffen, der dort arbeitete. Wir lebten für ein paar Wochen wie Gott in Frankreich im Hotel Plaza Athénée, wir vergaßen unsere Sorgen, aßen wie die Wölfe und beschlossen, sobald er Ferien haben würde, in den Süden zu fahren. Antibes war schon immer unser Zufluchtsort. Es bedeutete eine sorglose Zeit: in der Sonne liegen, sich bräunen, sich und Freunde mit Öl einreiben, über alles lachen, keine Probleme, keinen Kummer haben. Motorbootfahren – Segeln, alles, was man tut, wenn man frei ist, wenn man Urlaub hat. Während vieler Jahre genossen wir immer wieder diesen Hafen.
Aber der Sommer 1939 war anders

395 Marlene Dietrich und Jean Gabin, Sommer 1939

396 Douglas Fairbanks jr., Rudi Sieber, Marlene Dietrich und Rudi Siebers Freundin Tamara Matul in einem Pariser Restaurant

als frühere Sommer. Wir waren wieder in Cap d'Antibes: mein Mann, mein Kind, der Schriftsteller Erich Maria Remarque, Josef von Sternberg – eine Gruppe von Freunden. Die Familie Kennedy war mit uns. Meine Tochter schwamm mit dem jungen Jack Kennedy zur nahegelegenen Insel. So ein herrlicher, schöner Sommer! Wir ahnten nicht, daß es der letzte war. Wir wußten nicht, daß er plötzlich enden würde, mit Tränen und Gefahr ringsherum. Wir tanzten viel.
Erich Maria Remarque hatte ich schon früher kennengelernt. Allen bekannt durch seinen Roman ›Im Westen nicht Neues‹, war er ein sehr feinfühliger Mann, eine feinfühlige Seele, ein feinfühliges Talent, an dem er stets zweifelte. Uns verband eine Übereinstimmung der Gefühle: Wir sind (oder waren) beide Deutsche, sprachen dieselbe Sprache, die wir beide lieben. Die Muttersprache ist eine große Kraft. Sie war auch das Medium, das Remarque und mich verband.
Es gab Nachtlokale, die er liebte; wir tranken die besten Weine, die er allein am Geschmack erkannte. Remarques Wissen über Weine aus allen Ländern war einzigartig. Er schrieb mit der Hand und brauchte manchmal Stunden für einen einzigen Satz. Er war sein Leben lang belastet durch den gigantischen Welterfolg seines ersten Buches, ›Im Westen nichts Neues‹, belastet durch seine eigene feste Überzeugung, diesen Erfolg niemals wiederholen oder gar übertreffen zu können. Er war im höchsten Maße melancholisch und verwundbar. Diese Eigenschaft seines Charakters berührte mich sehr. Da wir Freunde waren, hatte ich nur zu oft Gelegenheit, seine Verzweiflung mitansehen zu müssen.
Nun also, kurz bevor der Krieg ausbrach, waren wir alle zusammen in Antibes, mein Mann, mein Kind und er. Das war im Sommer 1939.«

397 Marlene Dietrich nimmt die amerikanische Staatsbürgerschaft an, 9. 6. 1939

398 Als amerikanische Staatsbürgerin bei der Unterzeichnung ihrer Einbürgerungsurkunde in Los Angeles

399 Sie trägt sich erstmals als Bürgerin der Vereinigten Staaten in die Wahlliste des USA-Staates Kalifornien in Hollywood ein, 8. 11. 1939

»Ich war gezwungen, meine Nationalität zu wechseln, als Hitler an die Macht kam. Sonst hätte ich es nie getan. Amerika nahm mich auf, als ich sozusagen kein Vaterland mehr hatte, und ich war dankbar dafür. Ich lebte dort und befolgte alle Gesetze. Ich war ein guter Bürger, aber im Innern bin ich Deutsche geblieben. Deutsch in meiner Seele, deutsch in meiner Erziehung. Das kann ich beweisen. Da kann ich Wurzeln herausfinden. Deutsche Philosophie, deutsche Dichtkunst – das sind meine Wurzeln.«

Der Text der eidesstattlichen Erklärung, der bei der Einbürgerung, dem »Immigration and Nationality Act«, zu sprechen war: »I hereby declare, on oath, that I absolutely and entirely renounce and abjure all allegiance and fidelity to any foreign prince, potentate, state, or sovereignty of whom or which I have heretofore been a subject or citizen; that I will support and defend the Constitution and laws of the United States of America against all enemies, foreign and domestic; that I will bear true faith and allegiance to the same; and that I take this obligation freely without any mental reservation or purpose of evasion: So help me God.«

»Wir waren alle entwurzelt und heimatlos. Wir waren alle in einem fremden Land, mußten eine fremde Sprache sprechen, mußten uns an fremde Sitten und Gebräuche, an fremde Ideen gewöhnen. Wir fühlten uns verloren, obwohl wir alle bekannte Filmleute waren.«

DESTRY RIDES AGAIN
(Der große Bluff)
USA 1939
Produktion: Joe Pasternak
für Universal
Regie: George Marshall
Buch: Felix Jackson
Kamera: Hal Mohr
Songs: Little Joe the Wrangler
You've Got That Look
The Boys in the Back Room
Darsteller:
Marlene Dietrich: Frenchy
James Stewart: Tom Destry
Una Merkel: Lily Belle Callahan
Uraufführung: 29. 11. 1939
Rivoli Theatre, New York

Schön und verführerisch wie nur je, feiert Marlene Dietrich in »Destry Rides Again« ein großartiges Comeback als Flittchen in einem Tanzlokal des Wilden Westens. Sie schleicht mit diesem Schlafzimmerblick umher, zeigt ihre berühmten Beine, veranstaltet eine gloriose Keilerei mit Una Merkel, singt mit ihrer kehligen Stimme ein paar Blues und tut deutlich dar, daß sie nur auf die Gelegenheit gewartet hat, um zu zeigen, wie gut sie ist. Was den Film selber betrifft, das sind anderthalb Stunden Trubel und Heiterkeit, die man ganz einfach nicht verpassen darf, weil hier alles, was zu einem Wildwester gehört – die Edelnutte, der Falschspieler, der schlaksige Sheriff –, wieder hervorgeholt und zur Schau gestellt wird.
The New York World Telegram vom 30. 11. 1939

Das ist es also, ein Stück des Wilden Westens von anno dazumal, mit einem guten Stück der Marlene Dietrich von anno dazumal darin; eine großartig aufgezogene Schau ohne eine einzige tote Stelle, auch in allen Nebenrollen perfekt, ein neuer Treffer von Joe Pasternak.
New York Times vom 30. 11. 1939

400 Marlene Dietrich als Barmädchen Frenchy

401–404 Im Handgemenge mit Una Merkel, James Stewart als Sheriff Tom Destry

Es fällt einem auf, daß sie ein bißchen abgezehrter aussieht, etwas weniger üppig in den Konturen ... Und ihre Stimme hat sie deswegen nicht eingebüßt. »What are the men in the back room drinking?« trällert sie mit ihrer entzückenden Altstimme, und uns geht es sogleich durch Mark und Bein. Sie ist in der Tat erstaunlich und überwältigend und muß für ihren Produzenten und Regisseur ein ganz neues Erlebnis gewesen sein.
The New Yorker vom 9. 12. 1939

405 Marlene Dietrich in »Der große Bluff«

406 In einer Drehpause mit James Stewart

SEVEN SINNERS
(Das Haus der Sieben Sünden)
USA 1940
Produktion: Joe Pasternak
für Universal
Regie: Tay Garnett
Buch: John Meehan
Kamera: Rudolph Maté
Songs: I've Been in Love Before
I Fall Overboard
The Man's in the Navy
von Friedrich Hollaender
Darsteller:
Marlene Dietrich: Bijou
John Wayne: Ltd. Bruce Whitney
Mischa Auer: Sasha
Drehzeit: August 1940
Uraufführung: November 1940

Die Sängerin verknallt sich in den Offizier. Aber um seine Karriere, die durch eine Liaison mit ihr gefährdet wäre, zu retten, läuft sie ihm davon. Wir brauchen einen großen, rauhen und betont männlichen Typ mit Sex-Appeal, der mit seinen Fäusten etwas anzufangen weiß. Ich hatte eine Idee. Wie wäre es mit einem Kerl, den Republic unter Vertrag hat? Er heißt John Wayne. Als wir eintrafen, stand Wayne im Türrahmen und redete mit ein paar Freunden. Die Dietrich schwebte an ihm vorüber, wie es ihre Art war, als wäre er unsichtbar, dann hielt sie an, machte eine halbe Drehung und musterte ihn von oben bis unten. Als wir weitergingen, sagte sie zu mir in ihrem charakteristischen, heiseren Flüsterton: »Daddy, **den** kauf mir.« Ich sagte: »Honey, abgemacht. Das ist unser Mann.« Auf ein Zeichen hin kam Wayne an unseren Tisch. Nur ein Blinder hätte nicht bemerkt, was sich auf der Stelle zwischen den beiden anbahnte. Ihre Beziehung startete wie eine Rakete. Sie waren verrückt aufeinander.
Regisseur Tay Garnett

407 Marlene Dietrich und John Wayne

408 Szene mit Mischa Auer

409 Marlene als Nachtclubsängerin Bijou

410 Marlene Dietrich spielt auf der singenden Säge
Von links nach rechts: Broderick Crawford, Billy Gilbert und Mischa Auer. Ihr Lied »The Man's in the Navy« löste wahre Begeisterungsstürme aus

»John Wayne, der damals unbekannt war und deswegen arm, bat mich, ihm behilflich zu sein. Er verdiente zu dieser Zeit (wenn er arbeitete, was nicht immer der Fall war) nicht einmal 400 Dollar in der Woche und mußte davon seine Frau und seine zwei Söhne ernähren. John Wayne war nicht allzu gescheit, aber er war liebenswert. Ich drehte mehrere Filme mit ihm als Partner. ›Partner‹ ist etwas übertrieben. Er hatte nicht die geringste Ahnung von Schauspielerei; er konnte nur seine Sätze aufsagen. Ich half ihm, so gut ich konnte.«

THE FLAME OF NEW ORLEANS
(Die Abenteuerin)
USA 1940
Produktion: Joe Pasternak
für Universal
Regie: René Clair
Buch: Norman Krasna
Kamera: Rudolph Maté
Songs: Sweet as the Blush of May
Darsteller:
Marlene Dietrich: Claire Ledeux
Bruce Cabot: Robert Latour
Roland Young: Charles Giraud
Uraufführung: 24. 4. 1941
Orpheum, New Orleans

Die Dietrich, ungeachtet ihres sagenhaften Aussehens, ist und bleibt mehr ein Rätsel als eine Schauspielerin; Bruce Cabot wirkt immer mehr wie ein Clark Gable in verbilligter Ausgabe; nur Roland Young gelingt es, seiner verdrossenen Wohlanständigkeit eine gewisse Komik abzugewinnen.
The New York Times vom 26. 4. 194.

Marlene Dietrichs Spiel ist fein abgestuft: in dem Lokal, wo sie sich in einen stämmigen Seemann verliebt, ist sie, wenn auch behutsam, in ihrem Element; in der vornehmen Gesellschaft spielt sie

...ie Ahnungslose, fällt jedesmal,
wenn die Lage peinlich wird, zier-
ch in Ohnmacht, singt Liedchen
über Frühlingsflora und entdeckt
die Eitelkeit ihrer gesellschaft-
lichen Ambitionen. Wie sie mitten
aus der Trauung heraus, statt den
Bankier zu heiraten, mit dem Seemann durchgeht, und wie dann
zum Schluß das Schiff flußabwärts
fährt, während in seiner Kielspur
ein jetzt nicht mehr benötigtes
Brautkleid auf den Wellen düm-
pelt, das ist ein glücklicher Ausgang
voll liebenswürdiger Ironie.
Cathérine de la Roche:
René Clair, London 1958

411/412 Marlene Dietrich als
Abenteuerin Claire Ledeux
mit Bruce Cabot als ihrem
Geliebten

413 René Clair führt Regie
zu dem Film »Die Abenteuerin«

414–416 Szenen mit Roland
Young, der den reichsten Jung-
gesellen der Stadt New Orleans
spielt

MANPOWER
(Herzen in Flammen)
USA 1941
Produktion: Mark Hellinger
für Warner Brothers
Regie: Raoul Walsh
Buch: Richard Macaulay
Kamera: Ernest Haller
Songs: I'm in No Mood for
Music Tonight
He Lied and I Listened
von Friedrich Hollaender
Darsteller:
Marlene Dietrich: Fay Duval
Edward G. Robinson: Hank
McHenry
George Raft: Johnny Marshall
Uraufführung: Anfang Juli 1941
Strand Theatre, New York

In einem derartigen Film kommt es nicht so sehr auf die Handlung, vielmehr auf die Darsteller an. In Hollywood wimmelt es von Stümpern, mit denen die abgedroschene Geschichte höchst langweilig geworden wäre. Nicht jedoch mit Edward G. Robinson (gut) und George Raft (noch besser), die in ihren Rollen so zwingend sind, daß man glaubt, man sehe sie zum erstenmal. Marlene ist die dritte im Bunde; mit untrüglichem Spürsinn verzichtet sie hier darauf, alle Register zu ziehen. Die Rolle ist die einer etwas trübseligen Schlampe; Marlene begnügt sich damit, ihr gerade soviel Glanz zu verleihen, als sie verträgt, und kein bißchen mehr. Welch gute Schauspielerin! Die Geschichte findet inmitten der Telegraphenstangen und -drähte Kaliforniens statt, was einen in seiner Wirklichkeitsnähe und Grausamkeit zolaesken Schluß ermöglicht.
James Agate: Around Cinemas, London 1948

417 Marlene Dietrich als Barsängerin Fay Duval

418 Die Barmädchen
Von links nach rechts:
Lucia Caroll, Eve Arden, Marlene Dietrich, Lynn Baggott und Joyce Compton

419/420 Mit George Raft und Edward G. Robinson in »Herzen in Flammen«

THE LADY IS WILLING
USA 1942
Produktion: Mitchell Leisen
und Charles K. Feldman Group
für Columbia
Regie: Mitchell Leisen
Buch: James Edward Grant
Kamera: Ted Tetzlaff
Song: Strange Thing (And I Find You)
Darsteller:
Marlene Dietrich: Elizabeth Madden
Fred MacMurray: Dr. Corey McBain
Drehzeit: September/Oktober 1941
Uraufführung: 17. 2. 1942

421 Marlene Dietrich und Fred MacMurray

422/423 Marlene mit dem Film-Baby
Als sie in einer Szene mit dem Baby auf dem Arm stolperte, drehte sie sich beim Fallen, damit dem Kind nichts geschah, und dabei brach sie den Knöchel, das untere Bild zeigt sie im Krankenhaus

Marlene war bewundernswert. Sie ließ sich ihre Schmerzen nicht anmerken und wollte auch nicht nach Hause fahren. Wir setzten sie auf einen kleinen Kamerawagen und schoben sie vor eine Rückpro, die eine Straße zeigte, um den Eindruck zu erwecken, als gingen wir zusammen spazieren. Sie bewegte ihre Schultern so geschickt, daß man später den Trick nicht durchschaute.
Filmpartner Fred MacMurray

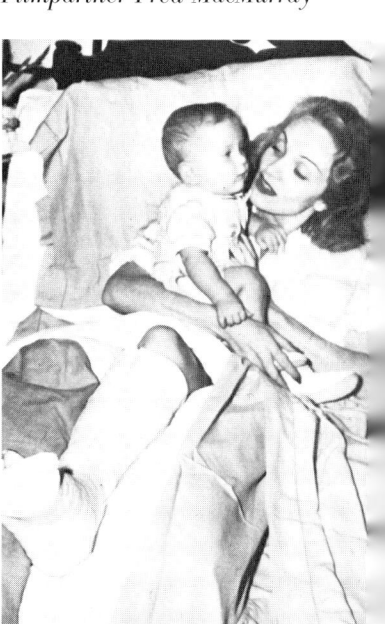

THE SPOILERS
(Die Freibeuterin;
Stahlharte Fäuste)
USA 1942
Produktion: Frank Lloyd,
Charles K. Feldman Group
und Lee Marcus für Universal
Regie: Ray Enright
Buch: Lawrence Hazard
Kamera: Milton Krasner
Darsteller:
Marlene Dietrich: Cherry Malotte
Randolph Scott: Alexander McNamara
John Wayne: Roy Glennister
Drehzeit: Mitte Januar bis Ende Februar 1942
Uraufführung: 8. 5. 1942

424/425 Marlene Dietrich mit Randolph Scott und John Wayne

Rette sich wer kann – die Supermänner sind wieder da ... Aus dem exzentrischen Roman über die harten Männer und die dickschädligen Frauen von Klondike zur Zeit des Goldrausches hat Regisseur Ray Enright eine einzige große Keilerei gemacht, die sich originalgetreu nach altem Kodex abspielt. Wenn ich mich nicht irre, befinden sich die Herren Wayne und Scott in diesem Augenblick in einem beschaulichen Krankenzimmer, um sich auszukurieren. Natürlich verlangt ein Krawall von diesen Dimensionen mit Tisch-, Fenster- und Balkonstürzen eine Art Motivation. Dafür wird doppelt gesorgt. Mr. Scott, dieser glattzüngige Schurke, versucht nicht nur, Mr. Wayne um die Midas-Goldmine zu prellen, er erlaubt sich auch einige zweideutige Gesten Miss Dietrich gegenüber, die sofort weiß, was gespielt wird. Als Saloonwirtin Cherry Malotte setzt sie die rauhbeinige Tradition der Mae West fort und trägt Rüschenkleider, die ebenso viel verbergen wie Fischflossen. Kurz gesagt, Miss Dietrich ist über Subtilitäten und schmachtendes Liebesgeflüster hinausgelangt. In »The Spoilers« führt sie sich mit einem halben Dutzend hartgekochter Eier und einem Viertel Brandy ein; eine handfeste Schönheit, diese Miss Dietrich.
The New York Times vom 22. 5. 1942

PITTSBURGH
USA 1942
Produktion: Charles K. Feldman
für Universal
Regie: Lewis Seiler
Buch: Kenneth Gamet
Kamera: Robert de Grasse
Darsteller:
Marlene Dietrich: Josie »Hunky«
Winters
Randolph Scott: Cash Evans
John Wayne: Charles »Pittsburgh«
Markham
Drehzeit: Anfang September
bis Ende Oktober 1942
Uraufführung: 11. 12. 1942
Criterion Theatre, New York

Nachdem John Wayne und Randolph Scott die herzhafte Keilerei in »The Spoilers« überstanden haben, geraten sie wiederum frisch, fromm, fröhlich aneinander, um der guten Sache und um der Frau willen – wiederum Marlene Dietrich, klar.– Zwei Kumpels, die sich nach oben durchboxen, sich edler Grundsätze wegen überwerfen und schließlich in der Not des Krieges, aus Vaterlandsliebe und veranlaßt durch Marlene Dietrich, die ihnen Einigkeit predigt, wieder zusammenfinden, das ist die Handlung, die abermals einen bewegten und gänzlich synthetischen Film abgegeben hat.
The New York Times vom 25. 2. 1943

426/427 Marlene Dietrich als die schöne Josie Winters mit den Freunden Randolph Scott und John Wayne

FOLLOW THE BOYS
USA 1944
Produktion: Charles K. Feldman
mit Albert L. Rockett
für Universal
Regie: A. Edward Sutherland
Buch: Lou Breslow
Kamera: John P. Fulton
Darsteller:
George Raft: Tony West
und Marlene Dietrich, Orson
Welles, Jeanette MacDonald,
Dinah Shore, Arthur Rubinstein,
John Meredith und W. C. Fields

428–430 Marlene Dietrich mit Orson Welles im Film »Follow the Boys« und privat

»Follow the Boys« ist ein nicht-endenwollendes Potpourri der unterschiedlichsten Nummern – Tanzkapellen, Tänzer, Music-hall-Entertainer und ein Zauberkünstler der Spitzenklasse treten auf, zusammen mit einer wunderschönen Frau, die in zwei Teile zersägt wird, worauf ihre untere Hälfte aus dem Bild tanzt, während ihr Oberteil uns aus den Kulissen zulächelt. Na und, sagt man sich, was soll das? Moment mal: der Zauberer ist Orson Welles, die Dame immerhin Marlene Dietrich!
James Agate: Around Cinemas, London 1948

KISMET
USA 1944
Produktion: Everett Riskin
für Metro-Goldwyn-Mayer
Regie: William Dieterle
Buch: John Meehan
Kamera: Charles Rosher
Songs: Willow in the Wind
Tell Me, Tell Me,
Evening Star
Darsteller:
Marlene Dietrich: Jamilla
Ronald Colman: Hafiz
Uraufführung: 22. 8. 1944
Astor Theatre, New York

»Bevor ich in die ›Armee‹ ging, drehte ich den Film ›Kismet‹. Die Rolle war nichts Besondres, nicht wert, daß man darüber viele Worte verliert. Aber ich wußte, daß ich für meine Familie – während meiner Abwesenheit – Geld brauchen würde. Dies war meine erste Arbeit für Metro-Goldwyn-Mayer. Ich mußte Tanzstunden nehmen für den ›erotischen Tanz‹, den ich vorführen sollte, halb sitzend mitten in der Luft, worüber ich so lachen mußte, daß ich die Takte nicht mehr zählen konnte. Das war die Idee! Meine Beine golden bemalen, und zwar mit einfacher Möbelfarbe! Zwei junge Helferinnen malten wie wild mit dicken Pinseln. Der ganze Raum roch nach Farbe, der Boden war voller Goldfarbe, aber es sah wunderbar aus. Ich erschien im Atelier pünktlich um 9 Uhr. Rufe der Begeisterung ringsum. Fotografen zückten wie verrückt ihre Kameras, der Regisseur erschien, nickte zustimmend, die Musik setzte ein, und ich begann meinen Tanz. – Die goldene Farbe hielt! Ungefähr eine Stunde später fing ich an vor Kälte zu zittern wie ein verletzter Vogel. Man brachte mir Heizkörper, um mich zu wärmen, aber das half nicht viel. Ich hatte Schüttelfrost. Dennoch beendete ich diszipliniert meine Arbeit. Der Studio-Arzt kam zu mir in die Garderobe, während ich versuchte, die Farbe von meinen Beinen mit Alkohol abzuwaschen. Er informierte mich, daß das Studio für einen ›solchen Fall‹ nicht versichert sei. Keiner habe bisher an eine solche Gefahr gedacht, wie sie jetzt eingetreten sei: daß nämlich Farbe meine Poren verstopfen und so meine Gesundheit gefährden könnte. Genau das war nun eingetreten – und deshalb war mir so kalt ... Ich beruhigte auch ihn. Ich wollte nicht auf die Farbe verzichten. Immerhin hatten wir schon eine ganze Tagesarbeit hinter uns und mußten weiterfilmen. Ein Drehtag in einem Filmstudio kostet ein Vermögen. Mittlerweile waren meine Beine grün geworden, und ich versteckte mich hinter Stühlen und Vorhängen, bis der Arzt fortging. Als bei der M.G.M. die ›Muster‹ vom ersten Drehtag mit den goldenen Beinen vorgeführt wurden, gab es keine Diskussion – nur allgemeine Zufriedenheit.«

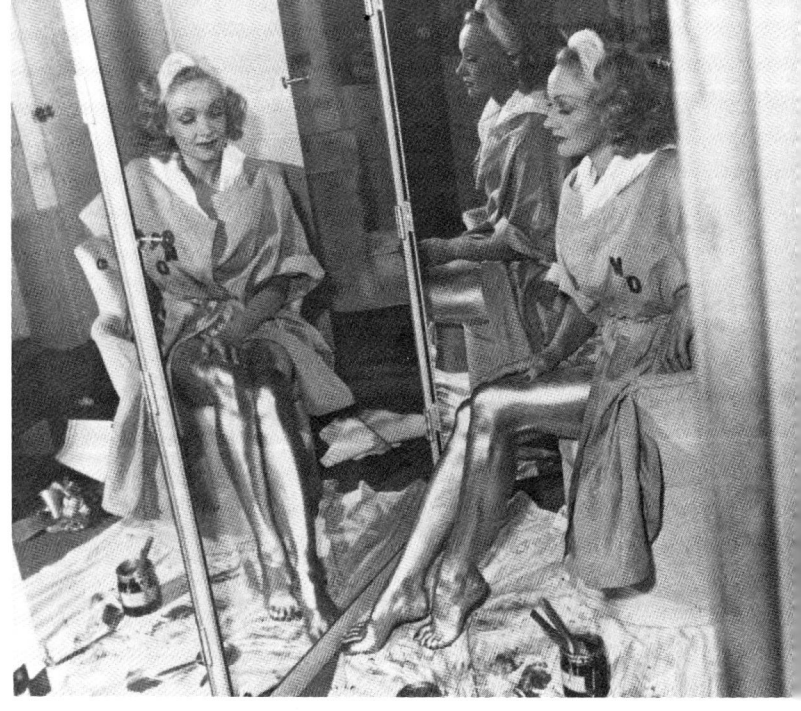

431–433 Marlene Dietrich spielt im Film »Kismet« eine Königin aus dem alten Bagdad
Für diese Rolle bemalte sie ihre Beine mit flüssiger Goldbronze

»Nachdem der Krieg erklärt war, wurden alle Männer und Frauen mobilisiert, nicht nur für die Armee, sondern auch für alle anderen Zweige des großen Unternehmens. Wir Schauspieler waren keine Ausnahme. Jeder, der die Fähigkeit besaß, zu unterhalten, Geschichten zu erzählen, Witze zu machen, zu singen, zu tanzen, zu plaudern, wurde aufgefordert, sich in den Dienst des Landes zu stellen. Ich war eine von denen, die dieser Aufgabe gewachsen war, die reden, singen und tanzen konnte; ich konnte ein brauchbares Mitglied einer lustigen Show sein. Auch ich war fest davon überzeugt, daß unser wichtigstes Ziel die Beendigung des Krieges war und daß wir bei diesem ›Dienst des Friedens‹ nach Kräften helfen mußten. Wir nahmen gehorsam unsere Anweisungen entgegen, wußten nie, wohin man uns schicken würde, nach Osten oder Westen. Noch heute werde ich manchmal in Briefen aus Deutschland gefragt: ›Da Sie doch eine Deutsche waren und es, wie Sie wiederholt betonen, im Grunde auch heute noch sind – wieso sind Sie dann in die amerikanische Armee gegangen, die gegen Deutschland kämpfte?‹
Ich fühlte mich mitverantwortlich für den Krieg, den Hitler verursacht hatte. Ich wollte mithelfen, diesen Krieg sobald wie möglich zu beenden. Das war mein einziger Wunsch. Als Japan Amerika angriff, gab ich auf, was ich besaß, ver-

434/435 Marlene Dietrich und ihre Tochter Maria während einer Rundfunksendung, 1943

36 Maria in der Uniform der amerikanischen Armee mit ihrem Vater Rudolf Sieber. Wie ihre Mutter hat auch Maria 1943 eine Tournee zur Betreuung der amerikanischen Truppen unternommen

kaufte alle meine Juwelen und wartete auf Befehle. Ich brauchte nicht lange zu warten. Es gab nicht viele ›Berühmtheiten‹, die bereit waren, die Unannehmlichkeiten des Krieges mit den Soldaten zu teilen. Amerika hatte mich aufgenommen, als ich Hitler-Deutschland aufgab. Man kann nicht nur nehmen – man muß auch geben. Das steht schon in der Bibel . . .
Wir sind in Nancy, Frankreich. Es ist dunkler als in einem Tunnel. Kanonen sind auf uns gerichtet. Nacht für Nacht. Verdunklung ist unnötig. Sie wählen ihr Ziel bei Tageslicht. Aber es ist Krieg. Wir brauchen Verdunklung vor den Fliegern. Was für eine Idee, dieses Artilleriefeuer! Es klingt, als stamme es aus früheren Zeiten, und doch macht uns das Dröhnen krank. Wir haben Zimmer mit Feldbetten für unsere Schlafsäcke. Das ist besser, als auf dem Boden zu liegen. Wir alle trinken Calvados. Ich übergebe mich in der Toilette. Ich muß mich an den Schnaps gewöhnen, sonst habe ich keinen Schutz gegen die Kälte und das Armeespital. Vor dem habe ich die größte Angst. Also trinke ich weiter Calvados auf leeren Magen. Besser sich zu übergeben, als im Spital zu landen. Was sonst kann mich erschrecken? Du hast Angst, das ist es. Das gibt mir dieses komische Gefühl. Angst, zu versagen. Angst davor, aufgeben zu müssen, unfähig zu sein, dieses Leben zu ertragen. Und alle werden lachen und sagen: Natürlich, es war eine lächerliche Idee von Anfang an. Ich kann darüber mit niemandem reden. Ich muß die Moral meiner Truppe hochhalten. Das ist unsere Aufgabe. Bevor wir nach Frankreich kamen, waren wir in Afrika und Italien. Dort spielten wir für amerikanische und französische Truppen, sahen aber niemals den richtigen Krieg, hörten nicht seinen grauenhaften Lärm.
Wir hatten New York in einem Hagelsturm verlassen, nachdem man uns gründlich belehrt hatte, wie wir nach dem langen Warten diese von allen Nächten für den Abflug am wenigsten geeignete Nacht am besten überstehen könnten. Zusammengepfercht auf den harten, eisernen Notsitzen der Militärmaschine, flogen wir weiß

der Himmel wohin, mit Zielanweisungen, die erst während des Fluges gelesen werden durften. Wir öffneten den Umschlag und lasen: Casablanca. Dieses Wort sagt alles, was wir wissen wollten. Es betraf also auch den europäischen Kriegsschauplatz, nicht den Pazifik. Obwohl wir fast sicher gewesen waren, daß unser Endziel Europa sein würde, waren wir doch erleichtert, als wir es schwarz auf weiß lasen. Wir flogen über den Hagel hinweg – hinauf in die Wolken. Ich hatte bis dahin noch nie in einem Flugzeug gesessen. Während des Fluges lernten wir einander nicht näher kennen, aber später wurden wir eine Familie. ›Wir‹ – das war die Gruppe, der ich zugeteilt war. Danny Thomas, ein junger vielversprechender Komiker, gab ein paar Witze zum besten, der Sänger schlief leider schnarchend, der Akkordeonspieler hielt seine Whiskyflasche fest, das Mädchen aus Texas war nach wenigen Stunden Schlaf hellwach. Zu dieser Zeit gab es noch keine Jets. Die Reise war lang. Der Leiter der USO (United Service Organization), Abe Lastvogel, hatte sich mit unserer Gruppe besondere Mühe gegeben, um eine ›gute Show‹ zu kreieren, wie er sagte. Er arbeitete Tag und Nacht, ein phantastischer Mann. Ich war bereit, bis zum Ende des Krieges mitzumachen. Ich sah keinen Grund, hin und her zu reisen, wenn ich nun schon einmal ›drüben‹ war. Doch alle dachten, ich würde nicht durchhalten. Die Show, die wir spielten, war genau das Richtige. Danny brachte sein übliches Programm, ich sang einige Lieder, dazu spielten wir gemeinsam kleine Szenen, die keine geringeren Autoren als Garson Kanin und Burgess Meredith für uns geschrieben hatten. Und dann führte ich den Gedankenlesetrick vor, den ich mit Orson Welles bereits – nach der allgemeinen Einberufung – in Hollywood ausprobiert hatte. Und Lynn Mayberry, das Mädchen aus Texas, glänzte mit ihren komischen Nummern.
Wir konnten die Show auf Lastwagen spielen, wir brauchten keine Extrabühnen, denn wir mußten ›beweglich‹ sein, um vier bis fünf Shows pro Tag machen und mit

437–440 Marlene Dietrich zieht Anfang 1944 die Uniform der amerikanischen Armee an und fliegt in einer Militärmaschine auf den Kriegsschauplatz Europa. Sie tritt vor amerikanischen Soldaten in Nordafrika und Italien auf. Dann geht sie nach Frankreich, direkt an die Front, zu den Soldaten in vorderster Linie. Zusammen mit den kämpfenden Truppen kommt sie nach Deutschland. Alle, die sie damals erlebten, bewunderten ihren Mut

Jeeps von einer Einheit zur anderen fahren zu können. Aus diesem Grund hatten wir auch den Akkordeonspieler bei uns, also eine ›leicht bewegliche‹ Musik. Da ich schon immer den Klang des Akkordeons geliebt hatte, vermißte ich das Klavier nicht so wie unser Sänger. Wir spielten in allen Stützpunkten in Nordafrika, zuletzt in Oran. Von dort gingen wir nach Italien. Inzwischen kannten wir einander gut. Danny benutzte seinen Helm als Bongotrommel, schrieb zu alten Melodien witzige Texte, die sich bereits auf unsere Erfahrungen bezogen; und wir sangen, lachten, schliefen, aßen und gingen in Deckung. Wenn man im Krieg ist, lernt man zuerst, sich zu ducken. Sonst ist das Leben einfach. Drei Dinge zählen: essen, schlafen, in Deckung gehen. Ich habe noch immer Narben an meinen Schienbeinen aus der Zeit als ich von einem Soldaten, der mich gleichzeitig verfluchte, nach vorne gestoßen wurde. Aber ich lernte. Ich sorgte mich mehr um meine Zähne als um meine Beine. Aber sie schmissen jeden nieder – der Himmel segne sie. Diese amerikanischen Soldaten in Europa mußten besonders tapfer sein. Es ist leicht, tapfer zu sein, wenn man sein eigenes Land oder sein eigenes Heim verteidigt. Aber es ist etwas anderes, in fremde Länder transportiert zu werden, um für ›Gott weiß was‹ zu kämpfen, seine Augen zu verlieren, Arme und Beine, um als Krüppel heimzukommen. Ich weiß, wovon ich spreche.
Ich habe sie gesehen. Im Kampf und später.
Italien war wie eine riesige Wolke aus Staub – aus dem Staub der

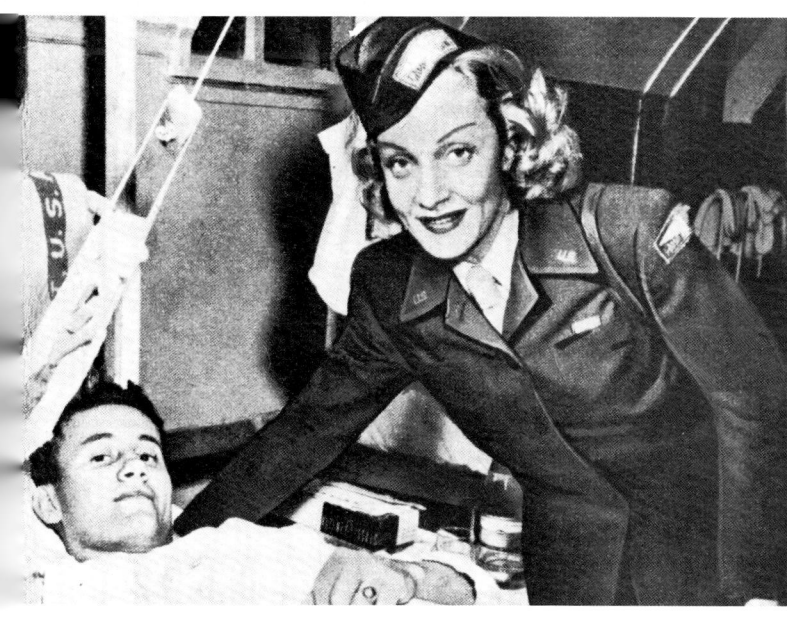

bombardierten Häuser, und jedem kratzte es in der Kehle. Wir spielten unsere Shows, vier, fünf am Tage, meistens im Freien, bei gutem und schlechtem Wetter. Italien, Land der Orangen, ich habe dich nur im Krieg kennengelernt. Steinbunker, Felsen, auf die wir unsere müden Köpfe betteten. Hand in Hand mit fremden jungen Männern in ihren Blütejahren. Das Beste, was unser Land zu geben hatte, saß dort in den Bunkern. In all diesen italienischen Nächten, in den vielen Felsbunkern, war nichts von der rauhen Sprache zu hören, nichts von der Bravoura, die wir so gerne praktizierten; noch über dem dreckigsten Schlupfwinkel, wo wir uns vor dem Feind versteckten, lag ein Hauch von Zärtlichkeit ...
Wir überlebten den schrecklichen Winter, erlebten den Durchbruch bei Bastogne.

Der Krieg ging weiter. Ich weiß nicht mehr, wie die Städte und Dörfer alle hießen, durch die wir kamen.

Wir kamen nach Deutschland, und zu unserer großen Überraschung gab es keine Drohung, nichts, wovor man sich zu fürchten hätte. Die Leute auf den Straßen wollten mich am liebsten umarmen, sie baten mich um Gefälligkeiten von den Amerikanern, sie hätten nicht netter sein können. Sie hießen mich willkommen, obwohl ich mich offiziell auf der anderen Seite befand.

In Aachen bekamen wir Filzläuse. Lassen Sie sich von niemandem erzählen, daß man sie nur durch Übertragung von einer anderen Person bekommt. Glauben Sie nicht, wenn man sagt, daß sie nicht laufen. Ich habe sie wandern sehen. Wir blieben ziemlich lange in Aachen. Wir wohnten in einem zerbombten Gebäude, in dem die Badewannen im Freien hingen, aber es hatte immerhin ein Stück Dach – und darunter legten wir uns mit unseren Schlafsäcken. Ein Dach ist etwas sehr Tröstliches. Und dann kamen da die Ratten. Ratten haben die kältesten Pfoten, die es gibt. Man liegt auf dem Boden in seinem Schlafsack, die Decke bis zum Kinn hochgezogen, denn diese Biester rasen einem übers Gesicht mit ihren kalten Pfoten. Sie erschrecken einen zu

441/442 Bei den Soldaten an der Front

»Die Orden, auf die ich den größten Wert lege, sind die französischen und die amerikanische ›Medal of Freedom‹. Die französischen, zuerst ›Chevalier de la Légion d'Honneur‹ (Ritter der Ehrenlegion) und dann ›Officier de la Légion d'Honneur‹ (Offizier der Ehrenlegion), machten mich wirklich glücklich. Frankreich, das von mir so geliebte Land, ehrte mich, den einfachen amerikanischen ›Soldaten‹, den Menschen, der Frankreich seit seiner Kindheit geliebt hat.«

Tode. 1944 erlebten wir traurige Weihnachten, und wir hatten wieder Läuse. Jetzt waren wir daran gewöhnt und wußten, was wir zu tun hatten. Aber es war trotzdem traurig. Weihnachten und Filzläuse! Jeder war in gedrückter Stimmung. Wie lange konnte dieser Krieg noch dauern? Schon in meiner Kindheit hatte ich gelernt, daß Gott auf der Seite von niemandem steht. Also war Beten für uns keine Hilfe. Vor der Schlacht wurden Gebete gesprochen; es gab alle möglichen Religionen, alle möglichen Priester. Während dieser Minuten konnte ich die Soldaten beobachten, wie sie dastanden und nicht glaubten. ›Ihr geht in die Schlacht, und Gott wird euch beistehen.‹ Ich glaubte das ebenfalls nicht, aber auf mich kam es nicht an. Die jüdischen Predigten waren die besten, denn das alte Testament sagt: ›Aug um Auge, Zahn um Zahn.‹ Dies ist eine gute Abschiedsrede für Männer, die auf dem Weg zur Schlachtbank sind. Ich wunderte mich immer, wie die Protestanten ihre Reden verkleiden konnten. ›Halte die andere Wange hin‹, das steht nicht im Einklang mit dem Krieg. Aber sie gingen alle, mit oder ohne Predigt. Seit dieser Zeit habe ich jeglichen Glauben an einen Gott aufgegeben.
Der Krieg in Europa ging zu Ende. Alle wurden entlassen – außer uns Amerikanern. Wir mußten weiter für die Soldaten arbeiten, die noch in Frankreich waren und die vor Angst zitterten, in den Pazifik geschickt zu werden.
Auch ich hatte Angst. Ich wünschte, wie schon so lange, der ganze Krieg wäre zu Ende, und ich war nicht die einzige. Nach den Massenvernichtungen auf den europäischen Kriegsschauplätzen wünschten wir nur Frieden und Ruhe. Wir wollten nicht in ferne Länder geschickt werden und wieder alles von vorn beginnen . . . Wir flogen zurück, stille Menschen. Der Krieg in Europa war gewonnen, aber glücklich konnten wir deshalb noch nicht sein. Wohl waren die Soldaten tief im Inneren glücklich – aber sie konnten es nicht zeigen. Sie dachten an all die Kameraden, die in schlichten Gräbern lagen, und sie wurden das Gefühl von Bitterkeit nicht los.«

Berlin im Sommer 1945, nach dem zweiten Weltkrieg

443 Das Brandenburger Tor

444 Die Friedrichstraße zwischen Weidendammer Brücke und Oranienburger Tor

»Hier sind Lieder, die ich liebe und die ich seit meiner Jugendzeit Wort für Wort und Ton für Ton im Gedächtnis behielt ... Worte und Melodien, die ich mit Freude und mit Schmerzen singe.«

Solang' noch Unter'n Linden
die alten Bäume blühn,
kann nichts uns überwinden,
Berlin bleibt doch Berlin.
Wenn keiner treu dir bliebe,
ich bleib dir ewig grün,
du, meine alte Liebe,
Berlin bleibt doch Berlin ...

Untern Linden, Untern Linden
gehn spaziern die Mägdelein,
wenn du Lust hast anzubinden,
dann spaziere hinterdrein.
Fängst du an beim Café Bauer,
sagt sie dir noch, ich bedauer,
bist du am Pariser Platz,
schwupps, das ist sie schon dein
    Schatz ...

445 Zerstörte Häuser am Spreeufer

Durch Berlin fließt immer noch die Spree,
dicht dabei ist noch der Müggelsee,
ringsherum blüht noch der Grunewald,
wo's was Grünes gibt für jung und alt,
wenn die tollsten Dinge in der Welt passiern,
der Berliner wird nie den Humor verliern,
er hält stolz die Nase in die Höh,
denn durch Berlin fließt immer noch die Spree ...

Manchmal träum ich nachts davon,
ich sitz wieder am Balkon,
denn vom Geranientopf
tropfts den Leuten auf den Kopf,
an der Ecke Numero drei
liegt die kleine Bäckerei,
und der Drahthaarterrier kläfft
immer noch vorm Milchgeschäft;
doch wach ich auf des Morgens kaum,
dann seh ich, es war nur ein Traum ...
Lieber Leierkastenmann,
fang noch mal von vorne an
deine alten Melodien
von der schönen Stadt Berlin,
stehst du unten auf dem Hof,
wirds mir gleich ums Herz so doof,
noch mal so ein junges Blut sein,
noch einmal im Tanz sich zärtlich drehn,
laßt man Kinder, laßt man gut sein,
unsere Stadt Berlin ist doch so schön ...

446–448 Das Wiedersehen mit der Mutter, Ankunft auf dem Flughafen Tempelhof, 19. 9. 1945
Marlene Dietrich kehrte im Herbst 1945 für ein paar Tage in ihre Heimatstadt Berlin zurück, sie trägt ihre singende Säge bei sich. Die dreiundsechzigjährige Mutter holt ihre Tochter am Flughafen ab. Zwei Monate später kam Marlene noch einmal ins zerbombte Berlin, um ihre Mutter zu begraben

»Ich habe meine Mutter während des Krieges begraben. Wir zimmerten einen Sarg aus Schulbänken und standen im Regen vor der Kapelle, die von Bomben zerstört war. Das war 1945. Man hatte mir erlaubt, die nötigen Formalitäten zu erledigen. Man gab mir auch einen Platz in einem Militärflugzeug, das, da wir in einen Sturm gerieten, den Berliner Flugplatz beinahe nicht erreicht hätte. Aber endlich war meine Mutter begraben. Meine letzte Verbindung mit zu Hause. Wir alle verlieren unsere Mütter, wir verlieren Freunde, Kinder. Wir verlieren und verlieren. Das ist unser Schicksal. Soviel wir auch weinen mögen, wir müssen verlieren. Wir müssen trauern. Es ist kein sanftes Ruhekissen, auf dem wir schlafen. Reue ist keine Lösung. Aber Reue ist alles, was wir kennen. Freiligrath: O lieb, solang du lieben kannst... Es gibt nur eine Maxime, die uns retten kann: Versuche das, was du für deine Kinder, deine Familie tust, so zu tun, daß es weniger Reue und weniger Tränen gibt. Jeden Tag bin ich aufs neue erstaunt über die Heftigkeit und Ausdauer, die der Kummer besitzt. Was mich betrifft, so heilt die Zeit nicht alle Wunden. Vielleicht heilt sie oberflächliche Verletzungen – aber tiefe Wunden gewiß nicht. Und die Narben schmerzen genauso wie die Wunden, auch wenn viel Zeit vergangen ist. Das einzige, was man versuchen kann, ist, einen Kokon um sein Herz wachsen zu lassen und sich alle Gedanken an die Vergangenheit zu verbieten.«

449 Der Juwelierladen der Firma Conrad Felsing Unter den Linden, nach dem Krieg

450 Gewerbeerlaubnis für die Firma Conrad Felsing GmbH Der Inhaberin Marie Magdalene Sieber genannt Marlene Dietrich, Anschrift W. 8 Unter den Linden 39 wird hier die Ausübung des Gewerbes als Einzelhandel mit Uhren, Gold, Silber, Schmuck und Bioutneriewaren, Geschenkartikel sowie Reparatur derselben gestattet. Registriert: 8492 am 20. 6. 1947 Bezirksamt Mitte von Groß-Berlin

451 Das Grab der Mutter Josefine von Losch geborene Felsing, sie starb im Alter von 63 Jahren am 6. 11. 1945 und wurde auf dem Städtischen Friedhof Berlin-Friedenau, Stubenrauchstraße, beigesetzt

»Ich gehe nie zu Begräbnissen, seit meine Mutter begraben wurde. Ich habe alles erlebt und will nicht noch mehr davon. Wenn Menschen am Leben sind, tue ich alles, was ich kann, um ihre Schmerzen und Sorgen zu erleichtern – aber danach kümmere ich mich um nichts. Ich kann die schreckliche zerstörende Kraft nicht beeinflussen, die aus uns allen kleine Sandkörner macht, die über uns triumphiert und die Menschen, die wir liebten, davonträgt.«

152 Marlene Dietrich als schöne Witwe Blanche Ferrand und Jean Gabin als Martin Roumagnac

153 Mit Jean Gabin, 1946

»Der Film war kein Erfolg. Unsere beiden Namen, Gabins und meiner, besaßen nicht genug Zugkraft, um die Zuschauer ins Kino zu locken. Ich nahm mir das natürlich sehr zu Herzen, wie stets, wenn ich fühlte, daß ich jemanden enttäuscht habe. Gabin war durchaus nicht niedergeschlagen. Er sagte nur: ›Warten wir's ab.‹«

MARTIN ROUMAGNAC
(Martin Roumagnac)
Frankreich 1946
Produktion: Marc Le Pelletier
für Alcine
Regie: Georges Lacombe
Buch: Pierre Véry
Kamera: Roger Hubert
Darsteller:
Marlene Dietrich: Blanche Ferrand
Jean Gabin: Martin Roumagnac
Margo Lion: Jeanne, Martins
Schwester
Drehzeit: Sommer 1946 in den
Studios von Saint-Maurice
Uraufführung: Dezember 1946

Diese sichere Wirkung eines Films, der mit schönen Beinen beginnt und im Gerichtssaal turbulentester Prägung endet, steigert sich durch die Leistungen der Darsteller. Nach vielen Jahren sahen wir Marlene Dietrich wieder. Sie ist die aufreizende Venus geblieben, die sie im »Blauen Engel« war. Wieder ist sie die Frau, an der ein arbeitsfreudiger Mann, ein wackerer, redlicher Kleinbürger, zugrunde geht – und sie will es im Grunde gar nicht. Ihre Schönheit ist die »fatale Schönheit«, die Verhängnis bringt, selbst dann, wenn Marlene es aufrichtig meint. Diese Witwe Ferrand, die große Blumen am Hut, Nichtstun und Koketterie liebt, ist schwer verständlich. Eine Frau wie sie, die das Provinzleben haßt, ein anrüchiges Vorleben und zweifelhafte Bekannte hat, betreibt mit einem Onkel, der als Parasit von ihr zehrt, einen Vogelladen in einer Kleinstadt. Milieu und Figuren dieser Kleinstadt haben – leider – nicht Maupassants Realismus, den sie haben müßten; alles ist so gründlich verzeichnet und vom Regisseur (Georges Lacombe) so augenfällig dem Venusrezept angepaßt und untergeordnet, daß es eigentlich selbst Marlene Dietrich zuviel hätte sein müssen. Aber da steht sie, geht sie, liegt sie, die Frau, die allen Männern gefällt und darum von manchen Frauen mißgünstig durch die Lorgnette bekrittelt wird. Da ist alles wieder zu sehen, die weitoffenen Augen, der schräge Blick, die viel bemerkten Wangenknochen, der üppige Mund, die berühmten hohen Beine, das abgründig-wissende Lächeln – ein Facettenspiel der

Erotik, von tausend Erfahrungen geschliffen.
Mit dieser Frau versucht Jean Gabin fertig zu werden – ein Versuch, der ihn zum Mörder werden läßt und ihm selbst die tödliche Kugel in den Rücken bringt. Seine schauspielerische Leistung ist bedeutend. Mit der urwüchsigen Natur seines Spiels haucht er dem Reißer oft wahres Leben ein.
Roland von Berlin, Wochenschrift für Kultur, Politik, Wirtschaft und Berliner Leben vom 29. 6. 1947

454–459 Marlene Dietrich und Jean Gabin in den vierziger Jahren in Paris und Hollywood

»Sein schauspielerisches Talent ist in der ganzen Welt bekannt. Sein Feingefühl ist nicht weltbekannt. Das rauhe Äußere und die harte Haltung waren nur gespielt. Er ist der empfindsamste Mann, den ich kenne. Ein Kind, das im Schoß der Mutter liegen will, um geliebt zu werden – das kommt dem Bild viel näher, das ich von ihm hatte. Gabin war der vollkommene Mann. Heute würden sie sagen, der ›Superman‹, der Mann, der alle anderen in den Schatten stellt. Er war das Idol, das viele Frauen suchen. Nichts an ihm war falsch. Alles war klar und durchsichtig.

»... war gut, und er steht hoch über all den Männern, die ihn zu imitieren versuchen. Dabei war er eigensinnig, besitzergreifend und eifersüchtig bis zum Extrem.
Wenn ich zurückblicke, war es sehr einfach, wie wir so dahinlebten und unsere Arbeit taten – er die seine und ich die meine. Ich war da, um ihn zu beschützen. Aber er wußte das nicht! Denn das hatte er noch nie erlebt. Ich liebte ihn – wie mein Kind, das nicht mehr ›Kind‹ war; er ersetzte mir mein Kind in der Zeit, die uns gegeben war. Er war gut und verständnisvoll, so wie es sich jede Frau wünscht.
Ich verlor ihn viel später. Als er zurückkam, verließ ich ihn, nein – er verließ mich. Er war zu Haus, und ich war das Kindermädchen, das den Abschiedskuß empfing, aber mit viel Liebe. Meine Liebe zu ihm blieb und hielt für immer. Er verlangte nie von mir, die Liebe zu beweisen.
Er konnte auch furchtbar sein – er konnte mich zur Verzweiflung treiben. Er konnte der gütigste, rücksichtsvollste Mann sein und gleichzeitig der grausamste. Aber er hatte immer recht. Er war für uns alle das ›Nonplusultra‹!«

GOLDEN EARRINGS
USA 1947
Produktion: Harry Tugend
für Paramount
Regie: Mitchell Leisen
Buch: Abraham Polonsky
Kamera: Daniel L. Fapp
Bauten: Hans Dreier
Song: Golden Earrings
Darsteller:
Marlene Dietrich: Lydia
Ray Milland: Col. Ralph Denistoun
Drehzeit: 6. 8. bis 17. 10. 1946
Uraufführung: 27. 8. 1947

460/461 Marlene Dietrich in
»Golden Earrings«

462 Joan Fontaine besucht
Marlene während der Dreharbeiten

Die märchenhaften Beine der Marlene Dietrich und den bemerkenswerten Charme dieser Dame, die wir zum letzten Mal vor drei Jahren in »Kismet« sahen, kann man in »Golden Earrings« unter Bärenfett und einem Haufen Zigeunerlumpen gerade noch erkennen. Ein seltsam selbstmörderischer Impetus hat das Studio offenbar dazu getrieben, die positiven Eigenschaften von Miss Dietrich in diesem Film um jeden Preis verbergen zu wollen und sie in eine schmutzige Vogelscheuche zu verwandeln, auf die das Publikum kaum neugierig sein dürfte. Und, offen gesagt, Miss Dietrich ist hier das Opfer fahrlässiger Sabotage geworden, da man sie in eine Rolle drängt, die ihre eigentlichen Vorzüge so wenig zur Geltung kommen läßt wie eine Großmutterrolle. Es ist weder reizvoll, noch hat es etwas mit Kunst zu tun, mitansehen zu müssen, wie die Dietrich, Prototyp graziler Eleganz, mit einer öligen, dunklen Salbe beschmiert, in schmutzigen Lumpen herumhüpft.
The New York Times vom 4. 12. 1947

A FOREIGN AFFAIR
(Eine auswärtige Angelegenheit)
USA 1948
Produktion: Charles Brackett
für Paramount
Regie: Billy Wilder
Buch: Charles Brackett
Kamera: Charles B. Lang
Bauten: Hans Dreier
Songs: Black Market
Illusions
The Ruins of Berlin
Darsteller:
Marlene Dietrich: Erika von
Schluetow
Jean Arthur: Phoebe Frost
John Lund: Captain John Pringle
Drehzeit: Dezember 1947 bis
Februar 1948 Paramount-Studios
Hollywood, Außenaufnahmen Berlin
Uraufführung: 20. 8. 1948

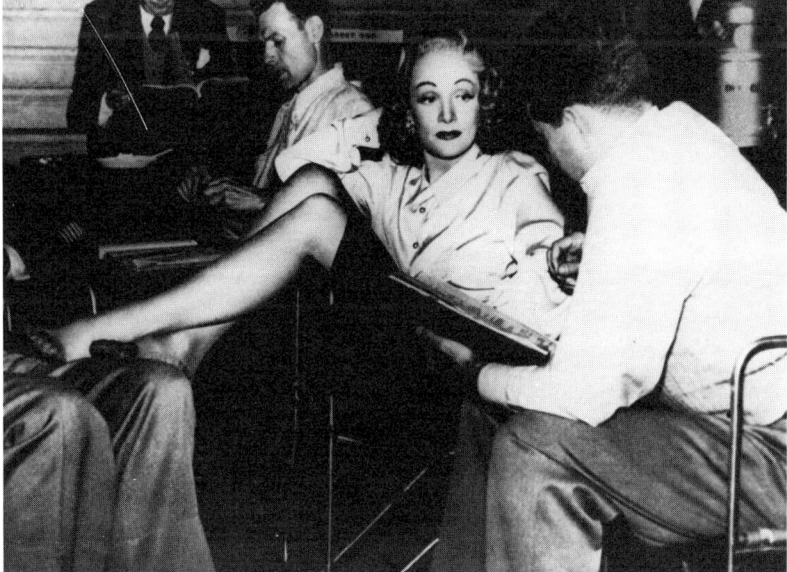

463 Marlene Dietrich als
Sängerin Erika von Schluetow
im Berliner Nachtclub »Lorelei«,
in dem vor allem Soldaten der
Besatzungsmächte verkehren; am
Flügel Friedrich Hollaender, der
auch die Musik schrieb und die
musikalische Leitung hatte

464 Drehpause

465 Marlene Dietrich mit Regisseur Billy Wilder

466/467 Szenen aus »A Foreign Affair« mit Jean Arthur und John Lund

Marlene Dietrich war immer am besten, wenn sie in sarkastischen Komödien oder im Glamour der Halbwelt brillieren konnte, und wenn dieser Film gelungen wäre, könnten wir sie sicher auch diesmal in einer Glanzrolle sehen. Statt dessen muß sie pseudo-bitteren Kabarett-Ersatz singen – wie z. B. »Black Market«.
Time, New York, vom 26. 7. 1948

Marlene Dietrich kennt die Männer immer noch besser als jede andere Frau, und noch immer steigt ihre Stimme durch den Rauch wie die Stimme Liliths.
The New Republic, New York, vom 12. 7. 1948

Black Market!
Schau, wie geil und lüstern –
Black Market!
sie da rumsteh'n, flüstern.
Komm, ich zeig dir Sachen,
die kriegst du nur hier.
Komm, sag, was du bietest –
schon gehör'n sie dir.

Black Market!
Candy for the Misses,
Chewinggum for kisses?
Da, paar alte Orden,
ein goldenen Ehering?!
Okay, her mit dem Ding!

Max Colpet/Friedrich Hollaender

JIGSAW
USA 1949
Produktion: Edward J. Danziger für Tower Pictures
Buch und Regie: Fletcher Markle
Kamera: Don Malkames
Darsteller:
Marlene Dietrich und Fletcher Markle als Nachtclubbesucher
Henry Fonda: Nachtclubkellner
Uraufführung: März 1949
Mayfair, New York

268 Marlene Dietrich mit Fletcher Markle und Henry Fonda (links)

269 Mit Regisseur Fletcher Markle beim Rollenstudium

Ein unklares, abgehacktes Drehbuch verhindert, daß der Film mehr ist als gewöhnliche Unterhaltung. Es ist melodramatischer Kriminalfilm. Die Geschichte hat ihre spannenden Momente; da es ihr aber sowohl an Überzeugung wie auch an Motivierung gebricht, vermag sie nicht zu fesseln. Im Laufe der Handlung treten immer wieder kurz so überraschende Größen auf wie Marlene Dietrich, Burgess Meredith, John Garfield, Henry Fonda und Marsha Hunt. Diese Auftritte sind danach angetan, die Zuschauer zu amüsieren, täuschen aber nicht darüber hinweg, daß man nicht schlau daraus wird, was geschieht.
Harrison Reports, New York, vom 12. 3. 1949

»Ich liebte ihn vom ersten Augenblick an. Ich liebte ihn ›platonisch‹, was die Leute auch sagen mögen. Ich betone das nur deshalb, weil die Liebe, die zwischen Ernest Hemingway und mir bestand, eine Art von Liebe war, die man sonst kaum noch in dieser Welt finden wird. Sie war echt und makellos, über jeden Zweifel erhaben, eine grenzenlose Liebe, über das Grab hinaus, obwohl ich weiß, daß da nichts mehr ist. Meine Liebe zu ihm und seine Liebe zu mir überdauerte viele, viele Jahre, Zeiten ohne Hoffnung und ohne Wünsche. Oft verband uns scheinbar nur noch die völlige Trostlosigkeit, die er fühlte und die ich fühlte. Wir lebten niemals zusammen, aber vielleicht hätte das uns geholfen. Er war mein ›Fels von Gibraltar‹. Die Jahre ohne ihn sind vergangen, und jedes Jahr war schmerzvoller als das vorangegangene. ›Die Zeit heilt alle Wunden‹ – das ist ein sehr hübscher Satz, aber er stimmt nicht. Ich wünschte, er wäre wahr. Hemingway, fern von uns und fern dieser Welt – das ist eine Leere, die niemals ausgefüllt werden kann. Er fehlt uns nicht nur als Schriftsteller, sondern als Mensch. Er hat uns aus seinem eigenen Entschluß verlassen, ohne an uns zu denken. Aber sein war die Wahl. Wir schrieben uns, während er in Kuba war, und ›postwendend‹ antwortete er oder ich. Wir telefonierten stundenlang, und er scheute nie die Mühe, mir Ratschläge zu geben, sagte auch nie, ich solle endlich einhängen und ihn in Ruhe lassen. Warum er mich, wie er es nannte, so ›tief‹ liebte, wird mir für immer ein Rätsel bleiben. Aber wir liebten uns, auch während des Krieges, wenn ich ihn manchmal traf – vor und nach Bastogne. Er war immer strahlend, voller Stolz und Kraft – ich blaß und elend, aber der Lage gewachsen, wann immer wir uns trafen . . .

Er nannte mich ›Kraut‹, das ist wahr.

Er lehrte mich alles über das Leben. Ich kannte nur Mutterliebe (worüber er lächelte – mit seinem seltenen Lächeln, halb süß, halb bitter) und die normale, alltägliche Liebe. Ich erfuhr von ihm nichts Neues, aber er bestätigte meine Gefühle und machte sie dadurch wahr und stark und wie neu. Er liebte mich mit der gigantischen Kraft seines ganzen Wesens. Seine Höhe konnte ich nie erreichen. Wie kann man solch eine Liebe erwidern? Ich tat es – bis zu den Grenzen meiner Kraft, und er wußte das. Da wir niemals zusammen lebten, war alles, was uns verband, das Telefon und die Briefe. Er hatte die Fähigkeit, glücklicher zu sein als alle anderen. Und viel wichtiger noch: er konnte es zeigen. Ganze Strahlenbündel voll Licht schienen aus seinem mächtigen Körper zu schießen, um uns alle glücklich zu machen. Meine Liebe zu Hemingway war keine flüchtige Neigung. Wir waren einfach nie lange genug zusammen in derselben Stadt – und so ist es nie geschehen. Er hatte entweder gerade ein schönes Mädchen im Schlepptau, oder ich war anderweitig engagiert, wenn er frei war. Ich vermisse Hemingway, seinen Humor, der mich aufrichtete über Meilen hinweg, die uns trennten. Wie verstand er es, mir mit einem kleinen Scherz zu sagen, was ich nebenbei tun sollte! Und dann ein ›Schlaf gut!‹ oder ›Es war einfacher im Hürtgenwald‹. Diese Worte verfolgen mich, und mein alter Zorn erwacht. Doch das hilft mir nicht über die Nacht hinweg.

**472 Ernest Hemingway
(21. 7. 1899–2. 7. 1961)**

Sie ist tapfer, schön, zuverlässig und gerecht, liebenswürdig und großzügig – und sieht am Morgen in einem GI-Hemd, Hosen und Soldatenstiefeln genausogut aus wie am Abend oder auf der Leinwand. Selbst wenn sie nichts anderes als ihre Stimme hätte, könnte sie damit Herzen brechen. Doch sie hat dazu noch diesen schönen Körper und die zeitlose Schönheit ihres Gesichts. Einerlei, womit sie einem das Herz bricht, wenn sie nur da ist, um es wieder zusammenzustücken. Das ist es wahrscheinlich, was sie geheimnisvoll macht: daß eine so schöne und begabte Frau, die tun kann, was sie will, nur tut, was sie für unbedingt richtig hält, und daß sie so klug und mutig war, die Regeln aufzustellen, die sie befolgt. Sie hat ein gutes literarisches Urteil, und ich bin nie glücklicher, als wenn ich etwas geschrieben habe, das ich gut finde, und sie liest es, und es gefällt ihr auch. Da sie sich in den Dingen auskennt, über die ich schreibe – Land und Leute, Leben und Tod, Fragen der Ehre und des Verhaltens –, gebe ich mehr auf ihr Urteil als auf das der Professoren. Ich finde nämlich, sie versteht mehr von der Liebe als sonst jemand. Ich weiß jedenfalls, daß ich Marlene noch nie sehen konnte, ohne daß sie mir zu Herzen ging und mich glücklich machte. Falls sie dadurch geheimnisvoll wird, ist es ein schönes Geheimnis...
Hemingway in Life, Nr. 7, 1952

470/471 Ernest Hemingway und Marlene Dietrich, New York 1947

Auf einer ihrer vielen Atlantiküberquerungen lernte Marlene an Bord der »Ile de France« Ernest Hemingway kennen. Eine lebenslange Freundschaft begann

STAGE FRIGHT (Die rote Lola)
England 1950
Produktion und Regie:
Alfred Hitchcock
Buch: Whitfield Cook
Kamera: Wilkie Cooper
Songs: La Vie en Rose
The Laziest Girl in Town
Darsteller:
Marlene Dietrich: Charlotte Inwood
Jane Wyman: Eve Gill
Michael Wilding: Inspektor
Wilfred Smith
Drehzeit: 1950 Elstree Studios
Uraufführung: 15. 4. 1950
Radio City Music Hall, New York

Allerdings wirkt »Stage Fright« eher als Lustspiel denn als Melodrama. Eine unglaubhafte Geschichte von einem Mord unter Theaterleuten (wobei das wichtigste Indiz ein blutbeflecktes Kleid ist und der Verdacht vor allem auf einen Revuestar fällt), stellt der Film weniger auf Spannung als auf Lacherfolg ab, und was Hitchcock an makabren Einzelheiten hineingearbeitet hat, erweist sich meist als nicht stichhaltig, wenn nicht geradezu als unappetitlich. Doch Alastair Sim, Joyce Grenfell, Kay Walsh und eine Anzahl routinierte Artisten – zu denen ich Marlene Dietrich rechne, deren Kunstfertig

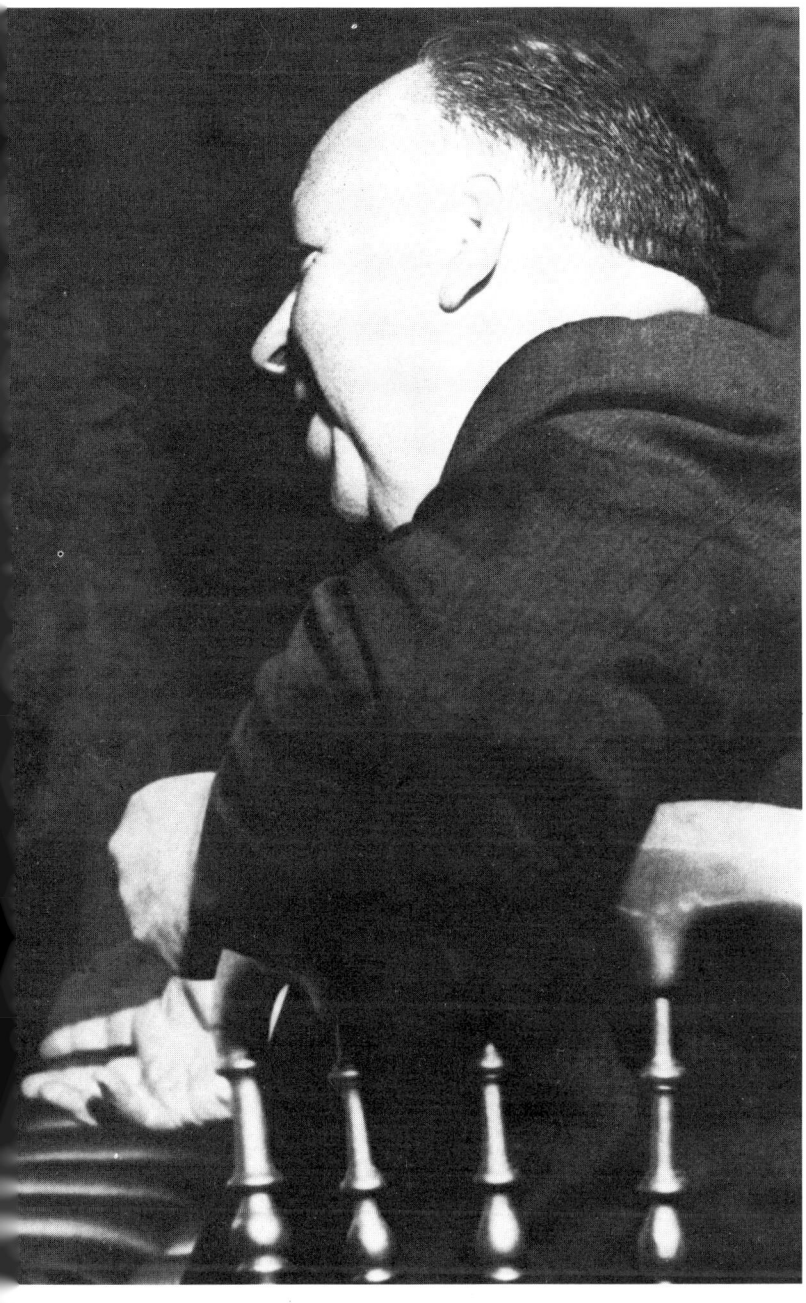

keit sich nie ganz ergründen läßt –, alle tragen sie nebenbei so viel zur Belustigung bei, daß die Gefahr der Langeweile gebannt bleibt.
The Observer, London,
vom 28. 5. 1950

Während uns Jane Wyman, Richard Todd und Michael Wilding mit ihrem Gehabe bei dem voraussehbaren Katz-und-Maus-Spiel zwischen dem jungen Flüchtling, dem Mädchen, das ihm hilft, und dem Detektiv kaum ein Gähnen entlocken, genügt es, daß Alastair Sim in einer Nebenrolle auftaucht oder Marlene eines ihrer unsterblichen Beine über das andere

schlägt, und schon beginnt es zu knistern in der Luft.
Sight and Sound, London,
Nr. 5, Juli 1950

473 Marlene Dietrich als Revuestar singt »La Vie en Rose«

474 Alfred Hitchcock Regisseur des Films »Stage Fright«

475 Marlene Dietrich und Regisseur Alfred Hitchcock

476/477 Mit Michael Wilding als Inspektor

NO HIGHWAY
NO HIGHWAY IN THE SKY
(Die Reise ins Ungewisse)
England/USA 1951
Produktion: Louis D. Lighton
Regie: Henry Koster
Buch: R. C. Sheriff
Kamera: Georges Perinal
Garderobe für Marlene Dietrich:
Christian Dior
Darsteller:
Marlene Dietrich: Monica Teasdale
James Stewart: Mr. Honey
Glynis Johns: Marjorie Corder
Uraufführung: 2. 8. 1951
Odeon, London

James Stewart versteht es glaubhaft zu machen, wie ein überragender Verstand und die mangelnde Menschenkenntnis des weltfremden Gelehrten, der in den Gefilden der höheren Mathematik abgesondert lebt, ständig ineinanderwirken. Verpäppelt wird er von Glynis Johns als tüchtiger Hostess – England hätte nichts Hübscheres zur Besetzung beitragen können. Merkwürdigerweise scheitert der Film dort, wo er am atemberaubendsten ist. Marlene Dietrichs philosophisch-gelassener Filmstar, als Mitreisende, ist ein unglaubhaftes Geschöpf. Doch wen ficht das an, wenn die wunderbare Marlene, mit leisem Spott, dafür den einzigen wahrhaften Glanz mitbringt, der Hollywood noch geblieben ist?
*Time and Tide, London,
vom 11. 8. 1951*

Sie ist sehr selbstsicher und von ihrer Schönheit überzeugt. Ihr Gang, ihre Blicke, alles ist genau kalkuliert. Sie kennt ihre Wirkung. James Stewart war der Hauptdarsteller, sie hatte nur eine Nebenrolle, die sie jedoch sehr ernst nahm. Damals war sie als Schauspielerin nicht sehr gefragt, und ich glaube, sie war froh, etwas Geld verdienen zu können. Über die Rolle war sie nicht sehr glücklich. Marlene ist vor allem eine Persönlichkeit und dann erst Schauspielerin. Hier aber hatte sie kaum die Möglichkeit, ihre Persönlichkeit zu entfalten.
Regisseur Henry Koster

478–480 Marlene Dietrich als Schauspielerin, James Stewart als Ingenieur und Glynis Johns (oben) als Stewardeß

RANCHO NOTORIOUS
(Engel der Gejagten/Die Gejagten)
USA 1951
Produktion: Howard Welsch
für Fidelity Pictures
Regie: Fritz Lang
Buch: Daniel Taradash
Songs: Gypsy Davey
Get Away, Young Man
Darsteller:
Marlene Dietrich: Altar Keane
Arthur Kennedy: Vern Haskell
Mel Ferrer: Frenchy Fairmont
Uraufführung: 15. 5. 1952
Paramount Theatre, New York

Einmal abends fuhr ich auf dem Heimweg an den RKO-Studios vorbei, in denen wir »Rancho Notorious« drehten. Plötzlich sah ich in meinem Büro ein Licht aufblitzen. Ich dachte, da sei ein Einbrecher, hielt an und ging auf Zehenspitzen zu meinem Büro. Die Tür war angelehnt, und als ich durch den Spalt blickte, sah ich zu meiner Überraschung Marlene. Sie stand vor dem Spiegel und fotografierte sich mit einem Blitz. Sie machte offensichtlich Testaufnahmen für den nächsten Drehtag. Nie wieder bin ich einer solchen Perfektionistin begegnet.
Regisseur Fritz Lang

481 Marlene Dietrich mit Regisseur Fritz Lang

482 Mit Arthur Kennedy und Mel Ferrer in »Engel der Gejagten«

483 Marlene Dietrich als Western-Heldin

»Rancho Notorious« ist ein überaus üppiger Wildwester mit Landschaft Gesang und Marlene Dietrich in Farbe. Alles, was man von einem Wildwester verlangen kann, ist reichlich vorhanden, nur unterhaltsam ist er nicht. Von den Gestalten des Films hat jede ein Vorleben, so bunt und anrüchig, wie es das in einer Rückblende noch nicht gegeben hat. Manchmal wird der Film so absurd, daß man sich fragt, ob das noch ernst gemeint sei. Falls nicht ernst gemeint, ist es viel zu plump, um Heiterkeit zu erregen, höchstens löst es dann und wann ein höhnisches Lachen aus. Neben all den Stars hat der Film – man denke – auch noch Fritz Lang als Regisseur aufzuweisen. Das nennt man mit einem Dampfhammer Ameisen zerquetschen.
The New York World Telegram and Sun vom 15. 5. 1952

484 Marlene Dietrich mit ihrer Tochter Maria Riva, 16. 3. 1954
Maria hatte 1947 den Spielzeugfabrikanten William Riva geheiratet, ihr erster Sohn wurde am 2. 7. 1948 geboren, weitere drei folgten; Marlene galt seit dieser Zeit für die Presse als »die schönste Großmutter der Welt«

485 Marlene feiert im Mai 1951 das 21jährige Jubiläum ihres Aufenthaltes in Amerika
Ihre Tochter Maria ist zur Feier per Flugzeug aus New York ins Hollywooder Filmstudio gekommen

»Meine beste Zeit war, als meine Tochter einen Sohn nach dem anderen bekam – und sie war gesund, und die Kinder waren gesund, und ich war beschäftigt als Kindermädchen, als Babysitter und was es sonst noch gibt, eben als ›Mädchen für alles‹. Es war eine wundervolle Zeit. Und da sie dafür gesorgt hatte, daß alle ihre Söhne im Sommer geboren wurden, schoben wir die Kinderwagen im Herbst und Winter durch den Central-Park, und niemand erkannte mich. Es stimmt nicht, daß ich mich verkleidet hätte. Ich war nicht verkleidet; ich hätte mich nie so erniedrigt. Auch würde eine solche ›Verkleidung‹ die Kinder erschreckt haben. Ich ging in den Park, im Sommer und im Winter, und ich brachte sie zur rechten Zeit für ihr Essen nach Hause. Das New-Yorker Klima ist

rauh. Es ist entweder zu heiß oder zu kalt. Man ist für jeden angenehmen Sommertag dankbar, oder für einen milden Wintertag, einen Tag ohne heftige Winde, die einen fast umwerfen. Wenn man ein Baby hat, ist das Wetter von äußerster Wichtigkeit. Wie jede Mutter weiß oder fühlt, ist frische Luft überaus gesund; das Baby sollte sie mindestens zwölf Stunden am Tag einatmen. Wir alle befolgten dieses ungeschriebene Gesetz. Wir taten es mit großer Freude, beklagten uns niemals, waren immer glücklich und froh, das Baby spazierenzufahren, es heimzubringen, zu waschen, ins Bett zu legen und schlafen zu lassen.«

486 Auf dem Empfang anläßlich der Judy Garland Show im Palace Theatre, New York, 16. 10. 1952
Von links nach rechts: Regisseur Fletcher Markle, Marlene, ihre Tochter Maria und Schwiegersohn William Riva

487 Marlene Dietrich und Judy Garland nach der Show

488 Mit Tochter und Schwiegersohn in einem New-Yorker Lokal

»Das erste Angebot erhielt ich aus Las Vegas von Bill Miller. Dieser wunderbare Mann, der das Hotel ›Sahara‹ leitete, bot mir eine unglaublich hohe Gage; ich konnte nicht nein sagen.

Mein erstes Gastspiel in Las Vegas dauerte vier Wochen. Es war ein reines Vergnügen. Man hatte mich gebeten, ›nicht mehr als zwanzig Minuten zu singen, damit die Leute an die Spieltische zurückkehren können‹. Ich sang ungefähr acht Lieder, alle aus meinen Filmen. Das Publikum applaudierte wie wild, und ich dachte in meiner Unschuld, alles wäre in Ordnung. Das war es auch. Ich wurde Jahr für Jahr wieder engagiert, in Las Vegas zu singen.

Glückliche Zeiten. Keine Sorgen. Viel Geld. Ich war im siebenten Himmel.

Meine Bühnen-Kostüme sind Kunstwerke. Jean Louis' Kreationen beabsichtigten, mich auf das schönste, ästhetischste, verführerischste zu zeigen. Ich reise mit meinem eigenen rosa Tüll-Vorhang, der für gewisse Nummern hinter mir aufgezogen wurde; vielerlei Lichteffekte spielten darauf. Da meine Bühnenkleider großenteils aus hautfarbenem Stoff waren, machte es keine Schwierigkeiten, sie zu beleuchten. Man kann ruhig sagen, daß ich mich mit meinen Bühnenkostümen auf mehr als eine Art verbunden fühle. Ich stand – machmal bis zu zehn Stunden am Tag – unbeweglich, denn der größte Teil der Arbeit wurde gemacht, während ich das Kostüm am Leibe trug. Das Material wird ›Souffle‹ genannt; was ›Hauch‹ bedeutet. Bianchini machte es für uns. Heute wird es nicht mehr hergestellt. Es war ein ›Hauch‹, das stimmt. Aber es erfüllte den Zweck. Ich sah nackt aus, obwohl ich es nicht war. Stundenlang saßen wir in dem Raum, wo die Mädchen an den großen Rahmen stickten. Jede Perle, jede Paillette war wichtig. Jean Louis und ich bestimmten, wo ein Diamant, ein Spiegel-Stückchen, eine Glasperle hinkommen sollten.«

**489 Marlene Dietrich im Hotel Sahara in Las Vegas,
15. 12. 1953**
Durchschnittsgage 30 000 Dollar pro Woche

490/492 Louis »Satchmo« Armstrong und Marlene Dietrich sind die Sensation von Las Vegas
Mit hinreißendem Schwung unterhalten zwei Weltmeister des Show-Theaters. Armstrongs Trompete und Marlenes Beine feiern Triumphe. Marlene tritt beinfrei im Fack und Zylinder auf. Der unsterbliche »Blaue Engel« und der unverwüstliche »Satchmo« haben sich in Amerika zur »Show des Jahres« vereint.

491 Marlene Dietrich und Harry Belafonte, 1956

493 Marlene Dietrich und Noel Coward (1899–1973) im Londoner Café de Paris, 25. 6. 1954

Marlene hatte den englischen Schriftsteller und Schauspieler schon 1935 in Paris kennengelernt

»Wir gingen miteinander so behutsam um, wie es nur Verliebte tun. Immer in Erwartung einer Laune oder eines Wunsches, der zu erfüllen war. Keine Auseinandersetzungen, nur Diskussionen. Keiner versuchte, den anderen in eine ihm nicht gemäße Form zu zwingen. Er war es, der mich später veranlaßte, in London zu singen, was mir bis dahin nie in den Sinn gekommen war. Er war es auch, der mich bei dieser Premiere im Londoner Café de Paris vorstellte und ein Gedicht sprach, das er eigens für diese Gelegenheit geschrieben hatte. Und nun kam ich, in all meiner Pracht, die berühmte Treppe herunter und ging direkt auf seine ausgestreckte Hand zu. Er führte mich zum Mikrophon und verschwand. Nach seinem Beispiel schrieben mir daraufhin die großen Schauspieler des englischen Theaters ihre eigenen Einführungen und waren zur rechten Zeit da, um sie vorzutragen. Jeden Abend stellte mich ein anderer berühmter Schauspieler vor. Eine Zeitlang konnte ich das alles kaum begreifen.«

494 Mit Jean Marais, Monte Carlo 1954

495 Marlene Dietrich und Maria Callas, New York 30. 10. 1956

Die Primadonna an der New-Yorker Metropolitan Opera, Maria Callas, singt die Titelrolle in Bellinis Oper »Norma«. Marlene Dietrich gratuliert der Sängerin, in der Mitte der Ehemann der Diva, Batista Meneghini, ein italienischer Industrieller

496 Mit Maurice Chevalier, September 1956

»Er war ein Fremder in Amerika, genauso wie ich. Weder wußte er etwas von der amerikanischen Mentalität, noch kannte er die besondere Art des amerikanischen Humors. Er sang seine Chansons genauso, wie er es in Frankreich tat. Er war kein übermäßig intelligenter Mann. Vielleicht war das seine Stärke. Ein intelligenter Mann versucht zu analysieren, versucht über Probleme nachzudenken. Aber trotzdem war er sehr niedergeschlagen, als er Amerika verließ. Er glaubte, was man ihm erzählte, und er arbeitete schwer und gab sich große Mühe, um die Leiter der Studios und die Regisseure zufriedenzustellen.«

AROUND THE WORLD IN 80 DAYS
(In 80 Tagen um die Welt)
USA 1956
Produzent: Michael Todd
mit William Cameron Menzies
Regie: Michael Anderson
Buch: S. J. Perelman nach
Jules Verne
Kamera: Lionel Lindon
Musik: Victor Young
Darsteller:
Marlene Dietrich: Barbesitzerin
David Niven: Phileas Fogg
Shirley MacLaine: Prinzessin Aouda
Charles Boyer: Monsieur Casse
Martine Carol: Touristin
und Noel Coward, Fernandel,
Buster Keaton, Peter Lorre,
Frank Sinatra
Uraufführung: 17. 10. 1956,
Rivoli Theatre, New York

Phileas Fogg war der unerschrokkene Held des Jules-Verne-Romans »In 80 Tagen um die Welt«, ein sehr properer Engländer, der seine Properkeit gelegentlich vergaß und einer Wette wegen anno 1872 um den Erdball fuhr. Michael Todd mag weder proper noch englisch sein, aber er besitzt die gleiche Unerschrockenheit und Zielstrebigkeit wie Phileas. Er hat den Roman »In 80 Tagen um die Welt« verfilmt, und der Film verweist mit seiner Phantasie, seiner Frische und fröhlichen Frechheit den armen alten Verne weit ins 19. Jahrhundert ... »In 80 Tagen um die Welt« ist reinstes Kino, jene umfassende, irreale, phantasievolle Unterhaltung, wie sie nur das Kino bieten kann, wie sie aber auch dort nur allzu selten gelingt.
The New York Herald Tribune vom 18. 10. 1956

Dem Zuschauer bietet sich ein ganzes Album voll überdimensionaler Schnappschüsse: Sommer in Paris, Stierkampf in Spanien, religiöse Feste in Indien, eine Wild-West-Show nach ältester Hollywood-Manier; und einmal darf er sogar einer Szene beiwohnen, für deren Anblick jeder viktorianische Mann freudig die Hälfte seines Bartes gegeben hätte: Königin Viktoria im Bett.
Time, New York, vom 29. 10. 1956

497 Marlene Dietrich als Barbesitzerin in dem Film »In 80 Tagen um die Welt«

THE MONTE CARLO STORY/
MONTE CARLO
(Die Monte Carlo Story)
USA/Italien 1956/57
Produktion: Marcello Girosi
für Titanus/Tan Produktion
Buch und Regie:
Samuel A. Taylor
Kamera: Giuseppe Rotunno
Song: Back Home in Indiana
Miss Dietrichs Kostüme: Jean Louis
Darsteller:
Marlene Dietrich: Marquise Maria
de Crevecoeur
Vittorio De Sica: Graf Dino
della Fiaba
Drehzeit: Winter 1956/57
Titanus-Atelier Rom,
Außenaufnahmen Monte Carlo

498/499 Marlene Dietrich als
Marquise und Vittorio De Sica
als Graf

Wenn man über etwas filmgeschichtliche Kenntnisse verfügt und sich nicht an der schablonenhaften Handlung dieses belanglosen kleinen Films stört, kann man anderthalb Stunden angenehm damit verbringen, der immer noch verführerischen Dietrich und dem immer noch ansehnlichen De Sica zuzuschauen, wie sie auf der Leinwand wiederum das tun, was sie schon seit dreißig Jahren tun. Die Dietrich, die einst »Falling in Love Again« sang, singt jetzt »Home in Indiana«.
*Films in Review, New York,
Nr. 7, 1957*

WITNESS FOR THE
PROSECUTION
(Zeugin der Anklage)
USA 1958
Produktion: Arthur Hornblow jr.
für Theme Pictures/ Edward Small
Buch und Regie: Billy Wilder
Musik: Matty Malneck
Song: I May Never Go Home
Anymore
Darsteller:
Marlene Dietrich: Christine Vole
Tyrone Power: Leonard Vole
Charles Laughton: Sir Wilfrid
Robarts
Drehzeit: Juni–August 1957
Goldwyn Studios Hollywood;
Außenaufnahmen in England
Uraufführung: 30. 1. 1958
Leicester Square Theatre,
London

500 Charles Laughton, Marlene Dietrich, Tyrone Power und Regisseur Billy Wilder

501 Tyrone Power als britischer Besatzungssoldat und Marlene Dietrich als Sängerin in St. Pauli

502/503 Marlene Dietrich als Nachtclubsängerin in »Zeugin der Anklage«

Natürlich hätte aus dem Bühnenknüller von Agatha Christie ein saft- und kraftloser Film werden können. Billy Wilder und seine Mitarbeiter verfügten über das Können, einen Film daraus zu machen, der sich sehen lassen kann: angenehm solide Bauten, Lustspiel- und Handlungspointen hübsch herausgestrichen, die Darsteller fast immer wirksam geführt. Es ist zum Beispiel lange her, seit Tyrone Power auf der Leinwand so vorteilhaft zu sehen war. Marlene Dietrichs frostige Schönheit ist vorteilhaft eingesetzt. Doch niemand von den Genannten würde so hell leuchten, würden sie nicht von der im Mittelpunkt stehenden Gestalt angestrahlt – nicht der Angeklagte, sondern sein Verteidiger ist nämlich die Hauptleuchte. Aus jedem fleischigen Wulst Charles Laughtons strahlt eine Selbstbeglückwünschung, die nicht unbedingt nur gespielt ist.
*Sunday Times, London,
vom 2. 2. 1958*

Marlene Dietrich beweist in »Whitness for the Prosecution«, daß sie auch dramatische Rollen spielen kann, und eine glanzvolle Schlagersängerin ist sie immer noch (in einer Rückblende, die erklärt, wie sie ihren Mann kennenlernte, singt sie »I May Never Go Home Anymore«). Ihr Gatte, ein des Mordes verdächtigter, opportunistischer Schwächling, wird von Tyrone Power mit so geschickter Ambivalenz gespielt, daß das Publikum nie sicher weiß, ob er schuldig ist oder nicht ...
*Films in Review, New York,
Nr. 3, 1958*

504–506 Marlene Dietrich als Christine Vole und Charles Laughton als Sir Wilfrid

Es geht um den Prozeß gegen einen jungen Mann, der des Mordes angeklagt ist und der sich in tödliche Indizien verstrickt hat; es geht weiter um das höchst seltsame Verhalten der Ehefrau des Angeklagten; und es geht vor allem um einen alternden, schwer kranken Strafverteidiger, der noch einmal das große Abenteuer der Gerechtigkeit wagen will. Von Billy Wilder wurde die Vorlage perfekt inszeniert – mit maßvoller Bescheidenheit, die den spannenden Effekt niemals zum Selbstzweck erhebt. Indessen wäre daraus wohl nicht mehr geworden als ein brillanter Reißer, wenn nicht Charles Laughton diesen Film zu einer Studie großer, mitreißender Schauspielkunst ausgeweitet hätte. Er ist – alles in allem – eine Art Naturereignis. Sein Spiel, für das die Partner Tyrone Power und Marlene Dietrich allenfalls die Stichworte zu geben vermögen.
filmforum Nr. 6, Juni 1958

TOUCH OF EVIL
(Im Zeichen des Bösen)
USA 1957/58
Produktion: Albert Zugsmith
für Universal
Buch und Regie: Orson Welles
Kamera: Russell Metty
Musik: Henry Mancini
Darsteller:
Marlene Dietrich: Tanya
Orson Welles: Hank Quinlan
Drehzeit: Herbst/Winter 1957
Universal Studios Hollywood
und Venice, Kalifornien
Uraufführung: Februar 1958

Ich möchte noch auf das rasch hingeworfene Bild eines drittklassigen mexikanischen Bordells hinweisen, so sparsam mit wenigen Einzelheiten gezeichnet, mit Marlene Dietrich in brauner Perücke als zigarrenrauchende Puffmutter, die den betrunkenen amerikanischen Polizisten Quinlan (Orson Welles) mit gutgelaunter Nachsicht begrüßt, obwohl eigentlich schon Betriebsschluß ist und lediglich noch Filme zur Verfügung stehen – was für welche, kann man sich denken. Ich könnte eine Abhandlung darüber schreiben, wie man den Stil eines Regisseurs erkennen kann an seiner Art, diese unausrottbare Institution, das Bordell, zu schildern, weil sich hier geschmackvolle Zurückhaltung gegen krasse Wirklichkeitsnähe zu behaupten hat, und wehe dem, der leisetreterisch wie die Katze um den heißen Brei darum herumschleicht oder aber genießerisch im moralischen Morast herumplanscht. Es handelt sich da um einen ästhetischen Balanceakt des Regisseurs.
*Film Culture, New York,
Nr. 20, 1959*

507/508 Marlene Dietrich als zigarrenrauchende Bordellbesitzerin und Orson Welles als trunksüchtiger Polizist in »Touch of Evil«

»Jedesmal, wenn ich Orson Welles sehe und mit ihm spreche, ist mir zumute wie einer Pflanze nach dem Regen. Sein klarer Verstand ist mit einem einfachen und praktischen Herzen gepaart. Er ist freigebig mit beidem.«

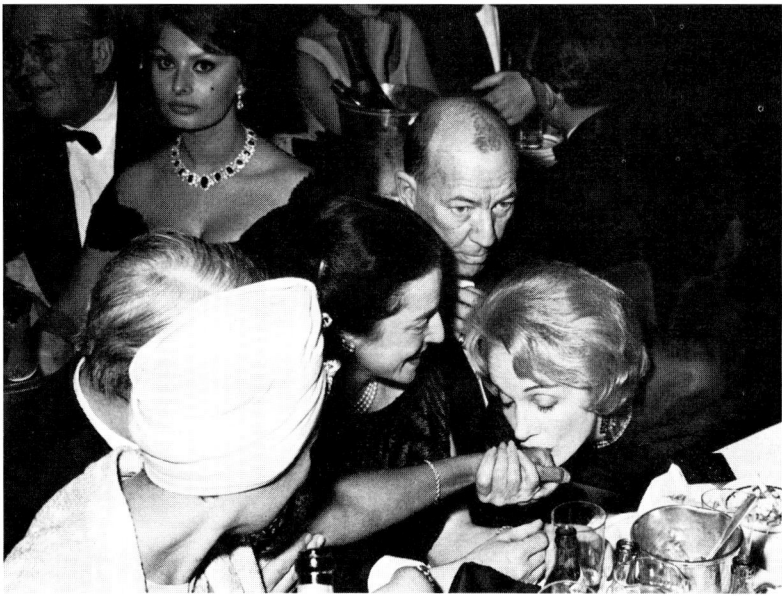

509 Wiedersehensfeier mit lieben Freunden im Pariser Lido, 10. 11. 1959
Noel Coward und Raf Vallone

510 Marlene Dietrich und Jean Cocteau im Théâtre de l'Etoile, 28. 11. 1959

511 Star im Parkett der Lido-Premiere war Marlene Dietrich, die in diesen Tagen im Pariser Revue-Theater Etoile von Beifall umrauscht war
Sie saß im Lido zusammen an einer Tischecke mit Maurice Chevalier, Sophia Loren, begleitet von Noel Coward. Marlene küßt der Sängerin Lena Horne die Hand

512–514 Der Auftritt im Théâtre de l'Etoile

515/516 Als Edith Piaf 1959 in der kleinen französischen Stadt Melun auftrat, war Marlene als Gast aus New York gekommen

»In meinen Augen war sie der ›Spatz‹ – so hatte man sie genannt. Ich diente ihr mit allen Eigenschaften, die sie gerade benötigte, zu jeder gegebenen Zeit. Ohne ihr ungeheures Bedürfnis nach Liebe zu verstehen, diente ich ihr trotzdem gut. Sie hatte mich gern, vielleicht liebte sie mich. Aber ich glaube, sie konnte nur Männer lieben. Sinn für Freundschaft hatte sie sicher auch – aber das blieb in ihrem Herzen verborgen.«

517/518 Gastspiel in Buenos Aires, Argentinien, 12. 8. 1959
Der Empfang, der Marlene Dietrich vor dem Opernhaus in Buenos Aires von einer begeisterten Menschenmenge bereitet wurde, war zu viel für die Künstlerin, so daß sie ohnmächtig wurde und von Polizeibeamten weggetragen werden mußte

Ich habe noch nie einen so faszinierenden Auftritt gesehen. Sie sang zwanzig Lieder, und jedes war wie ein Einakter, eine Geschichte, die jede von einer anderen Person erzählt, jede einzigartig phrasiert, mit einer außerordentlichen Selbstbeherrschung. Niemand hat jemals ein Publikum besser geneckt und beherrscht. Sie übertrifft ihr Material. Ob es eine flüchtige, alte Melodie wie »I Can't Give You Anything But Love«, »Baby« oder »My Blue Heaven«, ein schmalziges Liebeslied, ist oder das französische »La Vie en Rose«, sie gibt ihnen einen aristokratischen Nimbus, ohne aber jemals gönnerhaft zu wirken. Sie verwandelt Charles Trenets »I Wish You Love«, indem sie es »ein Liebeslied für ein Kind gesungen« nennt, und singt es auch so. Kein anderer kann heute Cole Porters »The Laziest Girl in Town« singen – es gehört ihr. Genauso wie »Lola« und »Falling in Love Again« (Von Kopf bis Fuß). Sie neckt »The Boys in the Back-Room« aus »Destry Rides Again«, aber mit großem Charme. Wenn sie auf deutsch »Johnny« singt, wirkt es direkt erotisch. Ein Volkslied wie »Go Away from My Window« wurde nie mit einer solchen Leidenschaft gesungen, und in ihren Händen ist »Where Have All the Flowers Gone« (Sag mir, wo die Blumen sind) nicht nur eine Anti-Kriegs-Wehklage, sondern eine tragische Anklage gegen uns alle.
Alles, was sie tut, ist perfekt. Da gibt es keine halben Gesten oder unvollendeten Gedanken bei ihrem Auftritt. Auch wiederholt sie nie einen Effekt, bewegt sich nicht zuviel, steht einfach da, tritt für einen auf. Aufs genaueste geprobt, erscheint trotzdem alles spontan zu sein, als machte sie es zum ersten Mal: ein großes Showtalent – theatralisch, aber fein, zart, kunstvoll.
Filmregisseur Peter Bogdanovich

519–521 Marlene Dietrich in ihren Ferien in Rom mit Raf Vallone, Februar 1960

»Vielleicht ist es schwirig, die Beziehungen zu verstehen, die ich zu bedeutenden Männern hatte. Ich werde nicht versuchen, das zu erklären. Entweder man versteht es oder man versteht es nicht. Mein Leben lang war körperliche Liebe stets mit Liebe verbunden, und nur mit Liebe. Deshalb hatte ich auch nie Heute-hier-morgen-da-Beziehungen.«

»Freundschaft . . . Nur wenige Menschen verstehen den Sinn dieses Wortes. Freundschaft ist wie Mutterliebe, Bruderliebe, ewige Liebe, erträumte Liebe, ersehnte Liebe.
Freundschaft hat mehr Menschen miteinander verbunden als Liebe, Freundschaft ist wertvoll und heilig. Für mich ist Freundschaft das Allerwichtigste.«

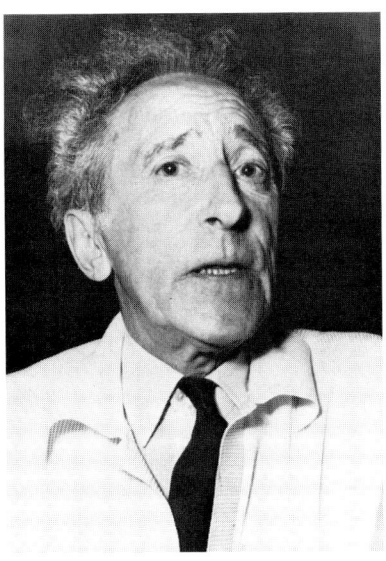   

522 Jean Cocteau
Marlene vorzustellen, das ist gar nicht erst notwendig. Nur selten tritt jemand in die Annalen der Geschichte so ein: gerüstet von Kopf bis Fuß. Wie Kinder, die Reiterspiele machen, ist Marlene zur Legende geworden: rittlings auf einem Stuhl sitzend. Und wer sie kennt und erleben konnte, wie sie plötzlich unvermutet rittlings auf dem Stuhl sitzt und singt: »Ich bin von Kopf bis Fuß auf Liebe eingestellt . . .«, der hat die Perfektion an sich erlebt. Diese Vollkommenheit ist mehr als nur umwerfender Sex-Appeal. Wenn sich Marlene zu einem Striptease hergäbe – und dabei, ganz nach ihrer Art, bis zum Letzten ginge –, bliebe von ihrer Person doch noch das Wesentliche erhalten: ein Herz aus Gold. Denn sie ist nicht nur ein Paradiesvogel, ein prächtiges Schiff mit geblähten Segeln, nicht nur verkörperte Grazie, deren Federbüsche, Pelze mit der Haut verwachsen scheinen. Sie gehört zu den seltenen Menschen, die die Güte in Person sind, die nicht davor zurückschrecken, den Ozean zu überqueren, wenn es darum geht, behilflich zu sein. Mehr braucht nicht gesagt zu werden. Weitaus erfreulicher ist es, sie nun zu sehen: Sie, deren Name wie eine Zärtlichkeit beginnt und wie ein Peitschenschlag aufhört: Marlene . . . Dietrich.
Jean Cocteau (1889–1963) richtete dieses Grußwort an Marlene anläßlich des »Bal de la mer« in Monte Carlo am 17. 8. 1954, es wurde vorgetragen von Jean Marais.

523 Billy Wilder
Marlene ist ein wirklicher Freund. Sie nimmt ehrlich Anteil an allen Problemen. Sie hat einen Kreis von ungefähr fünfzig Leuten, die dauernd bei ihr Hilfe suchen. Ihr seine Schwierigkeit zu beichten ist besser, als wenn man zum Psychoanalytiker geht. Niemand aber fragt sie, wie es ihr geht. Sie ist schlau, weise, hilfsbereit. Und dabei hat sie die romantische Unreife eines sechzehnjährigen Backfischs. Sie ist eine unheilbare romantische Seele. Das ist das Geheimnis ihres Aussehens und ihres Wesens.
Billy Wilder (1906), der amerikanische Regisseur österreichischer Herkunft, emigrierte 1933 nach Paris, dann nach Hollywood. Er führte 1948 Regie zu dem Film »Eine auswärtige Angelegenheit« und 1957 zu »Zeugin der Anklage«, beide mit Marlene Dietrich in der Hauptrolle.

542 Edward G. Robinson
Ich kannte sie nur von ihren Filmen her und wußte, daß sie aufregend, eigenwillig, anspruchsvoll, schön und vielleicht bloß Josef von Sternbergs Kunstfigur war. Jetzt, während wir beim selben Film mitwirkten, merkte ich, daß wir eine Leidenschaft gemein hatten: die Arbeit. Mehr als das: pünktlich sein, den Text auswendig können, antreten, die Worte sprechen, auf alles gefaßt sein. Sie gehört meines Wissens zu den Schauspielerinnen, die als erste für ihren Schminktisch und Spiegel jeweils dieselbe Beleuchtung bekamen, wie sie nachher in der Dekoration verwendet wurde. Sie kam oft zu mir, sah sich mit Vorliebe die Gemälde an, verstand etwas davon, kannte manche der Künstler persönlich und erwies sich als die Intellektuelle, die sie ist, wenn sie dabei auch die atemberaubendsten Roben trug. Was ich von ihr als Schauspielerin halte? Ich weiß nicht, ob ich es Talent nennen würde – es geht darüber hinaus, hat mit Rätselhaftigkeit zu tun, mit Unzugänglichkeit, mit Abstand, mit dem Ewig-Weiblichen. Marlene – die übrigens ausgezeichnet kocht und es als Feinschmeckerin mit jedermann aufnimmt. Sie ist die Liebesgöttin schlechthin, sie ist aber auch die deutsche Hausfrau schlechthin – eine Frau von echtem Schrot und Korn.
Edward G. Robinson (1893–1972) spielte 1941 in »Manpower« einen Elektriker und Marlene eine Barfrau, um die er sich bemüht.

525 Jean Marais
Marlene und Jean Cocteau verband mehr eine gegenseitige Achtung als Freundschaft. Der eine bewunderte das Talent des anderen . . . Sie besuchte uns oft in unserem Haus, das Jean und ich uns in Paris gekauft hatten. 1954 lernte ich sie besser kennen. Sie lebte wieder einmal in Paris und fühlte sich sehr einsam. Wir trafen uns bei einer gemeinsamen Freundin, einer Directrice von Dior. Wir gingen oft zusammen essen oder ins Kino. Ich lebte damals auf einem Hausboot auf der Seine. Dort besuchte sie mich manchmal, brachte Freunde mit und kochte. Sie liebte Gabin noch immer, der in der Rue François, nicht weit von ihrem Appartement in der Avenue Montaigne, wohnte. Ich mußte sie immer in das Café begleiten, das gegenüber von Gabins Haus lag . . . Sie hoffte einen Blick auf ihn werfen zu können, wenn er das Haus verließ, und sei es auch nur kurz. Wir saßen oder standen stundenlang dort, manchmal den ganzen Tag. Völlig sinnlos, denn Gabin war verheiratet und ein Neubeginn aussichtslos. In ihrem Kummer schleppt sie mich in sämtliche Gabin-Filme egal, ob alte oder neue. Wir sahen uns einen Film nach dem andern an. Sie lachte oder weinte, machte Bemerkungen über seine Gebärde oder bestimmte Szenen, die sie an ihre eigene Liebesaffäre mit ihm erinnerten. Wenn ich daran denke muß ich immer noch lächeln. Es war wirklich rührend.
Jean Marais (1913) kannte Marlene Dietrich seit Mitte der vierziger Jahre

526 Maximilian Schell

Ich hatte sofort Kontakt zu ihr. Sie war das, was die Franzosen »une copine« nennen, eine Art Kumpel. Sie kehrte nie den großen Star heraus. Ich war damals ein ziemlich unbekannter Schauspieler, aber sie behandelte mich wie ihresgleichen. Ich war ihr bisher nie begegnet, aber sie besuchte mich schon am ersten Tag im Hotel und kochte auf der Stelle eine Mahlzeit für mich. Ganz ungezwungen sang sie mir einen Song aus ihrer neuen Show vor und sprach völlig offen über homophile Beziehungen. Sie war sehr weltklug und ohne Illusionen. Eine typische Berlinerin, die es versteht, Könige und Bettler gleichermaßen geschickt zu behandeln. Sie war großzügig und witzig, aber im Grunde ihres Herzens noch immer eine preußische Hausfrau. In dem Film »Das Urteil von Nürnberg« gab es einige sentimentale Szenen, die sie auch als solche erkannte und dennoch fabelhaft bewältigte. Ich glaube, daß alle Szenen mit Marlene aus rein kommerziellen Gründen hineingenommen wurden, weil man einen zugkräftigen Namen wollte. Ich hatte den Eindruck, daß Marlene sich mit den Leuten, die sie traf, nicht nur unterhalten, sondern sie herausfordern wollte. Der Umgang mit ihr war ganz schön anstrengend, man hatte es mit einer Art Konfrontation zu tun, aber ich mochte das.
Maximilian Schell (1930), Schauspieler und Regisseur, spielte 1961 in dem Film »Urteil von Nürnberg«.

527 Stanley Kramer

Ich wollte sie unbedingt für die Rolle im »Urteil von Nürnberg« haben. Als ich sie in New York aufsuchte, war sie sofort einverstanden. Sie war fest davon überzeugt, daß der Nationalsozialismus in Deutschland noch nicht tot war, und hielt die Aussage des Films, das ganze deutsche Volk sei schuldig, für richtig. Sie sagte, es sei sicher, daß noch viele Nazis frei herumliefen. – Sie stellte ihre Garderobe für den Film selbst zusammen. Eine Schneiderin mußte für sie ein braun-schwarzes Kostüm mit langem Rock nähen, auch ein schwarzer Hut und ein Pelzkragen wurden nach ihren Wünschen angefertigt. Aus Deutschland ließ sie sich dicke Seidenstrümpfe kommen, da die Witwe eines deutschen Generals nach dem Krieg bestimmt über keine Nylonstrümpfe verfügte, und kaufte sich feste, typisch deutsche Schnürschuhe. Sie akzeptierte die Rolle, ohne das Drehbuch gelesen zu haben. Ich hatte ihr lediglich den Inhalt des Films erzählt. Bei den Dreharbeiten in Hollywood war sie für mich eine Offenbarung. Regieanweisungen befolgte sie ohne lange Diskussionen. Probleme gab es mit den anderen Schauspielern. Montgomery Clift stand kurz vor einem Nervenzusammenbruch, und Judy Garland wog zuviel. Marlene versorgte sie mit Medikamenten. Dem Team brachte sie Apfelstrudel mit.
Stanley Kramer (1913), war 1961 Regisseur und Produzent des Films »Urteil von Nürnberg«.

528 Maurice Chevalier

Marlene war immer eine Freundin für mich. Ich bewundere die Art von Frau, die sie verkörpert, ihre Schönheit, ihre Weiblichkeit. Ich habe für sie immer sehr viel Wärme empfunden. Als sie nach dem Krieg mit der amerikanischen Armee in Paris ankam, hat sie, ohne sich anzumelden, wie das bei Freunden eben ist, bei mir in der Avenue Foch 2 geklingelt. Ich habe keine Gelegenheit ausgelassen, ihr meine Freundschaft und meinen Respekt zu zeigen. Ich habe für sie aus ganzem Herzen getan, was ich konnte. Sie würde das gleiche tun. Unsere gegenseitige Freundschaft hat nichts mit Snobismus zu tun. Sie braucht keine Scheinwerfer. Wo auch immer sie gerade sein mag, ich bin sicher, Marlene käme sofort, wenn mir ein Unglück zustieße. Mit Marlene befreundet zu sein ist meiner Ansicht nach mehr, als eine Liebesaffäre mit ihr erlebt zu haben. Sie ist in der Freundschaft treu wie ein Mann. Wie Marlene zum Singen gekommen ist? In Las Vegas, wo man immer auf außergewöhnliche Attraktionen aus ist, wurde ihr eines Tages ein Heidengeld für eine Show angeboten. Da sie meiner Ansicht nach nicht sehr reich ist, denn Geld hat für sie nie eine Rolle gespielt, gab sie der Versuchung nach. Sie hatte schließlich einen solchen Erfolg, daß sie im folgenden Jahr erneut um einen Auftritt gebeten wurde.
Maurice Chevalier (1888–1972) war, seitdem Marlene nach Hollywood kam, mit ihr befreundet.

529 David Niven

Sie hatte einen schwarzen Cadillac und einen Chauffeur namens Briggs, der zwei Revolver hatte und im Winter eine Uniform mit Nerzkragen trug . . . Eines Tages lag ich mit Grippe in meinem bruchreifen Chalet in der North Vista Street zu Bett. Sie kannte mich kaum, aber Briggs war mein Freund, und er erzählte ihr, daß ich krank war. Marlene erschien mit Suppe und Medizin. Dann machte sie sich an die Arbeit, putzte mein Haus von oben bis unten, wechselte meine Bettwäsche und verschwand. Sie kam jeden Tag, bis ich gesund war.
David Niven (1909–1983) war 1956 Phileas Fogg in »Around the World in 80 Days«, in dem Marlene eine Barbesitzerin spielte. Marlene sagte über ihn: »Ich schätze ihn nicht nur als Schauspieler, sondern auch als Schriftsteller. Welche Freude, mit ihm zu sein, welche Freude, seine Bücher zu lesen!«

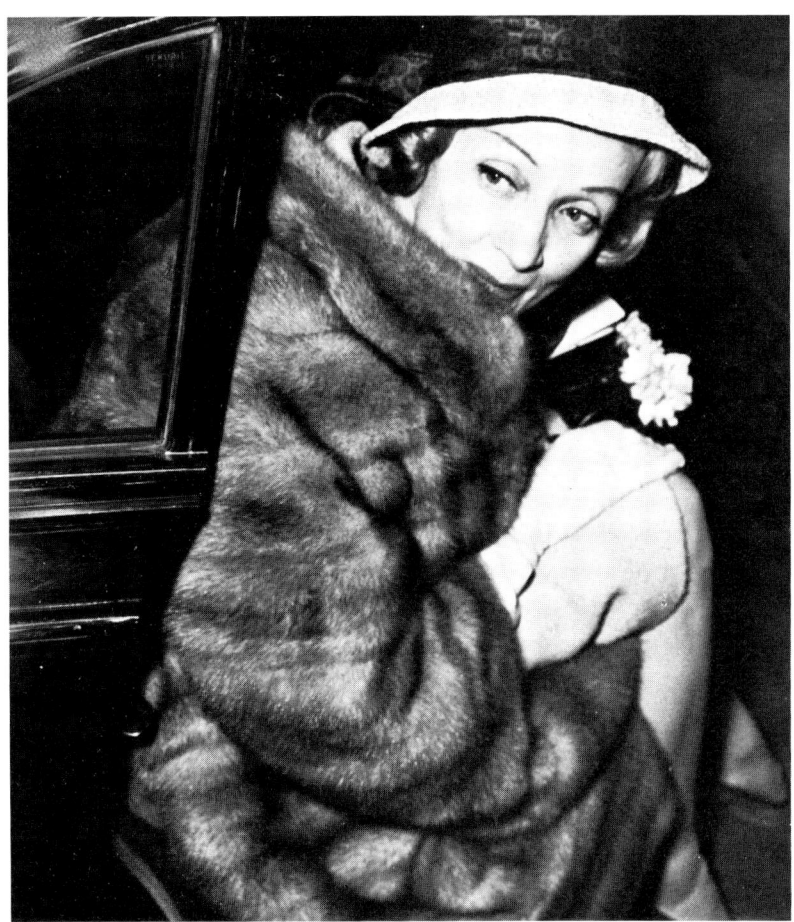
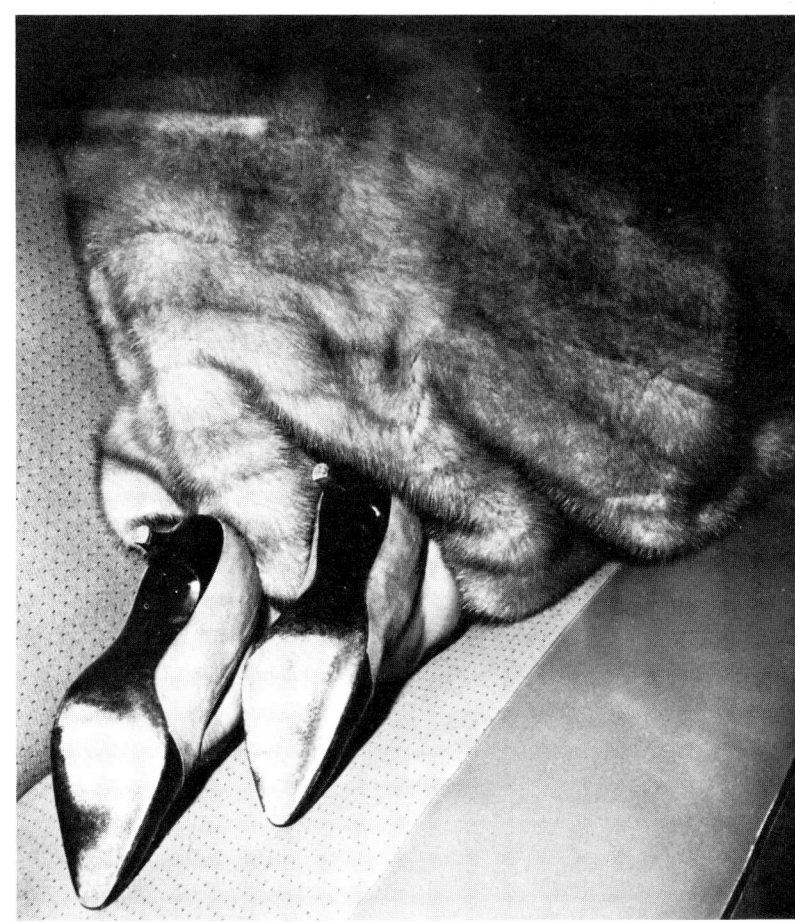

**530–532 Nach 15 Jahren wieder in der Heimatstadt
Ankunft in Berlin-Tegel,
30. 4. 1960**

»Als ich zum ersten Mal wieder in meine Heimat kam, war ich betroffen von der Haßliebe, der ich dort begegnete. Es gab Zeitungen, die mich eine Landesverräterin nannten und mich mit den übelsten Schimpfnamen belegten. Diese Leute trauerten offensichtlich noch immer dem Hitler-Regime nach. Durch Zeitungsartikel und Flugblätter aufgeputscht, verstiegen sich einige Fanatiker sogar zu der Drohung, in den Zuschauerraum der Theater, in denen ich auftrat, Bomben zu legen. Der Erfolg war natürlich, daß die Theater nicht mehr, wie zu Beginn meiner Tournee, immer ausverkauft waren. Dennoch fand sich jedesmal noch eine recht stattliche Gemeinde ein, und in einigen Städten, zum Beispiel in Berlin, war der Jubel geradezu überwältigend.«

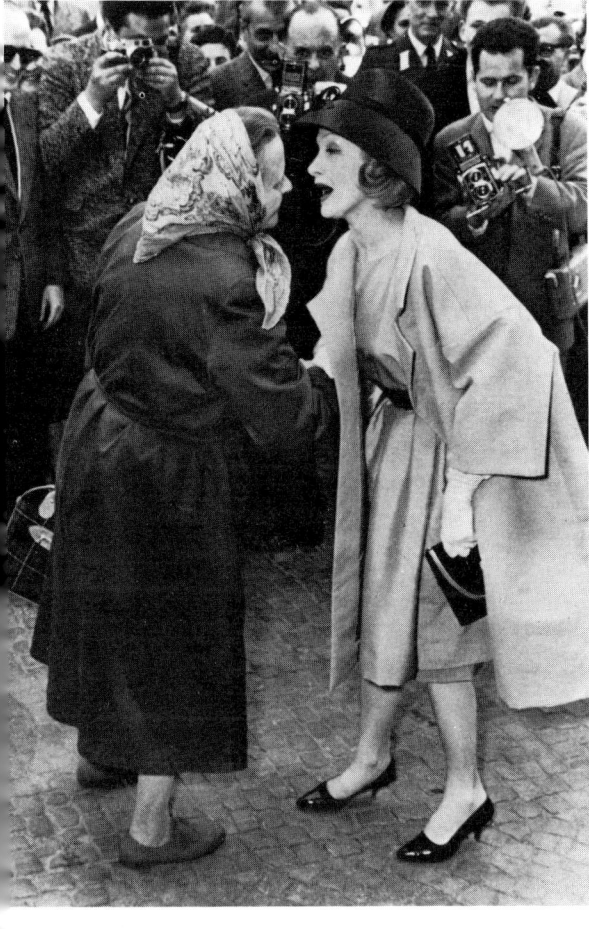

533 Begegnung mit einer Berliner Marktfrau

»Und da waren auch nette Menschen ... und da war so eine richtige Frau, eine Berlinerin, und die sagte zu mir: ›Na, wollen wir uns mal wieder vertragen?‹ So waren manche Berliner.«

Wiedersehen mit alten Bekannten

534 Mit Josef von Sternberg, der sie vor 30 Jahren für die Filmrolle engagierte, die ihren Weltruhm begründete

535 Mit Emil Hasler, der die Bühnenbilder und Bauten zum »Blauen Engel« entwarf

536 Hildegard Knef hatte Marlene Dietrich bereits 1948 in Hollywood kennengelernt

Der Anstand verbietet es und der Respekt vor Marlene Dietrich, die Kränkungen und Schmähungen unverbesserlicher Nationalisten an dieser Stelle abzudrucken. Diese Artikel von außerordentlicher Perfidie, die Zuschriften von Vulgarität, Klatschsucht, Verleumdung bis zur offenen Niedertracht, sind zu abstoßend, darum mögen die Bilder der nächsten Seite für sich sprechen. Stimmen von Verehrern und Freunden Marlene Dietrichs sollen hier zu Wort kommen, abgedruckt in der Presse am 31. 3. 1960

Marlene Dietrich hat gegen das verbrecherische Hitlerregime gekämpft. Sie konnte das nur, indem sie sich auf die andere Seite stellte. Sie hat somit dazu beigetragen, daß diese Diktatur gestürzt wurde, und dafür nennt man sie heute Verräterin! Ist es eigentlich ein so weiter Weg von »Juden 'raus« bis »Marlene 'raus«?
H. Rondi, Hamburg

Künstler wie Marlene Dietrich und Thomas Mann wußten damals, daß ihre Heimat einer Verbrecherbande in die Hände gefallen war. Sollten sie da schön stille sein, nur weil sie Deutsche waren? War Marlene vielleicht nicht doch eine bessere Deutsche, weil sie zeigte, daß es auch andere Deutsche gab?
W. Kaynig, Düsseldorf

537 Auf der Pressekonferenz im Hilton-Hotel, 2. 5. 1960

Die tolle Lola aus dem »Blauen Engel« als eine Art politischer Bewährungsprobe, dreißig Jahre später, so grotesk können sich die Dinge entwickeln! Nun, was an Marlene auffiel, war ein angenehmer Mangel an Sentimentalität. Die Befrager in dem Rudel von Zeitungsleuten, das ihr sofort anklebte, hätten gern ein paar weiche, berlinisch lokalpatriotische Äußerungen von ihr gedruckt. Sie hätten so gern mit klingender Schreibmaschine ein paar schulterklopfende Worte kolportiert ... Marlene winkte ab. Die Träne im Knopfloch zeigte sie nicht. Dort trägt sie das Band der Ehrenlegion. Die Antworten, die sie gab, waren quick, kühl und erfrischend intelligent. Sie sei hier, um zu arbeiten. Basta. An Heimweh zu lutschen und an einer längst vergangenen Vergangenheit, weigert sie sich.
Die Welt vom 5. 5. 1960

Die weltberühmten Beine in hellen Strümpfen und stöckelnden Brokatschuhen schritten einem Raum zu, in dem man Platz und den Star in die Mitte nehmen konnte: es kam ein Gespräch, ein Frage- und Antwortspiel auf; das Kameralächeln demaskierte sich ein wenig; der riesige braune Flapper über den blonden Locken gab endlich die Augen, diese faszinierend kaltbrennenden, frei. Die schmale Gestalt im schwarzen Pariser Balenciaga-Kleid mit dem winzigen roten Bändchen der Ehrenlegion und nur einem kleinen Rückendekolleté, die von hellen Lederhandschuhen verhüllten Hände, immer wieder zur Zigarette aus goldenem Etui greifend, schienen nicht mehr ganz so nervös. Eine Konversation begann, deren manchmal sentimentale, indiskrete und platte Abschweifungen eine kluge, witzige, sehr charmante und nach dem von ihr zitierten Motto »Landgraf, werde hart« trainierte Dame steuerte.
Kurier vom 3. 5. 1960

538–540 Tumultartige Szenen und Provokationen vor dem Titania-Palast, 3. 5. 1960

»Kann sich niemand den Seelenkonflikt vorstellen, in dem man lebt, wenn die eigene Mutter in Berlin stündlich von amerikanischen Bomben bedroht ist und man dennoch hoffen muß, daß nicht die Deutschen diesen Krieg gewinnen müssen, ahnt das niemand in Deutschland? Glaubt wirklich jemand, blinder Haß gegen Deutschland habe mich angetrieben?«

Es ist gut gegangen. Marlene, an deren späte Rückkehr sich so viel dummes Ressentiment, so viel falsche »Politik« geheftet hatte, kann zufrieden sein. Im weiten Saal des Titania-Palastes kein falscher Ton, keine Stimme des Unmuts. Auf ihre alten Lieder – Jubel, Rührung, der große Knatterbeifall der Zusammengehörigkeit, der herzliche Radau des uneingeschränkten Willkommens. Daß man dann für drei Abende mit horrenden Preisen die große Schauscheune des Steglitzer Titania-Palastes gemietet hat, war ebenfalls unklug. Helmut Käutner, etwas nervös, führt sie mit kollegial verehrenden Worten ein. Und dann Tusch und Scheinwerferknall und frenetischer Beifall: Da steht sie, der intelligente Mythos konservierter Jugend, das Schaustück der Schönheit im hautengen Las-Vegas-Kleid, umwölkt von weißen Boas – die Dietrich. Es sind die alten Lieder, die sie singt. Dazwischen gibt sie so etwas wie die Marlene-Dietrich-Story. Sie erzählt, wie es jedesmal zu den Liedern kam, und streichelt die Erinnerung mit Worten. Und dann singt sie, rauh, getragen, gefühlsschluchzend oder keß, wippend, pointiert. Sie macht es grandios. Jede Nummer verkauft sie über Preis, einen Schuß lustiger Ordinärheit oder purer Sentimentalität nicht sparend. Jubel umgibt sie, wenn sie dann in ihre obligate Frackuniform steigt und mit der mitgereisten Girltruppe die berühmten Beine schmeißt, als sei sie nicht die Großmutter, die sie ist. Und als sie der Berlinwehmütigkeit mit einer Zugabe Zucker gibt und die Schnulze singt von dem »Koffer in Berlin«, da ist kein Halten. Sie hat die Leute genau, wohin sie sie haben möchte ...
Süddeutsche Zeitung vom 5. 5. 1960

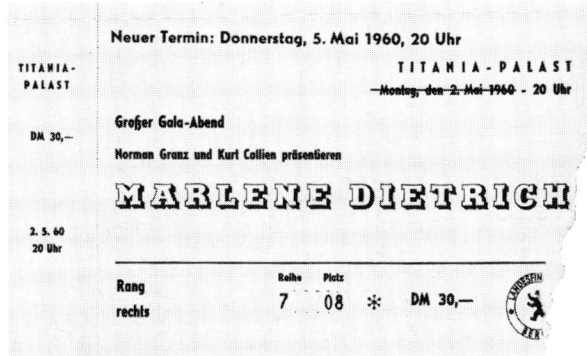

541/542 Galavorstellung im Titania-Palast, 3. 5. 1960

Sie exerziert die große Schule des Vortrags. Auf ihrem anderthalbstündigen Alleingang-Programm die vielen, lieben, alten Hüte von einst: »Ich bin von Kopf bis Fuß«, »Peter«, »Allein in einer großen Stadt«, »The Laziest Girl in Town«, »Wenn ich mir was wünschen dürfte ...«, »La Vie en Rose«, ein paar englische Schlager, französische Einlagen, das Hobellied des Valentin ... Marlene zog ein, siegreich.
Die Welt vom 5. 5. 1960

543 Abschiedsvorstellung in München

Vom 16. bis 27. 5. 1960 unternahm Marlene Dietrich eine Tournee in den Städten Düsseldorf, Köln, Hannover, Wiesbaden, Stuttgart und München

Marlene Dietrich ist am Sonntagabend während ihres Wiesbadener Gastspiels gestürzt und in die erste Parkettreihe gefallen. Die Künstlerin hatte gerade ihren traditionellen Frack angelegt und sang zigarettenrauchend auf abgedunkelter Bühne ein amerikanisches Lied, als sie dem Podiumsrand zu nahe kam.
Morgenpost vom 24. 5. 1960

Stinkbomben und Beifall um Marlene Dietrich

Von üblen Gerüchen empfangen wurde das elegante Publikum, das gestern zur Abschiedsvorstellung von Marlene Dietrich in Deutschland das Deutsche Theater in München betrat. Unbekannte hatten vor der Vorstellung Stinkbomben gelegt.
nacht-depesche vom 28. 5. 1960

»Ich ging nie wieder zurück nach Deutschland. Ich hatte mehr als genug davon, ›angespuckt‹ zu werden, hatte genug von den ›Demonstranten‹, genug von der Haßliebe. Ich sagte einmal in einem Interview, daß ›sie mit mir böse sind‹. Erstens: weil ich nach Amerika ging. Zweitens: weil ich nach dem Krieg nicht zurückkam. Drittens: weil ich zurückkam.«

544 Ankunft in Kopenhagen, 11. 5. 1960, zur ersten Skandinavien-Tournee

545/546 Schnappschüsse von Marlene Dietrich, sie zeigen sie auf dem Bühnenboden des Falkonercenter, wo sie jedes Detail ihrer Vorstellung plant

Wie viele Straßen auf dieser Welt
sind Straßen voll Tränen und Leid.
Wie viele Meere auf dieser Welt
sind Meere der Traurigkeit.
Wie viele Mütter sind lang schon
    allein
und warten und warten noch heut –
die Antwort, mein Freund,
weiß ganz allein der Wind,
die Antwort weiß ganz allein
    der Wind ...

Dieses Lied fehlte an keinem Abend ihrer Gastspiele rund um den Erdball. Die letzte Strophe dieses bewegenden Antikriegsliedes »The answer my friend is blowing in the wind« wurde von allen Menschen verstanden.

Wie große Berge von Geld gibt
    man aus
für Bomben, Raketen und Tod.
Wie große Worte macht heut
    mancher Mann
und lindert damit keine Not.
Wie großes Unheil muß erst noch
    geschehn,
damit sich die Menschheit besinnt –
die Antwort, mein Freund,
weiß ganz allein der Wind,
die Antwort weiß ganz allein
    der Wind ...

547/548 »Nacht der Chancellerie« in Paris, 2. 6. 1960
Der größte Ball der Saison im Pariser Palais de Chaillot mit Sascha Distel, Danielle Darrieux, Marlene Dietrich und Maria Schell; General de Gaulle begrüßt seine Gäste

549 Marlene Dietrich in den Kulissen
Marlene war bei ihrem Gastspiel in Wiesbaden im Dunkeln von der Bühne gefallen und hatte sich die Schulter verrenkt

»Den Arm hatte ich fest gebunden mit einem Stück von dem Stoff meines Kostüms, den ich für eventuelle Reparaturen immer bei mir habe. Es ging ziemlich gut. Die einzige große Schwierigkeit, die sich ergab, bestand darin, daß ich nur einen Arm hatte antstatt zwei. Mit zwei Armen zu singen ist etwas ganz anderes als mit einem Arm ...«

JUDGMENT AT NUREMBERG
(Urteil von Nürnberg)
USA 1961
Produktion: Roxlom Films
Regie: Stanley Kramer
Buch: Abby Mann
Kamera: Ernest Laszlo
Darsteller:
Marlene Dietrich: Frau Bertholt
Spencer Tracy: Richter Dan Haywood
Burt Lancaster: Ernst Janning
Richard Widmark: Oberst Ted Lawson
Maximilian Schell: Hans Rolfe
Judy Garland: Irene Hoffmann
Montgomery Clift: Rudolf Petersen
Drehzeit: 22. 1. 1961 bis April/Mai 1961, Revue-Studios
Uraufführung: 14. 12. 1961 Kongreßhalle, Berlin (West)

Marlene Dietrich als Witwe des hingerichteten deutschen Generals. Sie erscheint als unantastbar interessant und schön – Persönlichkeit aus bester Familie, sitzt in einem »Kultur-Komitee« und betreibt Verständigung. Daneben haßt sie die Mörder ihres Mannes – Amerikaner. Nach Kramers Auffassung vertritt sie die »anderen Deutschen«, wie die Rolle der Dietrich vorschreibt, um zu zeigen: daß nicht alle Deutschen Ungeheuer waren. Spencer Tracy runzelt zu ihren privaten Aussagen die Stirn. Die Rolle der Dietrich bleibt künstlich, in einem Filmprozeß, der auf seiner anstrengenden Suche nach Wahrheit mit Großmut zur Künstlichkeit neigt. Der Film ist gegen Schluß von einer gebieterischen Unbestechlichkeit. Vor dem weißhaarigen amerikanischen Richter ist jede Rechtsbeugung ausgeschlossen. Mit dem Recht darf nicht jongliert werden. Stanley Kramer setzt mit diesem Gedanken den Schlußpunkt . . .
Deutsche Zeitung vom 19. 12. 1961

550 Marlene Dietrich in »Urteil von Nürnberg«

551 Marlene Dietrich als Frau Bertholt und Spencer Tracy als Richter

552/553 Bei den Dreharbeiten zum Film »Urteil von Nürnberg« Regisseur Stanley Kramer, Marlene Dietrich und Spencer Tracy, unten rechts Kameramann Ernest Laszlo

1961

554 Regisseur Stanley Kramer mit den Schauspielern des Films »Urteil von Nürnberg« Spencer Tracy, Burt Lancaster, Richard Widmark, Marlene Dietrich, Maximilian Schell, Judy Garland, Montgomery Clift. Maximilian Schell erhielt einen Oscar für die beste schauspielerische Leistung, Abby Mann für das beste Drehbuch

555 Plakat der Uraufführung

Über die zentrale Problematik der Kriegsverbrecherprozesse, die nach dem zweiten Weltkrieg in Nürnberg stattfanden, hat Stanley Kramer einen packenden, überzeugenden Film gedreht. Die Gerichtsverhandlung wird von einer Reihe interessanter Episoden unterbrochen, die zeigen, wie sich der amerikanische Richter um Verständnis für das deutsche Volk bemüht. Marlene Dietrich – sie spielt sehr sensibel die trauernde Witwe eines deutschen Generals – liefert ihm den distanzierten Standpunkt antinazistischer Aristokraten.
The New York Times vom 20. 12. 1961

THE BLACK FOX
Dokumentarfilm über Adolf Hitler, verknüpft mit der Erzählung »Reineke Fuchs« von Goethe
USA 1962
Regie und Buch:
Louis Clyde Stoumen
Sprecher: Marlene Dietrich
Uraufführung: 6. 9. 1962, Venedig

»Black Fox« kann nicht einfach als Tatsachenbericht bezeichnet werden, nicht einmal als »wahre Geschichte« vom Aufstieg und Fall Adolf Hitlers. Es ist ein gewaltiges und zwingendes Traktat – aus unserer Zeit, aber für alle Zeiten – und handelt vom Triumph der Bestie, wie er möglich wurde durch die Bestie im Menschen. Ein Traktat mit so vollkommener Kunstfertigkeit auf so direkte und doch geistreiche Art abgefaßt, daß es zu einem Meisterwerk der Gattung Dokumentarfilm wurde und den kürzlich verliehenen Oscar mehr als verdient hat.
The New York Herald Tribune vom 30. 4. 1963

PARIS WHEN IT SIZZLES
(Zusammen in Paris)
USA 1964
Produktion und Regie:
Richard Quine
Buch: George Axelrod
Kamera: Charles Lang jr.
Darsteller:
William Holden: Richard Benson
Audrey Hepburn: Gabrielle Simpson
Gastauftritte: Marlene Dietrich, Mel Ferrer, Tony Curtis
Uraufführung: April 1964
Trans Lux Theatre, New York

»Paris When It Sizzles« ist keineswegs unterhaltsam. Trotz Audrey Hepburn und William Holden in den Hauptrollen, trotz schöner Farbphotographie und kurzen Gastauftritten von Marlene Dietrich, Tony Curtis und Noel Coward ist der Film langweilig und formlos.
Films in Review, New York, Nr. 5, Mai 1964

556 Marlene Dietrich bei der Aufnahme im Tonstudio, sie spricht den Kommentar des Dokumentarfilms »Black Fox«

557 Eine Szene des Films »Zusammen in Paris«

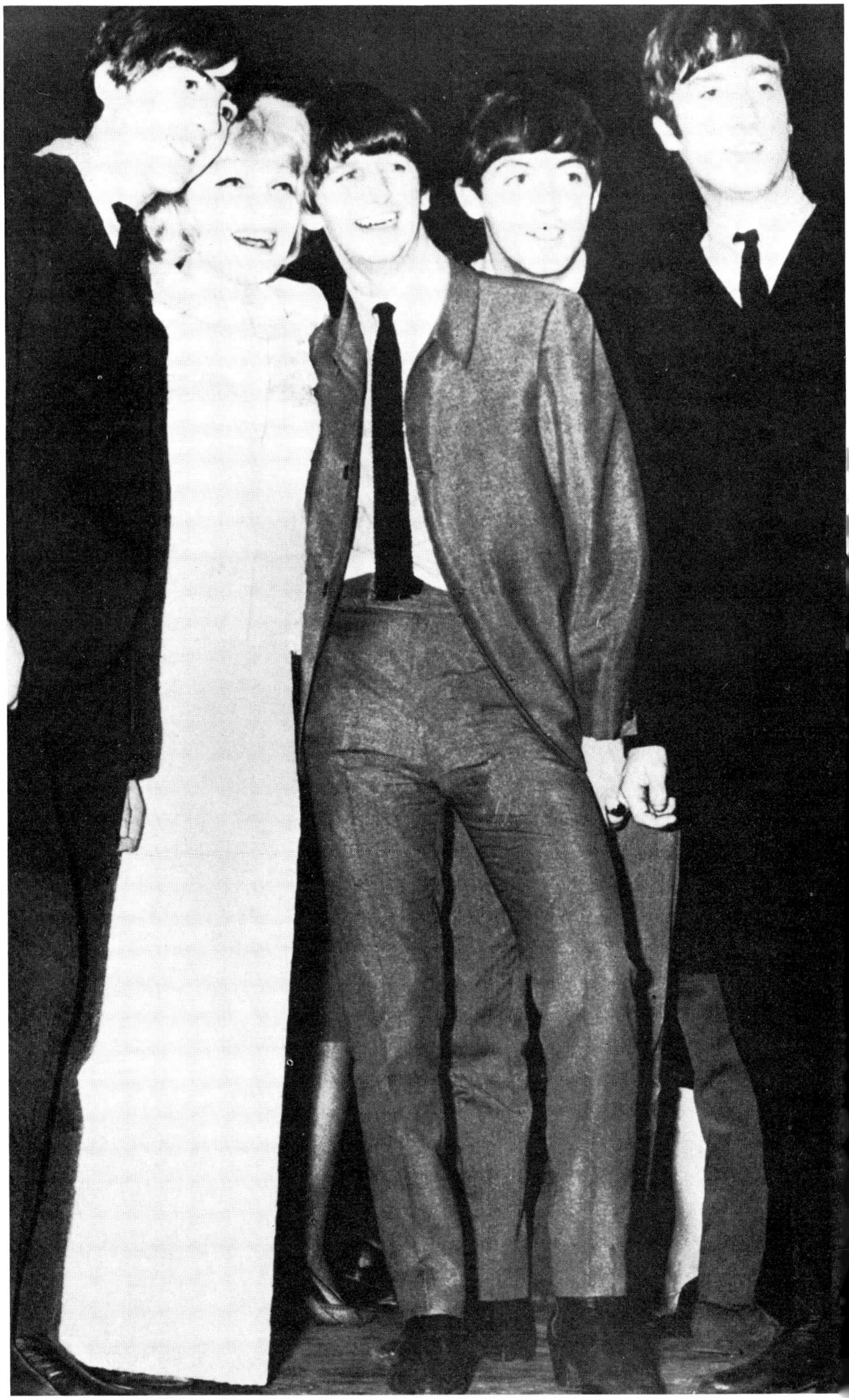

558/559 Marlene Dietrich auf der Beerdigung von Gary Cooper, 13. 5. 1961; und von Edith Piaf, Paris, 14. 10. 1963

560 Mit den Beatles, Prince of Wales Theatre in London, 4. 11. 1963

561 Im berühmten Berns von Stockholm, 19. 10. 1963
Ein Blumenregen geht auf Marlene Dietrich nieder, nachdem sie ihr bekanntes Lied »Where Have All the Flowers Gone« (Sag mir, wo die Blumen sind) gesungen hat

562/563 Auf dem Wege nach Warschau – Zwischenlandung in Berlin-Schönefeld, 16. 1. 1964
Marlene Dietrich mit dem Schauspieler Wolf Kaiser und Wolfgang E. Struck, dem Direktor des Friedrichstadt-Palastes – dem einstigen Großen Schauspielhaus –, in dem Marlene Dietrich 1922 in »Der Widerspenstigen Zähmung« gespielt hatte und 1926 in der Revue »Von Mund zu Mund« aufgetreten war

Auf dem Zentralflughafen Berlin-Schönefeld gab es gestern nachmittag eine zwar kurze, aber sehr herzliche Begegnung mit einer Künstlerin, die fast legendären Ruhm genießt. Marlene Dietrich hatte auf dem Flug nach Warschau, wo sie ein mehrtägiges Gastspiel geben wird, eine kleine Pause in Berlin eingelegt. Wolfgang E. Struck, der Hausherr des Friedrichstadt-Palastes, und Wolf Kaiser vom Berliner Ensemble empfingen die berühmte Kollegin, deren künstlerische Laufbahn an der Spree begann, mit vielen Blumen. Journalisten und Bildreporter umlagerten Marlene, die charmant und liebenswürdig Antworten und Autogramme gab.
Neues Deutschland vom 17. 1. 1964

564/565 Marlene Dietrich legt am Denkmal des Warschauer Ghettos Blumen nieder, anläßlich ihres Gastspiels im Warschauer Kulturpalast, 20. 1. 1964

»Es war bitterkalt – aber die Leute waren es nicht. Sie liebten unsere Show. Frauen knieten im Korridor, wenn ich mein Zimmer verließ, küßten mir die Hände und mein Gesicht. Sie wüßten, sagten sie mir, daß ich während der Hitler-Zeit mit ihnen gewesen sei; die Kunde davon sei bis in die Konzentrationslager gedrungen und habe ihnen viel Hoffnung gegeben. Außer ihren Küssen gaben sie mir auch noch Geschenke. Ich weinte die meiste Zeit. Ich ging zu dem Platz mit dem Denkmal zur Erinnerung an den Ghetto-Aufstand. Seit langem war ich von Haß erfüllt, und als ich dort stand, wo sich einst das Ghetto befunden hatte, verdunkelte er meinen Horizont und fraß sich in mein Herz. Immer, seit den grauenhaften Missetaten, die mich veranlaßt hatten, Deutschland den Rücken zu kehren, hatte ich mich schuldig für das deutsche Volk gefühlt. Jetzt mehr denn je.«

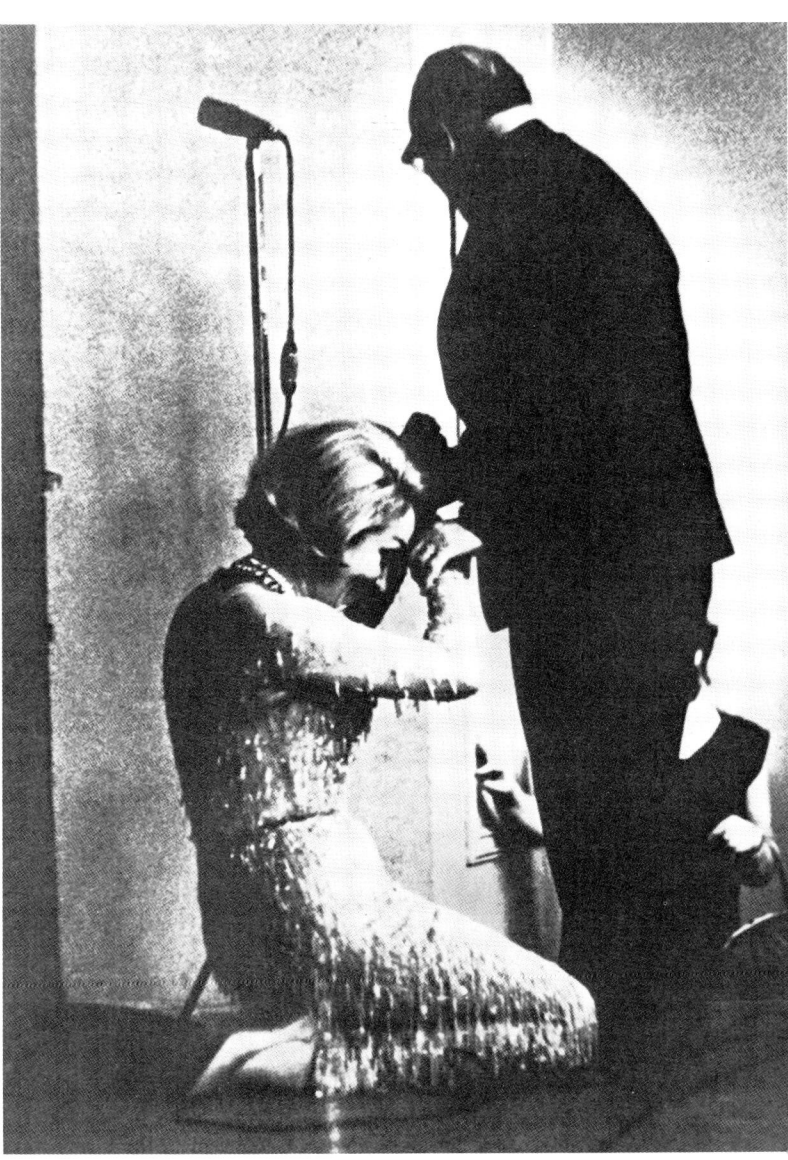

566 Marlene Dietrich und
der Komponist Burt Bacharach
in Moskau, 21. 5. 1964
Er schrieb die Arrangements ihrer
Lieder, er dirigierte oder begleitete
sie am Klavier auf allen ihren
Gastspielen

567 Marlene verehrte den
Dichter Konstantin Paustowski
(18. 5. 1892–14. 7. 1968),
er besuchte eine ihrer Vorstellungen in Moskau

»Ich war so überwältigt von seiner
Gegenwart, daß ich – unfähig
russisch zu sprechen – keinen
anderen Weg sah, ihm meine
Bewunderung zu zeigen, als vor
ihm niederzuknien.«

568 Jubel nach dem Auftritt
im Estradentheater in Moskau

69 Zum Gastspiel in Moskau

570/571 Marlene Dietrich wartet auf dem Londoner Flughafen auf ihren Abflug nach Paris, 10. 1. 1964

572–574 In London, August 1965

»Ich habe eine reine und stille Liebe für das Land, die Leute, das Klima und den Himmel von England; weder der Nebel stört mich noch das elektrische Licht, das mit dem Frühstückstee serviert wird. Ich habe in England gearbeitet und fühle mich dort zu Hause. Ich liebe den englischen Sinn für Humor, die traditionelle Lebensweise, die kleinen Ladenbesitzer und die Wirtshäuser.«

In den sechziger und siebziger Jahren kam Marlene Dietrich häufiger als früher nach London. Sie mochte die Engländer und zählte viele zu ihren Freunden. Im November 1963 war sie in der Royal Command Variety Performance im Prince of Wales Theatre in London aufgetreten. Die Show war gleichzeitig der Durchbruch der Beatles. Außerdem gab sie eine Sondervorstellung in der Royal Albert Hall. Es folgte ein Gastspiel im Drury Lane Theatre und eine Saison bei Binkie Beaumont im Queen's Theatre sowie ein Auftritt im Golders Green Hippodrome. 1965 war sie fast das ganze Jahr über auf Tournee: in Südafrika, Schweden, Norwegen und in der englischen Provinz; in Bristol, Liverpool, Brighton und Manchester, Anfang Oktober 1965 flog sie nach Melbourne.

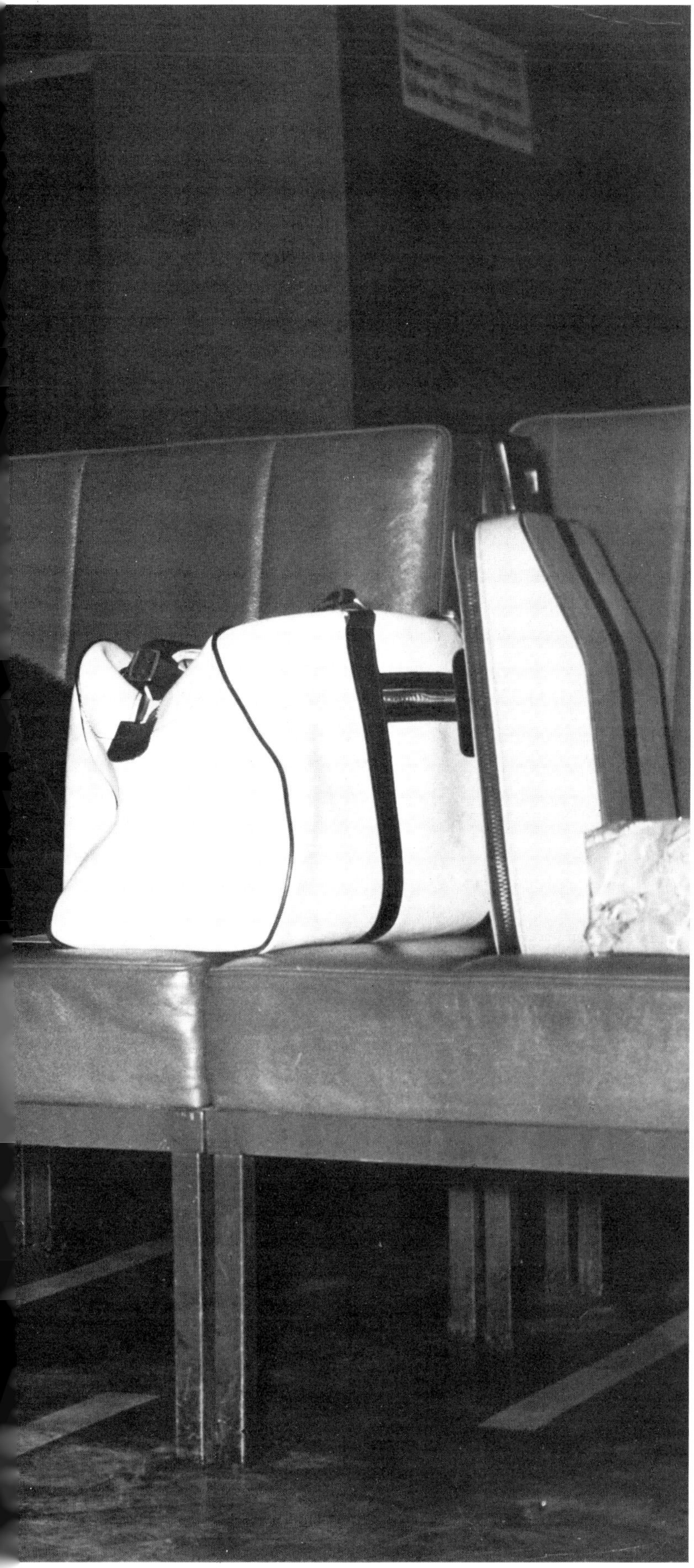

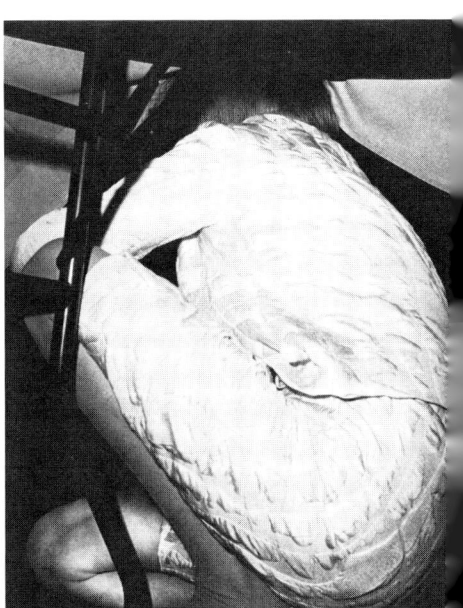

575–578 Umjubelt nach der Vorstellung im Lunt Fontanne Theatre am Broadway, 9.10.1967
Marlene Dietrich auf dem Dach ihres Autos und in Sicherheit vor ihren Fans nach dem triumphalen Broadway-Debüt

»Wir hatten im Lunt Fontanne Theatre Premiere. Nachdem alle Vorstellungen in den ersten beiden Wochen ausverkauft waren, verlängerten wir um zwei weitere Wochen. Es war ein Fest für uns. Wir bekamen wunderbare Kritiken, und bis zum letzten Tag gab es nur noch Stehplätze. Das Theater war bereits für eine andere Show vermietet, deshalb konnten wir nicht weiter verlängern. Da standen wir nun vor dem dunklen Theater, Lastwagen mit den Dekorationen für die neue Show hielten davor. Ein trauriger Abschied. Nicht lange danach kam ich wieder zum Broadway zurück, dieses Mal war es das Mark Hellinger Theatre. Ich liebte den Broadway. Ich liebte das Publikum. Ich spielte sogar an zwei Nachmittagen in der Woche, was mir genausoviel Freude wie die Abendvorstellungen machte, obwohl Noel Coward mich vor Matineen gewarnt hatte. Ich liebe die ›Damen mit ihren Hüten‹ – so nannte er das Publikum der Nachmittagsvorstellungen. Sie haben vielleicht seine intellektuellen Dialoge nicht verstanden. Aber mich und meine einfachen Lieder verstanden sie.«

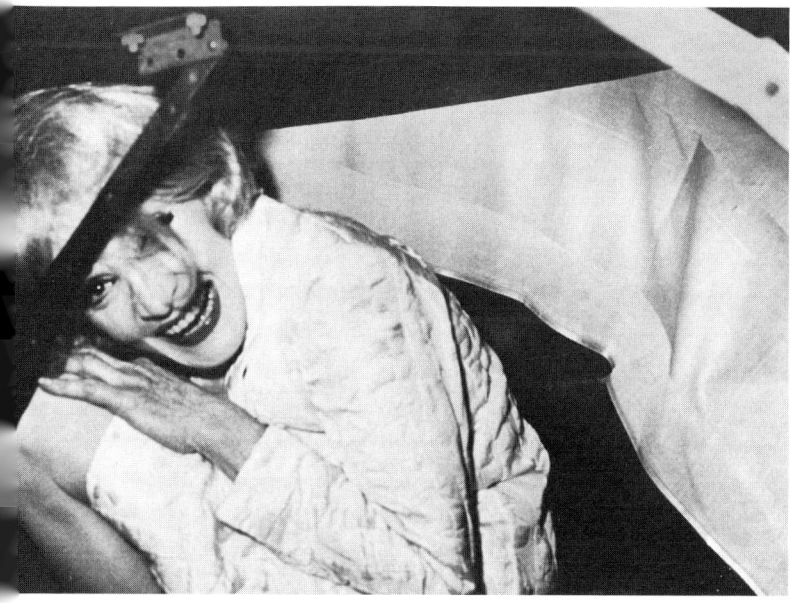

Gold in der Kehle und in den Beinen

Die Ankündigungen und Werbeplakate sind so kurz wie nie zuvor. Sie tragen ein einziges Schlagwort: Dietrich. Darunter nur noch in zierlicher Schrift die Dauer ihres Broadway-Auftritts und der Name des Theaters. Zur Eröffnungsvorstellung am 9. Oktober im Lunt Fontanne Theatre – dem ersten Broadway-Auftritt des Stars überhaupt – gibt es natürlich keine Karten mehr. Nicht einmal auf dem schwarzen Markt. Und die Kritiker New Yorks, die sich sonst nicht viele Dinge vorschreiben lassen, muckten nicht auf, als ihnen Produzent Alexander H. Cohen die Auflage machte, diesmal in ganz formeller Kleidung zur strahlenden Premiere zu erscheinen. Auch die Dietrich sparte nicht, als es um die Garderobenfrage ging. Bei Jean Louis in Hollywood ließ sie sich für 30 000 Dollar (120 000 Mark) ein Abendkleid entwerfen und schneidern, dessen I-Tüpfelchen die Verwendung von 14karätigem Gold ist.

Noch bevor die Dietrich zum erstenmal ihre zierlichen Füße und ihre schlanken Beine auf eine Broadway-Bühne gesetzt hat, liegt ihr New York zu Füßen. Nirgends wurde das klarer als bei ihrer Pressekonferenz. Sie gab den Ton an. Sie bestimmte den Lauf von Rede und Gegenrede. Sie brachte die eifrigen Fotografen aus dem Konzept – und nicht umgekehrt.
AZ vom 30. 9. 1967

579 Ankunft in London zu Schallplattenaufnahmen mit Burt Bacharach, 22. 11. 1964

»Der Mann, der sich ungeheure Mühe gab, mich einen neuen Beruf zu lehren, war genial – und er wurde mein Freund. Und so lernte ich Burt Bacharach kennen. Er trat in mein Leben und änderte es. Von diesem Augenblick an lebte ich nur noch, um auf der Bühne zu arbeiten und ihm zu gefallen. Das war der aufsehenerregendste Wechsel in meinem beruflichen Leben. Nachdem ich in eine Welt geschleudert wurde, von der ich nichts wußte, hatte ich plötzlich einen Lehrmeister. Mit der Unwiderstehlichkeit eines ausbrechenden Vulkans verwandelte er meine mittelmäßige Show in etwas, das einer guten Show ähnelte. Später machte er daraus das glänzende Beispiel einer erstklassigen ›One Woman Show‹. Nichts war mir wichtiger, als ihn zufriedenzustellen. In all den Ländern, die wir sahen, kam es mir nicht so sehr darauf an, wie das Publikum applaudierte oder nach Zugaben schrie oder wieviel Vorhänge man zählte (neunundsechzig war das Höchste, soweit ich mich erinnere). Alles, was ich tat, war: ihn anzusehen und in seinen Augen zu lesen, ob ich gut war oder nur mittelmäßig. Eine schlechte Vorstellung gab ich nie; dafür sorgte er. Aber an manchen Abenden nahm er mich in seine Arme und sagte: ›Großartig, Baby, ganz großartig!‹
Wir reisten viel und weit, wir reisten um die Erde. Er hatte die Welt noch nicht gesehen; er war glücklich. Ich wusch ihm Hemden und Socken und trocknete seinen Smoking in den Heizräumen der Theater zwischen den Vorstellungen. Er akzeptierte all das dankbar.
Als er mich verließ, wollte ich am liebsten aufgeben. Ich hatte meine Führung verloren, meine Ermutigung, meinen Lehrer, meinen Meister. Es war eine herrliche wunderbare Zeit, die ich mit Burt Bacharach verbrachte. Bis zum Ende.«

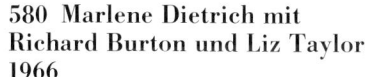

580 Marlene Dietrich mit Richard Burton und Liz Taylor, 1966

581 Mit den Tänzern Margot Fonteyn und Rudolf Nurejew in Paris, 1965

582 Ankunft auf dem Londoner Flughafen, begrüßt von dem Komiker Danny Kaye, 24. 3. 1969

583 Marlene Dietrich in London, 26. 10. 1963

584 Auf dem Flughafen Paris-Orly, 15. 9. 1970

585 Bücher über Marlene Dietrich und ihre Autobiographie »Nehmt nur mein Leben«

Schallplatten

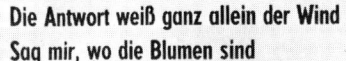

586 Schallplatten mit ihren Liedern

»Natürlich machte ich auch Schallplattenaufnahmen. Man hat den Vorteil, daß man unzählige Möglichkeiten ausprobieren kann, bis das Produkt vollkommen ist.«

SCHÖNER GIGOLO –
ARMER GIGOLO
Bundesrepublik Deutschland
1977/78
Produktion: Leguan Film
Regie: David Hemmings
Buch: Joshua Sinclair
Kamera: Charly Steinberger
Musik: Günther Fischer
Darsteller:
Marlene Dietrich: Baroneß
von Semering
David Bowie: Paul von Pryzgodski
Sydne Rome: Cilly
Kim Novak: Helga
David Hemmings: Hermann Kraft
Maria Schell: Mutti
Curd Jürgens: Prinz
Erika Pluhar: Eva
Drehzeit: 5. 12. 1977 bis März
1978, Studios Berlin,
Berlin-Spandau und in Paris
Uraufführung 16. 11. 1978
Gloria-Palast, Berlin (West)

Dieser Aufguß nun trieft von allen Klischees. Junger Vaterlandsverteidiger kommt im Weltkrieg I zu spät. Er taucht in die unruhige, lasterhafte, zappelige Welt der zwanziger Jahre. Tango und Hunger wie gehabt. Tanz neben Leichen. Seiden-Sodom und Glitzer-Gomorrha. Depravierter Adel.
Marlene hat ihren Auftritt. Sie kommandiert die Gigolos, spricht hier mit synchronisierter Stimme, das immer noch schöne, alte Gesicht im gnädigen Schatten eines gewaltigen Hutes. Dann hört man ihre Stimme, original, aber auf englisch, das Gigolo-Lied singen ...
Die Welt vom 18. 11. 1978

587/589 Marlene Dietrich als Baroneß von Semering in »Schöner Gigolo – Armer Gigolo«

588 Der Drehstab

»Für meine Szenen brachte der Produzent, um mir das Ganze zu erleichtern, die deutsche Belegschaft mit nach Paris. In einem Pariser Atelier wurden auch die Dekorationen aufgebaut; sie sollten die alte Eden-Bar aus den zwanziger Jahren in Berlin darstellen. Auch alle Schauspieler, die in ›meiner‹ Szene beschäftigt waren, kamen nach Paris.«

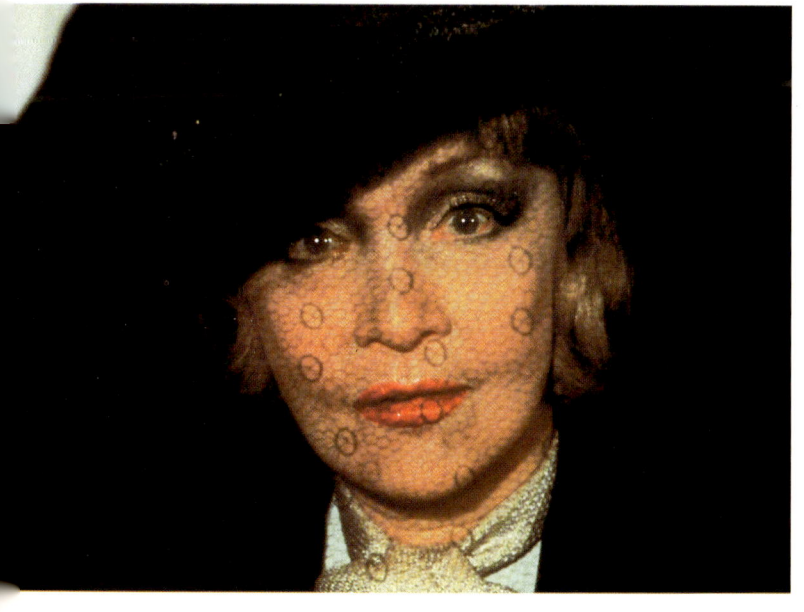

590/591 Handschrift der Noten von Günther Fischer zu den Liedern »Don't Let it Be Too Long« und »The Streets of Berlin«

592 Der Komponist Günther Fischer (1944) schrieb die Musik zum Film »Schöner Gigolo – Armer Gigolo«

593 Marlene Dietrich in der Londoner Untergrundbahn, 13. 6. 1973

594–596 Empfang auf dem Flughafen in Paris-Orly, 1978

597 Werbung für die Vorstellung im Espace Pierre Cardin in Paris, wo Marlene Dietrich vom 29. 9. bis 10. 10. 1973 auftrat

598 Auf dem Weg zur Probe ins Espace Pierre Cardin, 19. 6. 1973

599 Das Wohnhaus in der Avenue Montaigne Nr. 12. in Paris

»Es bleibt nur eins übrig: Man muß sich auf seine eigenen Prinzipien und Überzeugungen verlassen und ihnen treu bleiben. Dazu braucht man einen gewissen Mut.«

»Jetzt lebe ich in Paris, meiner geliebtesten Stadt.
Wie ein Netz, das Schmetterlinge einfängt, so wirft Paris das Liebesnetz über uns alle. Wir sind willig gefangen. Das Licht, das blaue Licht allein ist genug. Ich meine nicht, daß der Himmel blau ist. Das Licht ist blau, und man muß es mir glauben. Man kann es nicht vergleichen mit irgendeinem anderen Licht der uns bekannten Welt. Mir scheint es doch immer, als blicke man durch blaugefärbte Gläser – aber das ist nur eine Illusion. Die Faszination, die Paris uns schenkt, ist genauso schwer zu erklären wie die Liebe zwischen Mann und Frau. Winter, Frühling, Sommer und Herbst in Paris, in Frankreich sind ohnegleichen. Man kann ruhig leben in diesem Land der Schönheit, bis die Engel uns holen.«

00 Blick auf den Arc de Triomphe

DER MENSCH AM WEGE
Deutschland 1923. Produktion: Osmania-Film GmbH, Berlin; Regie: Wilhelm Dieterle; Buch: Wilhelm Dieterle nach einer Kurzgeschichte von Tolstoj; Kamera: Willy Hameister; Bauten: Herbert Richter-Luckian
Mit Alexander Granach (Schuster), Emilie Unda (Frau des Schusters), Wilhelm Dieterle (Michael), Heinrich George (Gutsherr), Wilhelm Völcker (Kutscher), Sophie Pagay (Krämersfrau), Marlene Dietrich (Krämerstochter), Wilhelm Diegelmann (Wirt), Fritz Rasp (Knecht), Werner Pledath (Knecht)
Länge: 1 645,65 Meter, s/w, st.; Pressevorführung: 12. 6. 1923, Alhambra, Berlin

TRAGÖDIE DER LIEBE
Deutschland 1922/23. Produktion: May-Film; Regie: Joe May; Buch: Leo Birinski, Adolf Lantz; Kamera: Sophus Wangoe, Karl Puth; Bauten: Paul Leni; Kostüme: Ali Hubert; Produktionsleitung: Joe May; Aufnahmeleitung: Rudolf Sieber
Mit Mia May (Manon Moreau), Rudolf Forster (Graf François Moreau), Hedwig Pauly-Winterstein (Adrienne Moreau, seine Mutter), Emil Jannings (Ombrade), Erika Gläßner (Musette), Wladimir Gaidarow (André Rabatin), Ida Wüst (Madame de la Roquére), Kurt Götz (Staatsanwalt), Marlene Dietrich (Seine Freundin Lucie)
Länge: 3 468 Meter; stumm, s/w. Uraufführung: 1. und 2. Teil am 8. 10. 1923; 3. und 4. Teil am 7. 11. 1923, Ufa-Palast am Zoo

SO SIND DIE MÄNNER
Deutschland 1922. Produktion: Europäische Film-Allianz (Efa), Berlin; Regie: Georg Jacoby; Buch: Robert Liebmann, Georg Jacoby; Kamera: Max Schneider, Emil Schünemann; Bauten: Martin Jacoby-Boy
Mit Egon von Hagen (Napoleon Bonaparte), Paul Heidemann (Jerôme Bonaparte), Harry Liedtke (Georg von Melsungen), Jacob Tiedtke (Jeremias von Katzenellenbogen), Antonia Dietrich, Loni Nest (Seine Nichten Charlotte und Lieselotte), Paul Biensfeldt (Feldmarschall), Marlene Dietrich (Kathrin, Charlottes Zofe), Wilhelm Bendow (Diener)
Länge: 2 713 Meter, s/w, st.; Uraufführung: 29. 11. 1923, Marmorhaus, Berlin

DER SPRUNG INS LEBEN
Deutschland 1923. Produktion: Messter-Film der Ufa; Regie: Dr. Johannes Guter; Buch: Franz Schulz; Kamera: Fritz Arno Wagner; Bauten: Rudi Feld
Mit Xenia Desni (Idea), Walter Rilla (Frank), Paul Heidemann (Dr. Rudolf Borris), Frida Richard (Seine Tante), Käte Haack (Dr. Borris' Sekretärin), Hans Brausewetter (Borris' Freund), Marlene Dietrich (Mädchen am Strand), Hans Heinrich von Twardowski (Geiger)
Länge: 2 075 Meter, s/w, st.; Uraufführung: 1. 2. 1924, Tauentzienpalast, Berlin

MANON LESCAUT
Deutschland 1926. Produktion: Ufa; Regie: Arthur Robison; Buch: Arthur Robison, Hans Kyser nach dem Roman des Abbé Prévost; Kamera: Theodor Sparkuhl; Bauten und Kostüme: Paul Leni
Mit Lya de Putti (Manon Lescaut), Wladimir Gaidarow (Des Grieux), Eduard Rothauser (Marschall des Grieux), Fritz Greiner (Marquis de Bli), Hubert von Meyerinck (Der junge de Bli), Theodor Loos (Tiberge), Trude Hesterberg (Claire), Marlene Dietrich (Micheline)
Länge: 2 645 Meter, s/w, st.; Uraufführung: 5. 2. 1926, Ufa-Palast am Zoo, Berlin

MADAME WÜNSCHT KEINE KINDER
Deutschland 1926. Produktion: Deutsche Vereins-Film AG (Deutsche Fox-Defa/Fox Europa-Produktion, Leitung: Karl Freund); Produktionsleiter: Karl Hartl; Regie: Alexander Korda; Buch: Béla Balázs nach dem gleichnamigen Roman von Clément Vautel; Kamera: Theodor Sparkuhl, Robert Baberske; Bauten: Otto Friedrich Werndorff; Aufnahmeleiter: Rudolf Sieber
Mit Maria Corda (Elyane), Harry Liedtke (Paul), Maria Paudler (Louise), Trude Hesterberg (Elyanes Mutter) sowie Marlene Dietrich und John Loder
Länge: 2 166 Meter, s/w, st.; Uraufführung: 14. 12. 1926, Capitol, Berlin

EINE DUBARRY VON HEUTE
Deutschland 1926. Produktion: Fellner & Somlo für die Ufa; Regie: Alexander Korda; Buch: Robert Liebmann, Alexander Korda, Paul Reboux nach dem gleichnamigen Roman von Ludwig Biro; Kamera: Fritz Arno Wagner; Bauten: Otto Friedrich Werndorff
Mit Maria Corda (Toinette), Alfred Abel (Sillon), Friedrich Kayßler (Cornelius Corbett), Hans Albers (Darius Kerbelian), Hans Waßmann (Theaterdirektor), Marlene Dietrich (Kokotte)
Länge: 3 004 Meter, s/w, st.; Uraufführung: 24. 1. 1927, Ufa-Palast am Zoo, Berlin

DER JUXBARON
Deutschland 1926. Produktion: Ellen Richter-Film-Produktion GmbH; Regie: Dr. Willi Wolff; Buch: Robert Liebmann, Dr. Willi Wolff nach der Operette von Pordes-Milo, Hermann Haller und Walter Kollo; Kamera: Axel Graatkjaer; Bauten: Ernst Stern
Mit Reinhold Schünzel (Blaukehlchen, der Juxbaron), Henry Bender (Hugo Windisch), Julie Serda (Zerline Windisch), Marlene Dietrich (Sophie, ihre Tochter), Trude Hesterberg (Fränze)
Länge: 2 179 Meter, s/w, st.; Uraufführung: 4. 3. 1927, Mozartsaal, Berlin

KOPF HOCH, CHARLY
Deutschland 1926. Produktion: Ellen Richter-Film-Produktion GmbH; Regie: Dr. Willi Wolff; Buch: Robert Liebmann, Dr. Willi Wolff nach dem gleichnamigen Roman von Ludwig Wolff; Kamera: Axel Graatkjaer, Georg Krause; Bauten: Ernst Stern
Mit Anton Pointner (Frank Ditmar), Ellen Richter (Charlotte »Charly« Ditmar), Michael Bohnen (John Jacob Bunjes), Max Gülstorff (Harry Moshenheim), Tony Tetzlaff (Frau Zangenberg), Marlene Dietrich (Edmée Marchand), Blandine Ebinger (Näherin)
Länge: 2 512 Meter, s/w, st.; Uraufführung: 18. 3. 1927, Ufa-Theater Kurfürstendamm, Berlin

SEIN GRÖSSTER BLUFF
Deutschland 1927. Produktion: Nero Film AG; Regie: Harry Piel; Buch: Henrik Galeen; Kamera: Georg Muschner, Gotthardt Wolf; Bauten: W. A. Herrmann
Mit Harry Piel (Henry und Harry Devall, Zwillingsbrüder), Tony Tetzlaff (Madame Andersson), Lotte Lorring (Tilly, ihre Tochter), Albert Paulig (Mimikry), Fritz Greiner (Hennessy), Charly Berger (»Graf« Koks), Boris Michailow (Sherry), Marlene Dietrich (Yvette), Paul Walker (Goliath, ein Zwerg), Kurt Gerron (Rajah von Johore)
Länge: 2 984 Meter, s/w, st.; Uraufführung: 12. 5. 1927, Alhambra-Palast, Berlin

CAFÉ ELECTRIC
Österreich 1927. Produktion: Sascha-Film; Regie: Gustav Ucicky; Buch: Jacques Bachrach nach dem Stück »Die Liebesbörse« von Felix Fischer; Kamera: Hans Androschin; Bauten: Artur Berger; Regieassistenz: Karl Hartl
Mit Willi Forst (Ferdl), Marlene Dietrich (Erni Göttlinger), Fritz Alberti (Kommerzialrat Göttlinger), Anny Coty (Seine Freundin), Igo Sym (Max Stöger)
Länge 2 400 Meter, s/w, st.; Uraufführung: 25. 11. 1927 in Wien, in Deutschland unter dem Titel *Wenn ein Weib den Weg verliert* am 22. 3.1928, Emelka-Palast, Berlin

PRINZESSIN OLALA
Deutschland 1928. Produktion: Super-Film GmbH; Produktionsleitung: Julius Haimann; Regie: Robert Land; Buch: Franz Schulz nach Motiven aus der gleichnamigen Operette von Jean Gilbert (Musik), Rudolf Bernauer und Rudolf Schanzer (Libretto); Kamera: Willi Goldberger; Bauten: Robert Neppach
Mit Hermann Böttcher (Fürst), Walter Rilla (Prinz Boris, sein Sohn), Georg Alexander (Kammerherr), Carmen Boni (Prinzessin Xenia), Marlene Dietrich (Chichotte de Gastoné), Hans Albers (René, Chichottes Freund), Aribert Wäscher (Polizeipräfekt)
Länge 2 922 Meter, s/w, st.; Uraufführung: 5. 9. 1928, Ufa-Theater Kurfürstendamm, Berlin

ICH KÜSSE IHRE HAND, MADAME
Deutschland 1928. Produktion: Super-Film GmbH; Regie: Robert Land; Buch: Robert Land nach einer Originalerzählung von Robert Land und Rolf E. Vanloo; Kamera: Carl Drews, Gotthardt Wolf; Musik des Titelliedes: Ralph Erwin; Text: Fritz Rotter; Bauten: Robert Neppach
Mit Harry Liedtke (Jacques, der Kellner), Marlene Dietrich (Laurence Gérard), Pierre de Guignand (Adolphe Gérard, ihr Ex-Ehemann), Karl Huszar-Puffy (Talandier, ihr Rechtsanwalt)
Länge: 2 002 Meter, s/w, st.; Uraufführung: 17. 1. 1929, Tauentzien-Palast, Berlin
Die Titelmelodie wurde nachträglich mit der Stimme Richard Taubers aufgenommen.

DIE FRAU, NACH DER MAN SICH SEHNT
Deutschland 1929. Produktion: Terra; Produktionsleitung: Hermann Grund; Regie: Kurt Bernhardt; Drehbuch: Lasdislaus Vajda nach dem gleichnamigen Roman von Max Brod; Kamera: Kurt Courant, Hans Scheib; Bauten: Robert Neppach
Mit Marlene Dietrich (Stascha), Fritz Kortner (Dr. Karoff), Frida Richard (Frau Leblanc), Oskar Sima (Charles Leblanc), Uno Henning (Henry Leblanc)
Länge 2 360 Meter, s/w, st.; Uraufführung: 29. 4. 1929, Mozartsaal, Berlin

DAS SCHIFF DER VERLORENEN MENSCHEN
Deutschland 1929. Produktion: Max-Glaß-Produktion; Regie: Maurice Tourneur; Buch: Maurice Tourneur nach dem Buch von Franzos Keremen; Kamera: Nikolaus Farkas; Bauten: Franz Schroeder
Mit Fritz Kortner (Kapitän Fernando Vela), Marlene Dietrich (Ethel Marley), Robin Irvine (T. W. Cheyne), Wladimir Sokoloff (Grischa, der Koch), Gaston Modot (Morain, Sträfling), Boris de Fas (Tätowierter)
Länge 2 593 Meter, s/w, st.; Uraufführung: 17. 9. 1929, Ufa-Pavillon am Nollendorfplatz, Berlin

GEFAHREN DER BRAUTZEIT
Deutschland 1929. Produktion: Strauß-Film-Fabrikation und Verleih GmbH; Regie; Fred Sauer; Buch: Walter Wassermann, Walter Schlee; Kamera: Laszlo Schäffer; Bauten: Max Heilbronner
Mit Willi Forst (Baron von Geldern), Marlene Dietrich (Evelyne), Lotte Lorring (Yvette), Elza Temary (Florence), Ernst Stahl-Nachbaur (McClure)
Länge: 2 232 Meter, s/w, st.; Uraufführung: 21. 2. 1930, Roxy-Palast, Berlin

DER BLAUE ENGEL
Deutschland 1930. Produktion: Erich Pommer für die Ufa; Regie: Josef von Sternberg; Buch: Robert Liebmann, frei nach dem Roman »Professor Unrat« von Heinrich Mann; unter Mitwirkung des Autors für den Tonfilm geschrieben von Carl Zuckmayer und Karl Vollmoeller; Kamera: Günther Rittau, Hans Schneeberger; Bauten: Otto Hunte, Emil Hasler; Musik: Friedrich Hollaender; Songs: »Ich bin die fesche Lola«, »Kinder, heut' abend such' ich mir was aus«, »Ich bin von Kopf bis Fuß auf Liebe eingestellt«, »Nimm dich in Acht vor blonden Frauen«, Musik: Friedrich Hollaender; Text: Robert Liebmann, Friedrich Hollaender
Mit Emil Jannings (Professor Immanuel Rath), Marlene Dietrich (Lola Lola), Kurt Gerron (Kiepert, Zauberkünstler), Rosa Valetti (Guste, seine Frau), Hans Albers (Mazeppa), Reinhold Bernt (Clown), Eduard von Winterstein (Schuldirektor), Hans Roth (Pedell), Rolf Müller (Angst), Rolant Varno (Lohmann), Carl Balhaus (Erztum), Robert Klein-Lörk (Goldstaub), Karl Huszar-Puffy (Wirt), Wilhelm Diegelmann (Kapitän), Gerhard Bienert (Polizist), Ilse Fürstenberg (Raths Wirtschafterin) und den Weintraub Syncopators unter Friedrich Hollaender
Länge: 2965 Meter, s/w; Uraufführung: 1. 4. 1930, Gloria-Palast, Berlin

MOROCCO/Herzen in Flammen; Marokko
USA 1930. Produktion: Paramount; Regie: Josef von Sternberg; Buch: Jules Furthman nach Benno Vignys »Amy Jolly, die Frau aus Marrakesch«; Kamera: Lee Garmes, Lucien Ballard; Bauten: Hans Dreier; Songs: »Give Me the Man Who Does Things«, »What Am I Bid for My Apples?« von Leo Robin und Karl Hajos; »Quand l'amour meurt« von Millandy und Crémieux; Kostüme: Travis Banton
Mit Gary Cooper (Tom Brown), Marlene Dietrich (Amy Jolly), Adolphe Menjou (Kennington), Ullrich Haupt (Adjutant Caesar)
Länge: 2511 Meter, s/w; Uraufführung: 14. 11. 1930, Rivoli Theatre, New York

DISHONORED/X.27
USA 1931. Produktion: Paramount; Regie: Josef von Sternberg; Buch: Daniel H. Rubin nach einer Story von Josef von Sternberg; Kamera: Lee Garmes; Bauten: Hans Dreier; Musik: Karl Hajos nach Motiven aus Ivanovici's »Donauwellen« und Ludwig van Beethovens »Mondscheinsonate« sowie Originalkompositionen von Josef von Sternberg; Kostüme: Travis Banton
Mit Marlene Dietrich (X.27), Victor McLaglen (Leutnant Kranau), Lew Cody (Oberst Kovrin), Gustav von Seyffertitz (Chef des österreichischen Geheimdienstes), Warner Oland (General von Hindau), Barry Norton (Junger Leutnant)
Länge: 91 Minuten, s/w; Uraufführung: 5. 3. 1931, Rialto Theatre, New York

SHANGAI-EXPRESS/Schanghai-Express
USA 1932. Produktion: Paramount; Regie: Josef von Sternberg; Buch: Jules Furthman nach einer Story von Harry Hervey; Kamera: Lee Garmes; Bauten: Hans Dreier; Musik: W. Franke Harling; Kostüme: Travis Banton
Mit Marlene Dietrich (Shanghai Lily), Clive Brook (Captain Donald Harvey), Anna May Wong (Hui Fei), Warner Oland (Henry Chang), Eugene Pallette (Sam Salt), Lawrence Grant (Mr. Carmichael), Gustav von Seyffertitz (Eric Baum)
Länge: 84 Minuten, s/w; Uraufführung: 12. 2. 1932, Rialto Theatre, New York
Für seine Kameraarbeit erhielt Lee Garmes einen Oscar.

BLONDE VENUS/Die Blonde Venus
USA 1932. Produktion: Paramount; Regie: Josef von Sternberg; Buch: Jules Furthman und S. K. Lauren nach einer Story von Josef von Sternberg; Kamera: Bert Glennon; Bauten: Wiard Ihnen; Musik: Oskar Potoker; Songs: »Hot Voodoo« und »You Little So-and-So« von Ralph Rainger; Text: Sam Coslow; »I Couldn't Be Annoyed« von Dick Whiting, Text: Leo Robin; Kostüme: Travis Banton
Mit Marlene Dietrich (Helen Faraday), Herbert Marshall (Edward Faraday), Cary Grant (Nick Townsend), Dickie Moore (Johnny Faraday), Gene Morgan (Ben Smith)
Länge: 80 Minuten, s/w. Uraufführung: 22. 9. 1932

SONG OF SONGS
USA 1933. Produktion: Rouben Mamoulian für Paramount; Regie: Rouben Mamoulian; Buch: Leo Birinski und Samuel Hoffenstein nach Hermann Sudermanns »Das Hohe Lied« und dem Theaterstück von Edward Sheldon; Kamera: Victor Milner; Bauten: Hans Dreier; Musik: Karl Hajos, Milan Rodern; Franz Schuberts »Heideröslein«; Song: »Johnny« von Friedrich Hollaender, englischer Text von Edward Heyman; Kostüme: Travis Banton
Mit Marlene Dietrich (Lily Czepanek), Brian Aherne (Richard Waldow), Lionel Atwill (Baron von Merzbach)
Drehzeit: Frühjahr 1933 in den Paramount-Studios, Hollywood. Länge: 2300 Meter, s/w. Uraufführung: 19. 7. 1933, Criterion Theatre, New York

THE SCARLET EMPRESS/Die große Zarin; Die scharlachrote Kaiserin
USA 1934. Produktion: Paramount; Regie: Josef von Sternberg; Buch: Manuel Komroff nach dem Tagebuch Katharinas der Großen; Kamera: Bert Glennon; Bauten: Hans Dreier, Peter Ballbusch und Richard Kollorsz; Musik: W. Franke Harling, John M. Leipold, Milan Roder nach Themen von Tschaikowski und Mendelssohn; Kostüme: Travis Banton
Mit Marlene Dietrich (Sophia Frederica/Katharina II.), John Lodge (Fürst Alexei), Sam Jaffe (Großfürst Peter), Lousie Dresser (Zarin Elisabeth), Maria Sieber (Sophia als Kind), Hans von Twardowski (Ivan Shuvolov)
Länge: 2797 Meter, s/w; Uraufführung: 19. 5. 1934 im Carlton, London

THE DEVIL IS A WOMAN/Die spanische Tänzerin
USA 1935. Produktion: Paramount; Regie: Josef von Sternberg; Buch: Josef von Sternberg, S. K. Winston und John Dos Passos nach dem gleichnamigen Roman von Pierre Louys; Kamera: Josef von Sternberg; Bauten: Hans Dreier; Musik: »Caprice Espagnol« von Rimski-Korssakow; Song: »Three Sweethearts Have I« von Ralph Rainger; Text: Leo Robin; Kostüme: Travis Banton
Mit Marlene Dietrich (Concha Perez), Lionel Atwill (Don Pasqual), Cesar Romero (Antonio Galvan), Edward Everett Horton (Don Paquito)
Länge: 76 Minuten, s/w; Uraufführung: 3. Mai 1935, Paramount Theatre, New York

DESIRE/Sehnsucht
USA 1935. Präsentiert von Adolph Zukor; Produktion und künstlerische Leitung: Ernst Lubitsch; Regie: Frank Borzage; Buch: Edwin Justus Mayer, Waldemar Young und Samuel Hoffenstein nach einer Komödie von Hans Szekely und R. A. Stemmle; Kamera: Charles Lang, Victor Milner; Bauten: Hans Dreier, Robert Usher, A. E. Freudeman; Musik: Friedrich Hollaender; Song: »Awake in a Dream« von Friedrich Hollaender (Musik) und Leo Robin (Text); Kostüme: Travis Banton
Mit Marlene Dietrich (Madeleine de Beaupré), Gary Cooper (Tom Bradley), John Halliday (Carlos Margoli), William Frawley (Mr. Gibson), Akim Tamiroff (Polizist)
Länge: 2 613 Meter, s/w; Uraufführung: 11. 4. 1936, Paramount Theatre, New York

THE GARDEN OF ALLAH/Der Garten Allahs
USA 1936. Produktion: David O. Selznick; Regie: Richard Boleslawski; Produktionsleitung: Willis Goldbeck; Buch: W. P. Lipscomb, Lynn Riggs nach dem Roman von Robert Hichens; Kamera: W. Howard Greene, Virgil Miller, Wilfred Cline, Robert Carney; Musik: Max Steiner; Kostüme: Ernest Dryden
Mit Marlene Dietrich (Domini Enfilden), Charles Boyer (Boris Androvsky), Basil Rathbone (Graf Anteoni), C. Aubrey Smith (Vater Roubier), Tilly Losch (Irena), Joseph Schildkraut (Batouch)
Länge: 90 Minuten, Technicolor; Uraufführung: 19. 11. 1936, Radio City Music Hall, New York

KNIGHT WITHOUT ARMOUR/Tatjana
England 1937. Produktion: Alexander Korda für London Films; Regie: Jacques Feyder; Buch: Lajos Biro, Arthur Wimperis nach dem Roman von James Hilton; Kamera: Harry Stradling; Bauten: Lazare Meerson; Musik: Miklos Rosza; Kostüme: George Benda
Mit Marlene Dietrich (Alexandra), Robert Donat (A. J. Fotheringhill), Irene Vanburgh (Herzogin), Herbert Lomas (Vladinoff), Lisa d'Esterre (Zarin)
Länge: 1862 Meter, s/w; Uraufführung: 2. 9. 1937, Cinéma Avenue, Paris; 20. 9. 1937, London Pavillon, London

ANGEL/Engel
USA 1937. Produktion: Ernst Lubitsch für Paramount; Regie: Ernst Lubitsch; Buch: Samson Raphaelson nach einem Stück von Melchior Lengyel; Kamera: Charles Lang; Musik: Friedrich Hollaender; Song: »Angel« von Friedrich Hollaender und Leo Robin; Bauten: Hans Dreier, Robert Usher; Kostüme: Travis Banton
Mit Marlene Dietrich (Maria Barker), Herbert Marshall (Sir Frederick Barker), Melvyn Douglas (Anthony Halton), Edward Everett Horton (Graham)
Länge: 90 Minuten, s/w; Uraufführung: 3. 11. 1937, Paramount Theatre, New York

DESTRY RIDES AGAIN/Der große Bluff
USA 1939. Produktion: Joe Pasternak für Universal; Regie: George Marshall; Buch: Felix Jackson, Gertrude Purcell, Henry Myers nach dem Roman von Max Brand; Kamera: Hal Mohr; Bauten: Jack Otterson; Musik: Frank Skinner; Songs: »Little Joe the Wrangler«, »You've Got That Look (That Leaves Me Weak)«, »The Boys in the Back Room« von Friedrich Hollaender und Frank Loesser; Marlene Dietrichs Kostüme: Vera West
Mit Marlene Dietrich (Frenchy), James Stewart (Tom Destry), Charles Winninger (Wash Dimsdale), Mischa Auer (Boris Callahan), Brian Donlevy (Kent), Una Merkel (Lily Belle Callahan)
Länge: 94 Minuten, s/w; Uraufführung: 29. 11. 1939, Rivoli Theatre, New York

SEVEN SINNERS/Das Haus der Sieben Sünden
USA 1940. Produktion: Joe Pasternak für Universal; Regie: Tay Garnett; Buch: John Meehan, Harry Tugend nach einer Erzählung von Ladislas Fodor und Laszlo Vadnai; Kamera: Rudolph Maté; Bauten: Jack Otterson, Martin Obzina; Musik: Frank Skinner, Hans Salter; Songs: »I've Been in Love Before«,

»I Fall Overboard«, »The Man's in the Navy« von Friedrich Hollaender und Frank Loesser; Marlene Dietrichs Kostüme: Irene
Mit Marlene Dietrich (Bijou), John Wayne (Ltd. Bruce Whitney), Broderick Crawford (Little Ned – Edward Patrick Finnegan), Anna Lee (Dorothy Henderson), Mischa Auer (Sascha), Billy Gilbert (Tony), Oscar Homolka (Antro)
Länge: 85 Minuten, s/w. Uraufführung: November 1940

THE FLAME OF NEW ORLEANS/Die Abenteuerin
USA 1940. Produktion: Joe Pasternak für Universal; Regie: René Clair; Buch: Norman Krasna; Kamera: Rudolph Maté; Musik: Frank Skinner; Songs: »Sweet as the Blush of May«, »Salt of the Sea«, (Gesungen von der Schiffsbesatzung), »Oh, Joyous Day«; Kostüme: René Hubert
Mit Marlene Dietrich (Claire Ledeux), Bruce Cabot (Robert Latour), Roland Young (Charles Giraud), Mischa Auer (Zolotov), Andy Devine, Frank Jenks, Eddie Quillan (Matrosen), Anthony Marlowe, Gitta Alpar (Opernsängerin)
Länge: 2178 Meter, s/w; Uraufführung: 24. 4. 1941, Orpheum, New Orleans

MANPOWER/Herzen in Flammen
USA 1941. Produktion: Mark Hellinger für Warner Brothers; Produktionsleitung: Hal B. Wallis; Regie: Raoul Walsh; Buch: Richard Macaulay, Jerry Wald; Kamera: Ernest Haller; Musik: Adolph Deutsch; Songs: »I'm in No Mood for Music Tonight«, »He Lied and I Listened« von Friedrich Hollaender und Frank Loesser; Kostüme: Milo Anderson
Mit Edward G. Robinson (Hank McHenry), Marlene Dietrich (Fay Duval), George Raft (Johnny Marshall), Alan Hale (Jumbo Wells), Frank McHugh (Omaha), Eve Arden (Dolly), Barton MacLane (Smiley Quinn)
Länge: 105 Minuten, s/w; Uraufführung: Anfang Juli 1941, Strand Theatre, New York

THE LADY IS WILLING
USA 1942. Produktion: Mitchell Leisen und Charles K. Feldman Group für Columbia; Regie: Mitchell Leisen; Buch: James Edward Grant, Albert McCleery nach einer Originalerzählung von James Edward Grant; Kamera: Ted Tetzlaff; Bauten: Lionel Banks, Rudolph Sternad; Musik: W. Franke Harling; Song: »Strange Thing (And I Find You)«; Kostüme für Miss Dietrich: Irene; Hüte für Miss Dietrich: John Fredericks; Schmuck für Miss Dietrich: Paul Flato
Mit Marlene Dietrich (Elizabeth Madden), Fred MacMurray (Dr. Corey McBain), Aline MacMahon (Buddy), Stanley Ridges (Kenneth Hanline)
Länge: 92 Minuten, s/w. Uraufführung: 17. 2. 1942

THE SPOILERS/Die Freibeuterin; Stahlharte Fäuste
USA 1942. Produktion: Frank Lloyd, Charles K. Feldman Group und Lee Marcus für Universal; Regie: Ray Enright; Buch: Lawrence Hazard, Tom Reed nach dem Roman von Rex Beach; Kamera: Milton Krasner; Bauten: Jack Otterson, John B. Goodman; Musik: Hans J. Salter; Kostüme: Vera West
Mit Marlene Dietrich (Cherry Malotte), Randolph Scott (Alexander McNamara), John Wayne (Roy Glennister), Margaret Lindsay (Helen Chester), Harry Carey (Dextry), Richard Barthelmess (Broncho Kid Farrell)
Länge: 84 Minuten, s/w. Uraufführung: 8. 5. 1942

PITTSBURGH
USA 1942. Produktion: Charles K. Feldman für Universal; Produktionsleitung: Robert Fellows; Regie: Lewis Seiler; Buch: Kenneth Gamet, Tom Reed nach einer Originalstory von George Owen und Tom Reed; Kamera: Robert de Grasse; Bauten: John B. Goodman; Musik: Frank Skinner, Hans J. Salter; Kostüme: Vera West
Mit Marlene Dietrich (Josie »Hunky« Winters), Randolph Scott (Cash Evans), John Wayne (Charles »Pittsburgh« Markham), Frank Craven (»Doc« Powers)
Länge: 91 Minuten, s/w; Uraufführung: 11. 12. 1942, Criterion Theatre, New York

KISMET/Kismet
USA 1944. Produktion: Everett Riskin für Metro-Goldwyn-Mayer; Regie: William Dieterle; Buch: John Meehan nach dem gleichnamigen Stück von Edward Knoblock; Kamera: Charles Rosher; Bauten: Cedric Gibbons, Daniel B. Cathcart; Musik: Herbert Stothart; Songs: »Willow in the Wind«, »Tell Me, Tell Me, Evening Star« von Harold Arlen und E. Y. Harburg; Kostümüberwachung: Irene; Kostümherstellung: Karinska
Mit Ronald Colman (Hafiz), Marlene Dietrich (Jamilla), James Craig (Kalif), Edward Arnold (Mansur, Großwesir), Hugh Herbert (Feisal)
Länge: 100 Minuten, Technicolor; Uraufführung: 22. 8. 1944, Astor Theatre, New York

MARTIN ROUMAGNAC/Martin Roumagnac
Frankreich 1946. Produktion: Marc Le Pelletier für Alcine; Regie: Georges Lacombe; Buch: Pierre Véry nach dem gleichnamigen Roman von Pierre-René Wolf; Kamera: Roger Hubert; Bauten: Georges Wakhevitsch; Musik: Marcel Mirouze
Mit Marlene Dietrich (Blanche Ferrand), Jean Gabin (Martin Roumagnac), Margo Lion (Jeanne, Martins Schwester), Marcel Herrand (Konsul), Jean D'Yd (Onkel), Daniel Gélin (Liebhaber)
Länge: 115 Minuten, s/w; Uraufführung: Dezember 1946

JIGSAW
USA 1949. Produktion: Edward J. Danziger, Harry Lee Danziger für Tower Pictures; Regie: Fletcher Markle; Buch: Fletcher Markle, Vincent McConnor nach einer Originalstory von John Roeburt; Kamera: Don Malkames; Musik: Robert W. Stringer
Mit Franchot Tone (Howard Malloy), Jean Wallace (Barbara Whitfield), Myron McCormick (Charles Riggs), Marlene Dietrich, Fletcher Markle (Nachtclubbesucher), Henry Fonda (Nachtclubkellner), John Garfield (Bummler), Burgess Meredith (Barkellner)
Länge: 71 Minuten, s/w; Uraufführung: ca. März 1949 Mayfair, New York

STAGE FRIGHT/Die rote Lola
England 1950. Produktion und Regie: Alfred Hitchcock; Produktionsleitung: Fred Ahern; Buch: Whitfield Cook; Kamera: Wilkie Cooper; Musik: Leighton Lucas; Songs: »La Vie en Rose« von Edith Piaf (Text) und Marguerite Monot (Musik), »The Laziest Girl in Town« von Cole Porter; Kostüme für Marlene Dietrich: Christian Dior
Mit Jane Wyman (Eve Gill), Marlene Dietrich (Charlotte Inwood), Michael Wilding (Inspektor Wilfred Smith), Richard Todd (Jonathan Cooper), Alastair Sim (Commodore Gill), Kay Walsh (Nellie)
Länge: 110 Minuten, s/w; Uraufführung: 15. 4. 1950, Radio City Music Hall, New York

NO HIGHWAY – NO HIGHWAY IN THE SKY/Die Reise ins Ungewisse
England/USA 1951. Produktion: Louis D. Lighton; Regie: Henry Koster; Buch: R. C. Sheriff, Oscar Millard, Alec Coppel nach dem Roman von Nevil Shute; Kamera: Georges Perinal; Garderobe für Marlene Dietrich: Christian Dior
Mit James Stewart (Mr. Honey), Marlene Dietrich (Monica Teasdale), Glynis Johns (Marjorie Corder), Jack Hawkins (Dennis Scott), Ronald Squire (Sir John)
Länge: 2693 Meter, s/w; Uraufführung: 2. 8. 1951, Odeon, London

FOLLOW THE BOYS
USA 1944. Produktion: Charles K. Feldman mit Albert L. Rockett für Universal; Regie: A. Edward Sutherland; Buch: Lou Breslow, Gertrude Purcell; Kamera: John P. Fulton, David Abel; Songs: »The Bigger the Army and Navy«, I'll Get By«, »Mad About Him Blues«, »I'll Walk Alone«, »I'll See You In My Dreams«, »Beyond the Blue Horizon«, »Good Night«, »Furlough Fling«, »Shoo Shoo, Baby«, »Swing Low, Sweet Chariot«, »Merriment«, »Besame Mucho«, »Sweet Georgia Brown«, »Is You Is, or Is You Ain't«, »Tonight«, »I Feel a Song Coming On«, »The House I Live In«, »A Better Day is Comin'«, »Andrews Sisters' Medley«, »Kittens With Their Mittens Laced«, »Some of These Days«; Kostüme: Vera West
Mit George Raft (Tony West), Vera Zorina (Gloria Vance), Charles Grapewin (Nick West), Grace McDonald (Kitty West), Jeanette MacDonald, Orson Welles, Marlene Dietrich, Dinah Shore, Donald O'Connor, Peggy Ryan, W. C. Fields, The Andrews Sisters, Arthur Rubinstein, Sophie Tucker, Delta Rhythm Boys
Länge: 122 Minuten, s/w

GOLDEN EARRINGS
USA 1947. Produktion: Harry Tugend für Paramount; Regie: Mitchell Leisen; Buch: Abraham Polonsky, Frank Butler, Helen Deutsch nach einem Roman von Yolanda Foldes; Kamera: Daniel L. Fapp; Bauten: Hans Dreier, John Meehan; Musik: Victor Young; Song: »Golden Earrings«; Kostüme: Mary Kay Dodson
Mit Ray Milland (Col. Ralph Denistoun), Marlene Dietrich (Lydia), Murvyn Vye (Zoltan), Bruce Lester (Byrd), Dennis Hoey (Hoff), Quentin Reynolds (Quentin Reynolds), Reinhold Schünzel (Krosigk)
Länge: 2589 Meter, s/w. Uraufführung: 27. 8. 1947

A FOREIGN AFFAIR/Eine auswärtige Angelegenheit
USA 1948. Produktion: Charles Brackett für Paramount; Regie: Billy Wilder; Buch: Charles Brackett, Billy Wilder und Richard L. Breen nach einer Story von David Shaw; Kamera: Charles B. Lang Jr.; Bauten: Hans Dreier, Walter Tyler; Musik und Musikalische Leitung: Friedrich Hollaender; Songs: »Black Market«, »Illusions«, »The Ruins of Berlin«, »Iowa Corn Song« und »Meadowland« von Friedrich Hollaender; Kostüme: Edith Head
Mit Marlene Dietrich (Erika von Schluetow), Jean Arthur (Phoebe Frost), John Lund (Captain John Pringle), Millard Mitchell (Col. Rufus J. Plummer), Peter von Zerneck (Hans Otto Birgel)
Länge: 3192 Meter, s/w; Uraufführung: 20. 8. 1948

RANCHO NOTORIOUS/Engel der Gejagten, Die Gejagten
USA 1951. Produktion: Howard Welsch für Fidelity Pictures; Regie: Fritz Lang; Produktionsleitung: Ben Hersh; Buch: Daniel Taradash nach einer Story von Sylvia Richards; Musik: Emil Newmann; Songs: »Gypsy Davey«, »Get Away, Young Man« (gesungen von Marlene Dietrich), »Legend of Chuck-a-Luck«; Marlene Dietrichs Kostüme: Don Loper; Kostüme: Joe King; Marlene Dietrichs Frisuren: Nelliemarie Manley
Mit Marlene Dietrich (Altar Keane), Arthur Kennedy

(Vern Haskell), Mel Ferrer (Frenchy Fairmont), Gloria Henry (Beth)
Länge: 2434 Meter, Technicolor; Uraufführung: ca. 15. 5. 1952, Paramount Theatre, New York

AROUND THE WORLD IN 80 DAYS/In 80 Tagen um die Welt
USA 1956. Produzent: Michael Todd mit William Cameron Menzies; Regie: Michael Anderson; Buch: S. J. Perelman nach dem gleichnamigen Buch von Jules Verne (Paris 1872); Kamera: Lionel Lindon; Musik: Victor Young; Song: »Around the World« von Victor Young, Text von Harold Adamson, gesungen von Eddie Fisher; Bauten: James Sullivan, Ken Adams; Kostüme: Miles White
Mit David Niven (Phileas Fogg), Cantinflas (Passepartout), Shirley MacLaine (Prinzessin Aouda), Robert Newton (Inspektor Fix), Charles Boyer (Monsieur Casse), Martine Carol (Touristin), John Carradine (Oberst Proctor Stamp), Ronald Colman (Eisenbahnangestellter), Noel Coward (Roland Hesketh Baggott), Marlene Dietrich (Barbesitzerin), Fernandel (Droschkenkutscher), Sir John Gielgud (Foster), José Greco (Spanischer Tänzer), Buster Keaton (Zugschaffner), Peter Lorre (Steward), Victor McLaglen (Steuermann), George Raft (Herausschmeißer), Cesar Romero (Diener), Frank Sinatra (Klavierspieler), Ava Gardner (Zuschauerin)
Länge: 175 Minuten, Todd-AO, Farbe. Uraufführung: 17. 10 1956, Rivoli Theatre, New York

THE MONTE CARLO STORY/Die Monte Carlo Story
USA/Italien 1956/57. Produktion: Marcello Girosi für Titanus/Tan Produktion; Regie: Samuel A. Taylor (Englische Version), Guilio Macchi (Italienische Version); Buch: Samuel A. Taylor nach einer Originalstory von Marcello Girosi und Dino Risi; Kamera: Guiseppe Rotunno; Bauten: Ferdinando Ruffo; Musik: Renzo Rossellini; Songs: »Les Jeux Sont Faits« von Michael Emer, »Rien ne Va Plus«, »Back Home in Indiana«, Miss Dietrichs Kostüme: Jean Louis
Mit Marlene Dietrich (Marquise Maria de Crevecoeur); Vittorio De Sica (Graf Dino della Fiaba), Arthur O'Connell (Hinkley), Mischa Auer (Hector)
Länge: 102 Minuten, Technirama, Eastmancolor

WITNESS FOR THE PROSECUTION/Zeugin der Anklage
USA 1958. Produktion: Arthur Hornblow jr. für Theme Pictures/Edward Small; Produktionsleitung: Ben Hersh; Regie: Billy Wilder; Buch: Billy Wilder, Harry Kurnitz nach dem gleichnamigen Bühnenstück von Agatha Christie; Kamera: Russell Harlan; Bauten: Howard Bristol; Musik: Matty Malneck; Song: »I May Never Go Home Anymore« von Ralph Arthur Roberts; Kostüme: Joseph King; Marlene Dietrichs Kostüme: Edith Heath
Mit Tyrone Power (Leonard Vole), Marlene Dietrich (Christine Vole), Charles Laughton (Sir Wilfrid Robarts), Elsa Lanchester (Miss Plimsoll), John Williams (Brogan-Moore), Una O'Connor (Janet MacKenzie)
Länge: 3179 Meter, s/w; Uraufführung: 30. 1. 1958, Leicester Square Theatre, London

TOUCH OF EVIL/Im Zeichen des Bösen
USA 1957/58. Produktion: Albert Zugsmith für Universal; Regie: Orson Welles; Buch: Orson Welles nach dem Roman »Badge of Evil« von Whit Masterson; Kamera: Russell Metty; Bauten: Alexander Golitzen, Robert Clatworthy; Musik: Henry Mancini; Kostüme: Bill Thomas
Mit Orson Welles (Hank Quinlan), Charlton Heston (Ramon Miguel »Mike« Vargas), Janet Leigh (Susan Vargas), Joseph Calleia (Pete Menzies), Akim Tamiroff (»Uncle Jo« Grande), Marlene Dietrich (Tanya), Mercedes McCambridge (Bandenführer), Zsa Zsa Gabor (Besitzerin einer Nachtbar)
Länge: 3030 Meter, s/w; Uraufführung: Februar 1958

JUDGMENT AT NUREMBERG/Urteil von Nürnberg
USA 1961. Produktion: Roxlom Films; Regie: Stanley Kramer; Produzent: Stanley Kramer; Buch: Abby Mann; Kamera: Ernest Laszlo; Bauten: George Milo; Musik: Ernest Gold; Songs: »Lili Marlen« von Norbert Schultze, Hans Leip, Thomas Connor, »Liebeslied« von Ernest Gold, Alfred Perry; Kostüme: Joe King; Miss Dietrichs Garderobe: Jean Louis
Mit Spencer Tracy (Richter Dan Haywood), Burt Lancaster (Ernst Janning), Richard Widmark (Oberst Tad Lawson), Marlene Dietrich (Frau Bertholt), Maximilian Schell (Hans Rolfe), Judy Garland (Irene Hoffmann), Montgomery Clift (Rudolf Petersen)
Länge: 190 Minuten. s/w. Uraufführung: 14. 12. 1961, Kongreßhalle, Berlin (West)

THE BLACK FOX
Dokumentarfilm über Adolf Hitler, verknüpft mit der Erzählung »Reineke Fuchs« von Goethe
USA 1962. Produktion: Louis Clyde Stoumen für Arthur Steloff-Image Production; Produktionsleitung: Richard Kaplan; Regie und Buch: Louis Clyde Stoumen; Sprecher: Marlene Dietrich; Musik: Ezra Laderman
Länge: 89 Minuten, s/w; Uraufführung: 6. 9. 1962 im Rahmen der Biennale in Venedig
Der Film gewann den Oscar für den besten Dokumentarfilm des Jahres 1962.

PARIS WHEN IT SIZZLES/Zusammen in Paris
USA 1964. Produktion: Richard Quine, George Axelrod; Produktionsleitung: Carter DeHaven, John R. Coonan; Regie: Richard Quine; Buch: George Axelrod nach einer Story von Julien Duvivier und Henri Jeanson; Kamera: Charles Lang jr.; Bauten: Gabriel Bechir; Musik: Nelson Riddle
Mit William Holden (Richard Benson), Audrey Hepburn (Gabrielle Simpson), Gregoire Aslan (Polizeiinspektor), Noel Coward (Alexander Meyerheimer), Marlene Dietrich, Tony Curtis, Mel Ferrer (Gastauftritte), Fred Astaire, Frank Sinatra (Gesang)
Länge: 110 Minuten, Technicolor; Uraufführung: April 1964, Trans Lux Theatre, New York

SCHÖNER GIGOLO – ARMER GIGOLO
Bundesrepublik Deutschland 1977/78. Produktion: Leguan Film; Regie: David Hemmings; Produzent: Rolf Thiele; Buch: Joshua Sinclair; Kamera: Charly Steinberger; Musik: Günther Fischer; Song: »Just a Gigolo«; Musik: Casucci, Text: Cäsar; Kostüme: Ingrid Zoré, Max Mago
Mit David Bowie (Paul von Pryzgodski), Sydne Rome (Cilly), Kim Novak (Helga), David Hemmings (Hermann Kraft), Maria Schell (Mutti), Curd Jürgens (Prinz), Marlene Dietrich (Baroness von Semering), Erika Pluhar (Eva)
Länge: 90 Minuten, Farbe; Uraufführung: 16. 11. 1978, Gloria-Palast, Berlin (West)

MARLENE
Bundesrepublik Deutschland 1983. Produktion: Oko-Film; Regie: Maximilian Schell.
Der Film beruht auf Gesprächen, die Maximilian Schell 1982 mit Marlene Dietrich in Paris führte. Kamera: Jvan Slapeta, Pavel Hispler, Henry Hauck; Musik: Nicolas Economou. Länge: 90 Minuten.
Uraufführung: 24. 2. 1984 Zoo-Palast, Berlin (West)

Theaterstücke, in denen Marlene Dietrich spielte; wenn ihre Rollen durch Programmheft, Besetzungszettel und Kritik nachgewiesen werden konnten, wurden sie in diese Bildbiographie aufgenommen und sind hier dokumentiert

DIE BÜCHSE DER PANDORA. Tragödie in drei Aufzügen von Frank Wedekind
Inszenierung: Carl Heine
Mit Friedel Harms (Lulu), Ludwig Körner (Alwa Schön, Schriftsteller), Max Nemetz (Rodrigo Quast), Paul Günther (Schigolch), Hans Schweikart (Alfred Hugenberg), Helene Körner (Die Gräfin von Geschwitz), Fritz Rasp (Marquis Casti-Piani), Herwarth Retslag (Bankier Puntschu), Werner Pledath (Journalist Heilmann), Margarethe Kupfer (Magdelone), Grete Mosheim (Kadéga di Santa Croce), Ilse Baerwald (Bianette Gazil), Marlene Dietrich (Ludmilla Steinherz), Gertrud Borck (Bob)
Premiere: 20. 12. 1918, Kleines Schauspielhaus, 1919 Übernahme in die Kammerspiele des Deutschen Theaters, Berlin. Am 7. 9. 1922 spielte Marlene Dietrich die Rolle der Ludmilla Steinherz zum ersten Mal

DER WIDERSPENSTIGEN ZÄHMUNG. Lustspiel in fünf Akten und einem Vorspiel von Shakespeare
Inszenierung: Iwan Schmith (nach Max Reinhardt); Bühnenbild und Kostüme: T. C. Pilartz; Musik: Klaus Pringsheim; Personen des Vorspiels: Ludwig Körner (Ein Lord), Wilhelm Diegelmann (Christoph Schlau), Margarethe Albrecht (Wirtin); Personen der Komödie: Robert Garrison (Baptista), Fritz Daghofer (Vincentio), Hans Brockmann (Lucentio), Eugen Klöpfer (Petruchio), Siegmund Nunberg (Gremio), Ludwig Jubelsky (Hortensio), Ernst Pröckl (Tranio), Fritz Rasp (Biondello), Paul Graetz (Grumio), Herwart Retslag (Curtis), Karl Zander (Ein Magister), Elisabeth Bergner (Katharina), Erika von Thellmann (Bianca), Marlene Dietrich (Eine Witwe), Gerhard Bienert (Ein Jäger), Willi Gernhard (Ein Page)
Premiere: 2. 10. 1922, Großes Schauspielhaus, Berlin

TIMOTHEUS IN FLAGRANTI. Schwank in drei Akten von Hennequin und Veber
Inszenierung: Iwan Schmith
Mit Max Gülstorff (Timotheus Ploumanach), Erich Pabst (André Courvalin), Otto Treptow (Lambusque), Johanna Terwin (Aurelie), Rudolf Amendt (Auguste), Anni Mewes (Suzanne), Hermine Sterler (Baronin Lepinois), Marlene Dietrich (Anne-Marie), Dorothea Thies (Martha), Grete Mosheim (Francine), Friedel Harms (Miß Simpson), Kurt Lucas (Ein Kommissar)
Premiere: 27. 10. 1922, Kammerspiele des Deutschen Theaters, Berlin. Am 11. 1. 1923 spielte Marlene Dietrich die Rolle der Anne-Marie zum ersten Mal, die Premiere spielte Renée Stobrawa

DER KREIS. Eine Komödie in drei Akten von W. S. Maugham
Inszenierung: Bernhard Reich; Bühnenbild: T. C. Pilartz
Mit Erich Pabst (Clive Champion-Cheney), Ferdinand von Alten (Arnold Champion-Cheney, Parlamentsmitglied), Max Gülstorff (Lord Porteus), Hans Brausewetter (Edward Luton), Johanna Terwin (Lady Katarina Champion-Cheney), Elisabeth Bergner (Elisabeth), Marlene Dietrich (Frau Shenstone)
Premiere: 24. 1. 1923, Kammerspiele des Deutschen Theaters, Berlin

PENTHESILEA. Ein Trauerspiel von Heinrich von Kleist
Inszenierung: Richard Révy; Bühnenbild: Edward Suhr; Musik: Klaus Pringsheim

Mit Agnes Straub (Penthesilea), Charlotte Hagenbruch (Prothoe), Renée Stobrawa (Meroe), Lotte Fließ (Asteria), Leonie Duval (Die Oberpriesterin), Paul Hartmann (Achilles), Ferdinand Hart (Odysseus), Curt Lucas (Diomedes), Aribert Wäscher (Antilochus), Max Nemetz (Hauptmann), Ferdinand Faber (Ein Myrmidonier), Hans Rodenberg (Ein Aetolier), Carl Hannemann (Ein Doloper), Friedel Harms (Die Oberste), Marlene Dietrich (Die Hauptmännin), Helene Körner, Margarethe Placzek (Amazonen), Grete Mosheim, Grete Scheer, Vera John (Rosenmädchen), Gerhard Bienert (Ein gefangener Grieche)
Premiere: 6. 2. 1923, Deutsches Theater, Berlin

EIN SOMMERNACHTSTRAUM. Von Shakespeare
Inszenierung: Reinhard Bruck; Musik: Felix Mendelssohn-Bartholdy
Mit Kurt Lucas (Theseus, Herzog von Athen), Adolf Kurth (Egeus, Vater der Hermia), Werner Schott, Heinz Stieda (Lysander und Demetrius), Hans Hermes (Philostrat), Adolphe Engers (Squenz, der Zimmermann), Ernst Behmer (Schnock, der Schreiner/Löwe), Harald Paulsen (Zettel, der Weber/Pyramus), Hermann Picha (Flaut, der Bälgenflicker/Thisbe), Hugo Bauer (Schnauz, der Kesselflicker/Mondschein), Paul Lipinski (Schlucker, der Schneider/Wand), Marlene Dietrich (Hippolyta, Königin der Amazonen, mit Theseus verlobt), Erika Meingast (Hermia), Maly Delschaft (Helena), Hilde Hildebrand (Titania), Hans Herrmann (Puck), Gertrud Richard (Elfe), Charlotte Bosien (Bohnenblüte), Gertrud Hescheck (Spinnweb), Wally Bosi (Motte), Sybille Binder (Oberon)
Premiere: 9. 2. 1924, Theater in der Königgrätzer Straße, Berlin

DUELL AM LIDO. Komödie in drei Akten von Hans J. Rehfisch
Inszenierung: Leopold Jessner; Bühnenbild: Emil Pirchan; Kostüme der Damen: Modellhaus Becker
Mit Fritz Kortner (Limal), Lucie Mannheim (Ellen), Rudolf Forster (Cederstroem), Albert Patry (Excellenz Roberti, General a. D.), Albert Florath (Achille Carrère, Lederhändler aus Grenoble), Marlene Dietrich, Heinrich Schnitzler (Lou Carrère, Gil Carrère, seine Kinder), Anton Pointner (John Hippolyte Reinstadler, Journalist aus Wien), Paula Knüpffer (Viviane Reinstadler, seine Frau), Veit Harlan (Ferruccio, Monteur), Eugen Burg (Saxoni, Geheimrat aus Wien), Elsa Wagner (Nina), Willi Brose (Lord)
Uraufführung: 20. 2. 1926, Staats-Theater (Schauspielhaus), Berlin

VON MUND ZU MUND. Revue in 18 Bildern von Erik Charell
Inszenierung: Erik Charell. Musik: Hermann Darewski. Musikalische Leitung: Bernard Ette. Gesamtausstattung: Ernst Stern. Ballett: Erik Charell
Marlene Dietrich spielte die Rolle der erkrankten Erika Gläßner. Marlene Dietrich (Erika), Claire Waldoff (Claire), Wilhelm Bendow (Willi), Curt Bois (Curt), Hans Wassmann (Hans), Karl Elzer (Ein Maler), Eva Held (1. Girl), Marlene Dietrich (Commere), Bert Bloem (Dichter), Walter Groß (Komponist), Erich Nürnberger (Schneider), Raul Lange (Der große Magier), Alexa von Porembski (Die Tochter des Zauberers), Alma Barnes (Maja)
Premiere: 1. 9. 1926, Großes Schauspielhaus, Berlin

BROADWAY. Amerikanisches Zeitbild in drei Akten von George Dunning und Philipp Abbott; Deutsche Bearbeitung von Otto Klement
Inszenierung: Franz Wenzler; Kostüme und Bühnenbild: Alfred Kunz
Mit Arthur Peiser (Nick Verdis, Besitzer des »Paradies«-Nachtklubs), Harald Paulsen (Roy Lane, Tanzkomiker), Emmy Schleinitz (Lil Rice, Sängerin), Käte Manig (Katie, die Aufwartefrau), Peter Lorre (Joe, Kellner), Lena Amsel (Mazie, Tanzgirl), Marlene Dietrich (Rubie, Tanzgirl), Elisaweta Alexandrowa (Pearl, Tanzgirl), Loni Lentholf (Grace, Tanzgirl), Tilla König (Ann, Tanzgirl), Friedel Haerlin (Billie Moore), Ewald Schindler (Steve Crandall), Kurt Wentzel (Dolph), Wilhelm Voelcker (»Porky« Thompson), Theodor Grieg (Narben-Edwards), Edwin Jürgensen (Detektiv Dan McCorn), Fritz Falkner (Larry), Oskar Kleiner (Mike)
Premiere: 20. 9. 1927, Kammerspiele, Wien

DIE SCHULE VON UZNACH ODER NEUE SACHLICHKEIT. Ein Lustspiel in vier Aufzügen von Carl Sternheim
Inszenierung: Emil Geyer; Bühnenbild und Kostüme: Thea Sternheim; Musik: Walter Goehr
Mit Hermann Romberg (Dr. Siebenstern), Herbert Dirmoser (Klaus Siebenstern), Hans Herrmann-Schaufuß (Heinrich Andresen), Hans Finohr (Franz von Klett), Maria Holsten (Mary Vigdor), Marlene Dietrich (Thylla Vandenbergh), Eva Geyer (Vane von Peschel), Ruth Landshoff (Maud Panhorst), Maria Bard (Sonja Ramm), Liselott Medelsky (Mathilde Enterlein)
Premiere: 28. 11. 1927, Theater in der Josefstadt, Wien

BROADWAY. Amerikanisches Zeitbild in drei Akten von George Dunning und Philipp Abbott; Deutsche Bearbeitung von Otto Klement
Inszenierung: Eugen Robert; Gesamtausstattung: Ludwig Kainer; Das Jazzorchester: Broadway-Band; Musikalische Leitung: Walter Göhr; Tänze: Koloman Latabar; Kostüme: Theaterkunst Hermann J. Kaufmann
Mit Arthur Peiser (Nick Verdis), Harald Paulsen (Roy Lane), Rosa Valetti (Lil Rice), Ruth Albu (Mazie), Marlene Dietrich (Rubie), Elisabeth Lennartz (Pearl), Cara Guyl (Grace), Marianne Kupfer (Ann), Charlotte Ander (Billie Moore), Heinrich George (Steve Crandall), Franz Schafheitlin (Dolph), Harry Lambertz-Paulsen (Porky Thompson), Erich Kaiser-Titz (Narben-Edwards), Hans Leibelt (Dan McCorn), Inge Carlson (Katie), Victor Bell (Joe), Herbert Brunar (Benny), Hugo Bauer (Larry), Alfred Kühne (Mike)
Premiere: 9. 3. 1928, Komödienhaus, Berlin

NACHTKABARETT. Dritter Teil des Festprogramms zu Ehren des 50jährigen Berliner Schauspieler-Jubiläums von Guido Thielscher
Gesamtleitung: Dr. Martin Zickel; am Flügel: Victor Hollaender und Kapellmeister Hühn; Tänze: Heinz Lingen; Conferencier: Willi Schaeffers
Mit Paul Graetz, Willy Prager, Otto Reutter
Die Thielscher-Girls: Charlotte Ander, Marlene Dietrich, Alice Hechy, Trude Hesterberg, Elli Hoffmann, Hella Kürty, Trude Lieske, Renate Müller, Ilse Muth, Friedel Nowack, Lea Seidl, Molly Wessely
Unser Guido! Großes Quodlibet von Paul Morgan; Mit Max Adalbert, Siegfried Arno, Wilhelm Bendow, Curt Bois, Wilhelm Diegelmann, Paul Graetz, Max Gülstorff, Max Hansen, Paul Heidemann, Leopold von Ledebur, Gustav Matzner, Paul Morgan, Max Pallenberg, Harald Paulsen, Ralph Arthur Reberts, Willi Schaeffers, Szöke Szakall, Jacob Tiedtke, Otto Wallburg, Hans Wassmann, Paul Westermeier
Einmalige Aufführung: 27. 3. 1928, Lustspielhaus, Berlin

ES LIEGT IN DER LUFT (Ein Spiel im Warenhaus) Revue in 24 Bildern von Marcellus Schiffer (Text) und Mischa Spoliansky (Musik)
Inszenierung: Forster Larrinaga; am Flügel: Mischa Spoliansky; Bühnenbild: Walter Trier (Bild 4, 5, 13 und 14) und Emil Pirchan; Figuren: Dodo Wolff; Einstudierung der Solotänze: Geza von Erdelyi; Einstudierung der Girl-Tänze: Phyllis Page; Kostüme der Damen: Hermann Gerson; *Erster Teil:* 1. Fahrstuhl (Hans Carl Müller), 2. Reste (Marlene Dietrich, Otto Wallburg, Ida Wüst & Girls), 3. Fundbüro (Leni Sponholz, Renate Rosner), 4. Abgegebene Hunde (Margo Lion), 5. Spielwaren (Hans Carl Müller, Renate Rosner, Oskar Karlweis, Käte Lenz), 6. Scherzartikel (Otto Wallburg, Leni Sponholz, Willi Prager, Ida Wüst, Hans Carl Müller, Oskar Karlweis, Käte Lenz, Marlene Dietrich, 8 Girls), 7. Parfümerielager (Margo Lion), 8. Kleptomanen (Hans Carl Müller, Marlene Dietrich), 9. Politische Abteilung (Otto Wallburg), 10. Konfirmationslager (Käte Lenz, Oskar Karlweis), 11. Weiße Woche (Margo Lion, Leni Sponholz, Oskar Karlweis, Käte Lenz, Renate Rosner, Hans Carl Müller, 8 Girls), 12. Die Drehtür (Willi Prager), 13. Es liegt in der Luft (Margo Lion, Oskar Karlweis und ganzes Ensemble); *Zweiter Teil:* 14. Nippes (Otto Wallburg, Marlene Dietrich, Hans Carl Müller, Margo Lion, Käte Lenz), 15. Irgendwie (Willi Prager), 16. Musikalien (Ida Wüst, Otto Wallburg, Käte Lenz, Marlene Dietrich, Oskar Karlweis, 17. Theaterkasse (Willi Prager, Renate Rosner), 18. Hochzeitsnacht (Käte Lenz, Ida Wüst, Otto Wallburg), 19. Sisters (Margo Lion, Marlene Dietrich, Oskar Karlweis), 20. Paßphoto (Margo Lion, Hans Carl Müller, Oskar Karlweis, Leni Sponholz), 21. Auskunft (Otto Wallburg, Willi Prager), 22. Sportabteilung (Margo Lion, Käte Lenz, Marlene Dietrich, Otto Wallburg, Hans Carl Müller, Oskar Karlweis), 23. Warenhausboy (Louis Douglas), 24. Umtauschkasse (ganzes Ensemble)
Premiere: 15. 5. 1928, Komödie, Berlin

ELTERN UND KINDER. Von George Bernard Shaw
Inszenierung: Heinz Hilpert; Bühnenbild: Erich E. Stern
Mit Otto Wallburg (John Tarleton), Else Heims (Frau Tarleton), Oskar Sima, Marlene Dietrich (Johnny und Hypatia, ihre Kinder), Paul Otto (Lord Summerhays), Heinz Rühmann (Bentley Summerhays, sein Sohn), Fritz Odemar (Joey Percival), Lili Darvas (Lina Szczepanowska), Paul Hörbiger (Ein junger Mann)
Premiere: 12. 9. 1928, Komödie, Berlin

ZWEI KRAWATTEN. Revuestück in neun Bildern von Georg Kaiser
Inszenierung: Forster Larrinaga; Musik: Mischa Spoliansky; Musikalische Leitung: Hans Schindler; Bühnenbilder und Figurinen: Erich E. Stern; Tänze: Sammy Lewis; Konzertmeister: Paul Godwin; Technische Leitung: Hans Sondheimer; Kostüme: Theaterkunst Hermann J. Kaufmann; Toiletten der Damen Marlene Dietrich, Margarete Koeppke, Rosa Valetti: Modellhaus Becker
Mit Hans Albers (Jean), Marlene Dietrich (Mabel), Richard Tomaselli (Charles/1. Herr), Hanna Waag (Dame), Hugo Flink (Ballgast), Walter Bluhm (Kellner/1. Reporter/4. Herr), Margarete Koeppke (Trude), Hans Wassmann (Kneipwirt/Senator), Erich Walter (Kneipgast/Zugführer), Erwin Bootz (Klavierspieler), Jakob Tiedtke (Bannermann), Camillo Kossuth (Deckoffizier), Rosa Valetti (Frau Robinson) und Six Comedian Harmonists
Uraufführung: 5. 9. 1929, Berliner Theater

Zu dieser Chronik

Diese Chronik in Bildern und Dokumenten entstand auf der Grundlage eines umfassenden Quellenstudiums. So war es möglich, eine Fülle bislang nicht bekannter Zeit-Ereignisse in die Lebenschronik Marlene Dietrichs einzubeziehen und ihren Entwicklungsweg als Künstlerin wie auch die einzelnen Stationen ihres Lebens lückenlos aufzuzeichnen. Was bisher vielfach nur Vermutung und Spekulation war, wurde im Licht der Tatsachen in den realen Zusammenhang von Geschichte und Zeit gestellt. Das so entworfene Bild Marlene Dietrichs gewann schärfere Konturen und neue Züge – ihre faszinierende Persönlichkeit trat noch deutlicher hervor.
Diese Arbeit zu leisten war nicht möglich ohne die Unterstützung öffentlicher Einrichtungen und privater Archive, ohne die Förderung engagierter Fachleute und die Hilfe von leidenschaftlichen Verehrern Marlene Dietrichs, von Sammlern und Filmfreunden. Aus dem Kreis dieser zahlreichen Förderer, denen ich hier herzlich danken möchte, müssen besonders genannt werden:
Werner Sudendorf, der 1977/78 im Carl Hanser Verlag München eine zweibändige Dokumentation im Zusammenhang mit der Marlene-Dietrich-Retrospektive veröffentlichte und der mir in selbstloser Weise seine umfangreichen Archivmaterialien und persönlichen Notizen zur Einsichtnahme und Verarbeitung überließ.
Die Mitarbeiter der Stiftung Deutsche Kinemathek Berlin (West) Gero Gandert und Peter Magdowski, die mit ihren Kenntnissen und ihrer Hilfsbereitschaft in vielfältiger Art die Entstehung dieser Publikation förderten.
Der Sammler Serkis, der mir die Türen seines Privatarchivs weit öffnete und mir viele unbekannte Fotos und Dokumente zur Veröffentlichung überließ sowie für die Mithilfe des Sammlers Orel Mikes sorgte.
Maximilian Schell, der während der Produktion seines Films über Marlene Dietrich mir wichtige Aspekte der Betrachtungsweise erschloß.
Rita Engel vom Deutschen Theater, die mir originale Unterlagen für die Theaterlaufbahn Marlene Dietrichs vermittelte.
John Kobal, London, der mir mit seiner wertvollen Fotosammlung half.
Roswitha Flatz vom Theatermuseum der Stadt Köln, die Texte aus dieser Sammlung zur Verfügung stellte.
Manfred Kube vom Bildarchiv des Süddeutschen Verlages München für die großzügige Beisteuerung von Originalfotos.
Schließlich Renate Wilhelmi von der Bibliothek der Deutschen Film- und Fernsehakademie.
Die Stiftung Deutsche Kinemathek Berlin (West), deren Sammlungen von mir gesichtet und ausgewertet wurden.
Das Staatliche Filmarchiv der DDR, das die Vorführungen von Dietrich-Filmen ermöglichte und dessen Fotosammlung von mir durchgesehen werden konnte.
Der ADN-Bilderdienst Berlin (DDR), dessen historische Fotos durch die Darstellung der Zeitgeschichte von Bedeutung waren.
Das Dänische Filmmuseum in Kopenhagen, dessen umfangreiches Archiv mir sehr nützlich war.
Die Zeitung »Politiken« Kopenhagen, deren Pressefotos besonders die aktuellen Ereignisse dokumentieren.
Die Landesbildstelle Berlin (West) für die Überlassung der Fotos aus der Sammlung Salomon.
Die Akademie der Künste Berlin (West) für die Texte aus der Theatersammlung Richter.
Der Ullstein-Bilderdienst und das Ullstein-Textarchiv für die Einsichtnahme in die vorhandenen Materialien.

Mein herzlicher Dank gilt weiterhin all denen, die mit Hinweisen und Ratschlägen die Entstehung dieser Chronik unterstützten, sowie der Firma Foto-Hildebrandt, die notwendige Fotoarbeiten mit großer Sorgfalt und Umsicht ausführte.

Zur Literatur

Aus der Fülle der Literatur war von grundlegender Bedeutung die Autobiographie von Marlene Dietrich »Nehmt nur mein Leben«, erschienen als Lizenzausgabe 1984 im Henschelverlag (©1979 Marlene Dietrich und C. Bertelsmann Verlag GmbH, München). Zitierte Textpassagen aus dieser Autobiographie wurden lediglich in Anführungsstriche gesetzt, ohne Quellenangabe. Ergänzt wird diese Autobiographie durch »ABC meines Lebens«, erschienen bei Blanvalet, Berlin 1963 (©1963 by Marlene Dietrich). Von besonderem Wert in Hinblick auf die filmhistorische Darstellung war die Publikation von Werner Sudendorf »Marlene Dietrich – Dokumente/Essays/Filme«, Teil 1 und 2, Carl Hanser Verlag München (© 1977/78 Carl Hanser Verlag München, Wien). Mit freundlicher Genehmigung des Autors und des Verlages wurde die Filmographie auszugsweise übernommen. Darüber hinaus wurden Textpassagen von Kritiken und Äußerungen von Zeitgenossen über Marlene Dietrich zitiert.
Wichtige Aufschlüsse für die Gesamtdarstellung gab die in deutscher Übersetzung im Rowohlt Verlag erschienene Arbeit von Charles Higham »Marlene: Ein Leben – ein Mythos« (© 1978 Rowohlt Verlag; Titel der Originalausgabe »Marlene: The Life of Marlene Dietrich«, Verlag W. W. Norton & Compagny, New York). Ihr wurden zitatweise Äußerungen von Künstlern über Marlene Dietrich entnommen, die diese dem Autor Charles Higham oder seinen Mitarbeitern machten.
Weiterhin waren die Erinnerungen von Josef von Sternberg (»Ich Josef von Sternberg«, Friedrich Verlag Velber bei Hannover 1967) und Géza von Cziffra (»Kauf dir einen bunten Luftballon«, Herbig Verlagsbuchhandlung München 1975) sowie Hubert von Meyerinck (»Meine berühmten Freundinnen«, Econ Verlag, Düsseldorf und Wien 1967) trotz ihrer subjektiven Sehweise bedeutsam für die Beurteilung zeitgenössischer Ereignisse.
Erkenntnisse und Zusammenhänge vermittelten auch die Arbeit von Leslie Frewin (»Marlene Dietrich«, Wilhelm Heyne Verlag München 1967) und die repräsentative Darstellung Hollywoods in dem Prachtband »David O. Selznick's Hollywood«, geschrieben und produziert von Ronald Haver und in deutscher Ausgabe erschienen bei Rogner und Bernhard GmbH & Co. Verlags KG, München 1981.

Fotos und Dokumente stellten zur Verfügung

Stiftung Deutsche Kinemathek Berlin (West), 74;
Kinemathek, Nachlaß Rudolf Forster, 4;
Serkis Filmarchiv Berlin (West), 71;
Ullstein Bilderdienst Berlin (West), 50;
Ullstein (Badekow), 4;
ADN-Bilderdienst Berlin, 41;
Süddeutscher Verlag München, 38;
Henschelverlag Berlin, 34;
Politikens Presse Foto Kopenhagen, 31;
Archiv Renate Seydel, 24;
Staatliches Filmarchiv der DDR, 19;
John Kobal Collection London, 17;
Keystone Paris, 17;
Academy of Motion Arts and Sciences Beverly Hills California, 15;
Archiv Deutsches Theater Berlin, 7;
Deutsches Institut für Filmkunde Frankfurt, 7;
Werner Sudendorf, 7;
Dänisches Filmmuseum Kopenhagen, 6;
Berlin-Archiv Riedel, 5;
Akademie der Künste Berlin (West), Theatersammlung Richter, 5;
Berlinische Galerie Berlin (West), Erich Salomon Archiv, 4;
Associated Press Kopenhagen, 4;
Nordisk Presse Foto Kopenhagen, 4;
Deutsches Literaturarchiv/Schiller Nationalmuseum Marbach am Neckar, 3;
Interpress, 3;
Gero Gandert, 3;
Heinrich Martens, 3;
Theatermuseum Köln, 2;
United Press International, 2;
BZ am Abend, 2;
Pressefoto Kurt Böttger, 2;
Günther Fischer, 2;
Mikes Orel, 2;
Akademie der Künste der DDR, 1;
Landesbildstelle Berlin (West), 1;
Filmarchiv London, 1;
20th Century Fox, 1;
Barbara Köppe, 1;
Dieter Pludra, 1;
Willi Saeger, 1;
Maximilian Schell, 1.

Farbige Abbildungen

Sipa-Press Paris, 8;
Studio X Gamma Paris, 5;
John Kobal Collection London, 3;
Albert Köster Ratingen-Homberg, 1;
Staatliches Filmarchiv der DDR, 1.

Ferner wurden folgende Bücher verwendet

Thierry de Navacelle: Sublime Marlene, Photos de la Collection John Kobal, Paris 1982;
Homer Dickens: The films of Marlene Dietrich, New Jersey 1968;
Manfred Georg: Marlene Dietrich, Berlin 1931;
Sheridan Morley: Marlene Dietrich, London 1976;
Franz Hessel: Marlene Dietrich, Berlin 1931;
Aros: Marlene Dietrich, Berlin 1932;
Zeitschrift Stern;
Adreßbuch für Berlin und seine Vororte, Berlin 1901
Katalog des Warenhauses A. Wertheim, Berlin 1904.
Nicht alle Inhaber von Fotos oder sonstigen Rechten konnten ermittelt werden; sie werden gebeten, eventuelle Ansprüche geltend zu machen.